Du fährst. Du gehst. Erst schnell, dann langsam. Du spürst die Zeit, die Hitze, die Erde unter dir, den Himmel über dir. Himmel und Erde nehmen dich in die Zange. Und plötzlich fragst du dich: Was mache ich hier?

BRUCE CHATWIN

Leben ist die immerwährende Entscheidung, zwischen dem ganz Winzigen und dem ganz Weiten zu wählen.

PAUL THEROUX

Ich wüßte nicht, was das Abenteuer sein sollte außer der größtmöglichen Anstrengung, eine Idee von sich selbst zu haben, deren Verwirklichung unbedingt daran gebunden ist, dem Alltag den Rücken zu kehren.

JOSEPH CONRAD

Wir sollten endlich die Erhaltung bedrohter Völker nicht nur als einen Akt des Mitleids, sondern vor allem als einen Akt der Selbsterhaltung erkennen. Denn all das, was das utilitär-industrialistische Zeitalter uns genommen hat, ist dort wenigstens in Spuren noch erhalten. Wenn wir wieder menschliche Wesen werden wollen, tut uns Entwicklungshilfe von Seiten jener not, die wir in verblendetem Hochmut unterentwickelt nennen.

ROBERT JUNGK

INHALT

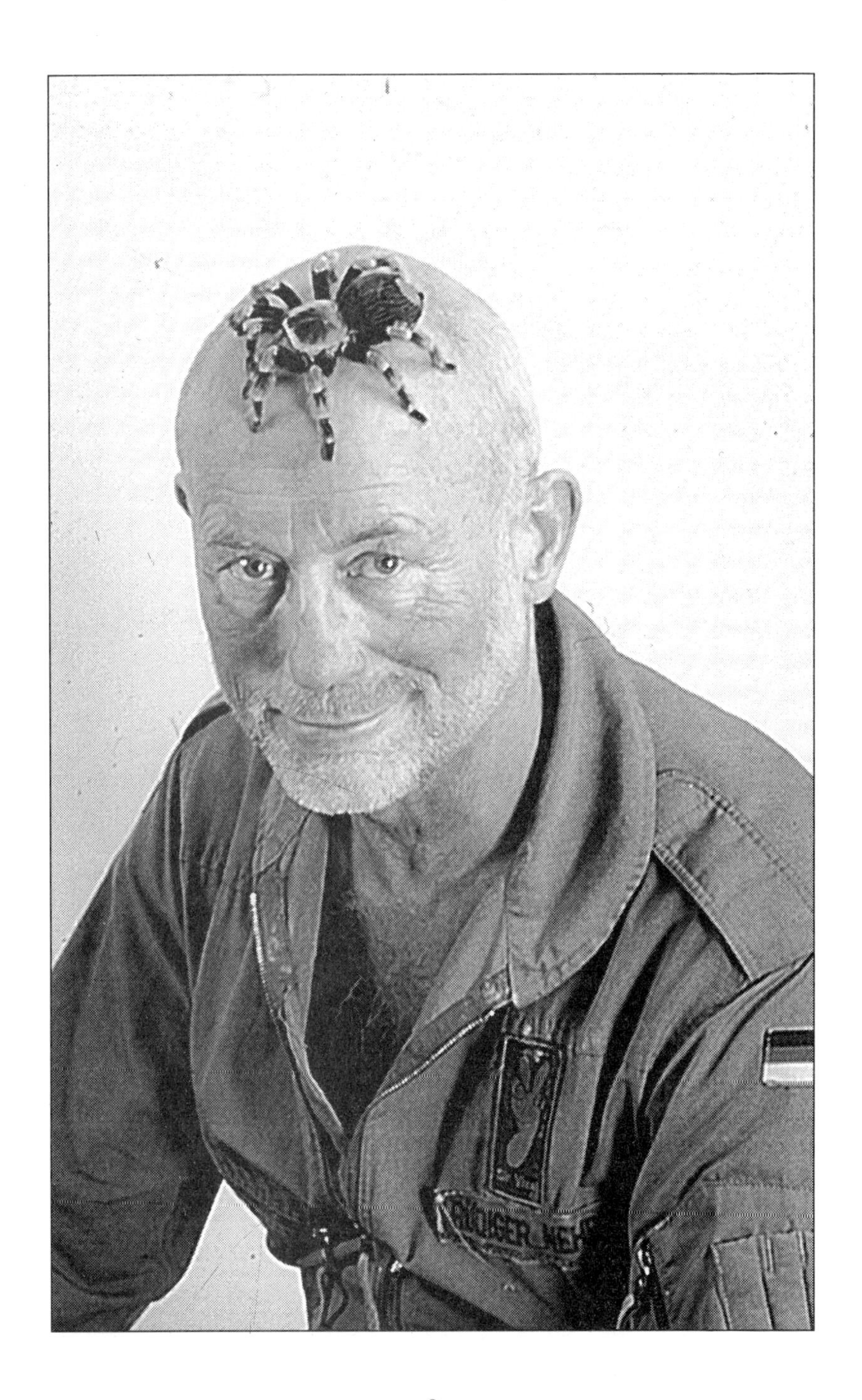

André Heller

DAS LETZTE TABU

Das große allerletzte Tabu unserer Gesellschaft ist tatsächlich der Tourismus. Mir ist kein bedeutender weltlicher oder kirchlicher Regierungschef bekannt, der laut und unmißverständlich erklärt hätte, daß der Verkrüppelung der Erde durch generelle Flughafen-Baustopps, durch radikale Autobahn-Verringerungen, durch Verbote von Gletscherskiliften und Baumschlägerungen für Wintersportloipen, durch Verweigerung von Baugenehmigungen für Hotelgemeinheiten in Höhe und jeden Ausmaßes, um nur einiges zu nennen, begegnet werden muß.

In den Wassern des Großen Barrier-Riffs, als Beispiel, wurde ein monströser, schwimmender Neckermann-Wohncontainer mit Tennisplätzen und anderem Schwachsinn für Tausende Möchtegerntaucher verankert. In Afrika und Asien wurden zu Ehren von Devisen die ältesten Kulturorte in Prostituierten-Kaschemmen verklemmter und sich auf das barbarischste kolonialistisch gebärdender Seelentroglodyten verwandelt.

Die in Jahrtausenden gewachsene Eigenart einzelner Völker und Stämme mutiert in wenigen Monaten durch den Einfluß der Reisebüros, und gesponsert durch die verheerende Not in der dritten und vierten Welt, in eine glanzlose Anbiederung an das Portemonnaie ewig nörgelnder Sommer- oder Winterfrischler, die zwar bei sich zu Hause häufig nur alle drei Wochen die Bett- oder gar Leibwäsche wechseln, aber auf Abenteuerurlaub in Gebieten der Eskimos oder Pygmäen ohne Zögern das Fehlen von Anschlüssen für elektrische Massagebürsten im Iglu oder in der Baumhütte reklamieren.

Um so verurteilungswürdiger ist die Tatsache, daß, wenn Millionen und Abermillionen unterwegs sind, um Unterschiede und Eigenarten von Menschen, Orten und Landschaften zu erfahren, sich eben diese Unterschiede und Eigenarten im Schutt der Vereinheitlichung aufzulösen beginnen. Auch dies ist unumstößliches Gesetz: Der Einfall touristischer Horden führt zur Ausrottung des Schönen. In Rom beispielsweise existiert keine einzige, der Öffentlichkeit zugängliche Statue mehr, die nicht irgendein Dummkopf besprüht oder durch seinen Namenszug entehrt hätte. Die größten bildenden Künstler der Antike hatten die Demut, ihre vollkommensten Werke nicht zu signieren. Tom Brinkleys aus Glasgow oder eine Andrea Marks aus Bad Greffingen hält sich für bedeutend genug, um einer desinteressierten Nachwelt in Marmor zu übermitteln, daß ihr verschwitzter Körper sich 1986 im Park der Villa Borghese aufgehalten hat. Mensch gewordene Gipfelkreuze vom Schlag eines Reinhold Messner mißbrauchen die Natur als Onaniervorlage ihrer Ruhmessucht, halten sich zugute, die ihrer Meinung nach letzten Geheimnisse aufzudecken, und wettern dann kokett in Medien gegen ihre eigenen Folgen, die da zum Beispiel sind, daß in einer geheimnislosen Welt, erst vor wenigen Wochen am Montblanc, ein viele Meter hohes Denkmal aus dort gefundenen Konservendosen und Halbschuhalpinisten-Müll errichtet werden konnte.

Ich plädiere daher, und nur zur Hälfte ironisch, für die Schaffung eines reinen Tourismuslandes, das all das beinhaltet, was die Tourismusindustrie als Köder verwendet. Wesentliche Museen wesentlicher Städte zeigen schon seit längerem in ihren Sammlungen täuschend echt wirkende Duplikate ihrer größten Kostbarkeiten, da die Gefährdung der Originale durch Geisteskranke, Temperaturschwankungen, Luftverschmutzung und dergleichen von keinem Kustos mehr zu verantworten wäre. Was uns für Michelangelo und Dürer recht erscheint, sollte doch auch der Landschaft und Menschen billig sein. Das sogenannte Replika-Territorium soll entstehen. Eine Musterkollektion von kaleidoskophaft wechselnden Eindrücken mit klimatischen Zonen aller Geschmacksrichtungen. Eiswüsten neben zaghaft aktiven Vulkanen, elektronisch gesteuerte Atlantikbrandung neben provenzalischen Lavendelfeldern, lawinensichere Tiefschneeabfahrten neben tahitianischen Transvestitenbordellen.

Kurzum, die sonst über alle Kontinente und Meere verteilten Einrichtungen, Aussichten und Absichten auf einem Terrain in etwa der dreifachen Größe der Schweiz zusammengefaßt und als Joint venture aller bisherigen Tourismusnationen unter Leitung der Welttourismusbehörde, die wiederum, damit alles funktioniert, unter der Leitung eines japanischen Deutschen oder deutschen Japaners zu stehen hat, der seine Millionen Untergebenen zu Sauberkeit, Pünktlichkeit und Herzheftigkeit anhält.

Dieser Alptraum könnte das Gros der Reiselustigen mit Sonnenuntergängen und Barbecueveranstaltungen, Hüttenzauber und Eisstockschießen beschäftigen. Und ich behaupte, daß die Mehrheit aller Kunden nach kurzer Eingewöhnungszeit schrecklicherweise damit ihre Vorstellung vom Paradies verwirklicht sähe, solange nur die Kanalisation funktioniert und Gaunereien sich in Grenzen halten. Man könnte Winter- und Sommerdistrikte für Singles planen, koschere Abteilungen und solche, in denen aus Rücksicht auf Fundamentalisten für Frauen das Tragen von Schleiern Verpflichtung ist.

Die radikale Minderheit, zu der auch ich mich zähle, der diese Lösung als Hölle erscheint, könnte ein allgemeines Reisepatent erwerben. Zur Erlangung dieses Dokumentes wäre ein Studium mit vielfältigen Prüfungen vonnöten, zu dem alle Menschen vorbehaltlos zugelassen sind. Man würde hierbei zu einem, die Eigenheiten der jeweiligen Gastländer liebevoll achtenden Privatgelehrten ausgebildet, dessen Wissensbereich die Botanik und Tierkunde ebenso umfassen würde wie eine Kostümgeschichte der Völker und Einführung in ihre Sprache. Lediglich die Besitzer solch eines Reisepatentes würden in Zukunft einen Begriff von der tatsächlichen Beschaffenheit unseres Sterns haben. Und sie wären die Keimzelle eines künftigen Geschlechtes unchauvinistischer, empfindsamer, umfassend sinnlich lebender wahrhaftiger Förderer des Sonnensystems.

Hans-Dieter Schütt

»ICH LEBE MEIN ABENTEUER – ALSO BIN ICH«

Ach, Gott. Die Deutschen. Hingerissenes Volk zwischen Fernweh und Todessehnsucht, zwischen Rastlosigkeit und Sendungsbewußtsein. Wie heißt es inzwischen so schön? Setzen Sie sich irgendwo auf der Welt an eine Kreuzung, und warten Sie maximal 24 Stunden – garantiert kommt ein Deutscher daher. Zu Fuß, auf dem Rad oder auf dem Zahnfleisch. »Eine Schar abenteuerlicher, freiheitsliebender Menschen mit sonderbar brennenden Augen«, so beschrieb B. Traven die seltsame Spezies derer, die inzwischen gern auch den erkalteten Mief ihres rheinischen Nestes verlassen und sich irgendwo in irgendein internationalistisches Demuts-Gehabe verlieren: Einmal kurz nach Bali und dann vierzig Jahre lang Vorträge an der Pinneberger oder Paderborner Volkshochschule über den Zauber Südostasiens. Oder die beliebte Diashow vom letzten River Rafting: Da war man nun ein Jahr lang brav, höchstens mal eine schiefe Krawatte kurz vor Bürobeginn, oder zum Würstchen einen mittelscharfen Senf. Sonst kaum ein höherer Herzschlag. Aber zum Glück gibt's den Nervenkitzel per Katalog: Schlauchboot-Fahrten auf reißendem Wasser, zwischen steilen Felsen, in finsteren Schluchten (natürlich mit Versicherung!). Ein Branchen-Boom beweist – den Niedergang: Der Abenteuer-Ersatz hat Hochkonjunktur – weil im Leben die wirklichen Abenteuer längst nicht mehr vorkommen. Der größte aller Nervenkitzel: ein Spritzer kaltes Wasser in die innere Leere.

Typisch für den Boom sind jene, die 499 Mark zahlen, an einem Donnerstag losfliegen und am Montagmorgen wieder im Büro hocken, als sei gar nichts geschehen. Die zwischendurch aber mit der »Peter Stuyvesant World Action Tour« am Kariba-Stausee in Simbabwe waren. Auf Wildlife-Safari. Halt die Welt an, ich will kurz aussteigen. Das suizidale Kurz-Abenteuer. Da fällt einem nur Indira Ghandi ein, die in ihrer Verwunderung über die Invasion deutscher Heilsucher einst meinte: »Wissen die denn nicht, daß ein Fisch, den man in ein neues Gewässer setzt, derselbe Fisch bleibt?«

Wer nun ist, da wir beim eigentlichen Thema, der Unvereinbarkeit von Abenteuer und Deutschsein angelangt sind, dieser Rüdiger Nehberg? Auch so ein spinnerter Schlafsack-Romantiker? Geschäftstüchtiger Überlebenskünstler? Möchtegern-Nomade, der in Weltbürgermanier permanent den teigknetenden Kuchenbäcker aus sich raustreiben will?

»Ein besonders harter Typ«, so schrieb vor Jahren ein Magazin, sei dieser Hamburger Konditormeister. »Um gegen alle Fährnisse auf seinen Extrem-Reisen gewappnet zu sein, quält sich der Tortenmacher das ganze Jahr mit schauerlichen Exerzitien: Er planscht bei Minustemperaturen in Eislöchern, schnorchelt für jeden Gegner unsichtbar mittels Röhrchen im Schlamm, futtert schon aus Standesbewußtsein jeden ertappten Mehlwurm und erlebt *unbeschreibliche Gefühle,* wenn ihm eine seiner Riesenschlangen die Halsschlagader bis zur Bewußtlosigkeit abdrückt ...«

Rüdiger Nehberg ist der bekannteste Abenteurer Deutschlands, ein Marktführer sozusagen. Und dies noch immer. Wer die Welt nach merkantil verwertbaren Trends einteilt, mag einwenden, die große Zeit des Herkules im Fernwehgeschäft sei längst vorbei. Aber wer noch einen Funken Begeisterung hat für alternatives Leben und dabei nicht bloß in ideologischen Dimensionen zu denken vermag, der findet Anregungen in jener Kultur, die der wieselige Rüdiger Nehberg vorlebt. Ohne missionarischen Eifer, ohne Vorbild-Syndrom, ohne Militanz. Wer Nehberg auf Foren und Vorträgen erlebt, erlebt vor allem Publikum: vorwiegend junge Leute, die auf überraschende Weise süchtig sind nach Erlebnis-Intensität, nach Wissen über fremde Kulturen, nach Abenteuer mit Sinn. Und Nehberg erweist sich als geschickter Verkäufer seiner selbst, der Präsentations-Modernismen (große Diashows, Panorama-Wände, Superton-Untermalungen) ablehnt; er konzentriert alles, was er sagt und zeigt, auf die Wirkung des behandelten Gegenstandes, er erzählt zwischen Report und Schnurre, er bleibt in Verbindung mit dem Publikum, wird nicht zum herausgehobenen Moderator eines perfekten, farbigen Kommunikations-Experiments. Irgendwie ist er ein Mann der kleinen Brötchen geblieben, und dies ist unbedingt als Kompliment zu verstehen.

Der Mann baute sich in Hamburg einst eine bürgerliche Bäcker-Existenz auf – die ihm Fessel war und freilich zugleich auch Schlüssel: Das tägliche Einerlei schürte den Ausbruchswillen, aber das erfolgreich geführte Geschäft mit dem Kuchenhunger der Leute ermöglichte wiederum den finanziellen Freiraum, den der Mensch meist braucht, will er jene Idee, die er von sich selbst hat, ohne soziale Zwänge in die Tat umsetzen. Der Bäcker aus Wandsbek durchquerte Wüsten, schlug seinen Pfad durch den Dschungel, nahm per Tretboot und Bambusfloß den Ozean. Und zwischendurch, neben dem Handwerkerdasein, besuchte er geradezu manisch Lehrgänge wider die Langeweile und das lähmende Nichtwissen: massenhaft Sprachen. Waidwerk und Weben. Kleines Steuer-Abc. Töpfern. Verkaufspsychologie. Tauchen. Drehbuchschreiben. Geometrisches Zeichnen. Gesunde Ernährung.

Und was er bei jeder neuen Abfahrt ins Abenteuer hinterließ, war ein Testament mit der Inschrift »Für Witwe Maggy«.

Eine sonderbare Seele mit dem Drang, Erster zu sein. Der erste, der auf einem Styropor-Boot den Blauen Nil befuhr. Der erste, der seine Konditorei-Kunden per Fragebogen zur Kritik an den dargebotenen Brezeln einlud. Der erste, der in der Danakil-Wüste flimmernde Luft zu Wasser machen wollte. Der erste, der Kundenkindern durch Marzipan-Modellierkurse ein inniges Verhältnis zu ihrer Bäckerei von morgen verschaffte. Der erste, der in Deutschland »Survival« einführte, die Kunst des Überlebens, die er in Bestsellern verkaufte: Tips von der Ausrüstung bis zum sanften Selbstmord, vom Feuermachen bis zum Regenwurm-Rösten. Alltag eines Abenteurers.

Bis Nehberg Anfang der achtziger Jahre in Brasilien auf die Yanomami-Indianer stieß. Eine Reise, die sein Leben veränderte. Vorbereitet hatte sich der Unbehauste mit einem 1000-Kilometer-Marsch von Hamburg bis Oberstdorf, ohne Nahrung, ohne Geld, ohne Unterkunft. Rüdiger Nehberg wurde fortan zum Botschafter der Solidarität für ein untergangsgeweihtes Volk jenseits der Zivilisation. Von nun an zog es den Rastlosen, der inzwischen seine Bäckerei verkauft und das Abenteuer zum Lebenserwerb gemacht hat, in regelmäßigen Abständen zu den Yanomami. Nehberg wird zum Chronisten eines Völkermords. Doch der »stern« schrieb, was den plötzlich ernster gewordenen Aktionisten auch fürderhin an Mißtrauen begleiten sollte: »Es fällt auf Anhieb nicht leicht, den fesselnd erzählenden Pfadfinder-King im neuen Gewand der Selbstlosigkeit zu sehen. Ein wenig gleicht Rüdiger Nehberg dem Starlet, das vorsätzlich durch Busen und Beine Karriere gemacht hat und dann klagt, daß niemand ihm die Rolle der Heiligen Johanna gibt. Nehberg beherrscht das leichte Rollenfach als Schlangenbändiger, Würmerfresser und Medienfutter, als Marzipan-Bildhauer für Tenorhochzeiten, als Ehrenvorsitzender idealistischer Rasselbanden inzwischen so meisterlich, daß es ihn wohl langweilen muß. Drängt es ihn nun, sich ehrbar zu machen?«

Nehberg lacht darüber, und er kann sehr ansteckend lachen. Er mag nicht unterscheiden, was bei den anderen Neid, Unverständnis,

Gehässigkeit oder ernsthafte Anfrage ist – er lebt sein Leben; er lebt seine Freiheit auf keines anderen Kosten, und sein Selbstbewußtsein bezieht er aus dem Wissen, daß die meisten seiner Tage interessanter, weit weniger stromlinienförmig sind als die so vieler anderer Leute und vor allem seiner Kritiker. Zugleich verbirgt er Traurigkeit nicht, Traurigkeit darüber, daß sein Aktionismus im Dienst der Menschenrechte kritisch beäugt wird, aber andererseits doch jeder weiß, daß in einer Welt des Jahrmarkts nur eine Chance hat, wer sich entsprechend laut und spektakulär Gehör verschafft.

30 Kilometer östlich von Hamburg: Rüdiger Nehbergs Mühle in Rausdorf. Die Klingel zum Anwesen besteht aus einem Schweineknochen an der Reißleine. Zieht man daran, dröhnt drinnen eine Glocke, als habe man den Kölner Dom vor sich. »Weil ich schwerhörig bin«, ruft der Hausherr von oben.

Wände und Holzdecke des stimmungsvollen Refugiums sind gespickt mit Mitbringseln von Expeditionen: Dolche, Macheten, Speere, Pfeile, ein Haigebiß. Und mittendrin zwei Mausefallen: »Die braucht man auf dem Land!« In einem Regal kleine Erfindungen, vom Wecker bis zur Alarmanlage, die junge Fans schickten. Auf einer Pinnwand aus Lederhaut stecken Garn, Klappschere, Kompaß, Mundharmonika, Alleskleber, Trillerpfeife, Telefonkarte. Und eine Kapsel Zyankali. Unter den vielen Souvenirs, die ein Abenteuerleben dokumentieren und die Augen jedes Gastes auf Entdeckungsreise schicken, befindet sich auch ein Schachspiel, illegal gebastelt in eritreischer Haft, aus Kork, Sesam, Pfeffer, Palmblättern; das Brett selbst besteht aus Ziegenfell. An einer der Wände ein Gorbatschow-Foto. Drunter die Zeile »Friedensnobelpreisträger«. Nehberg stolz: »Die schrieb ich 1988 unters Bild, da war er das noch gar nicht.«

Durch die Sprossenfenster blickt Rüdiger Nehberg auf sein 50 000 Quadratmeter großes Grundstück mit den beiden Seen. Hinten, im Sumpf, leben Ringelnattern, Eisvogel, Fischreiher und Bisam. Durch den Bach wandern Aale, von der Elbe herauf. Über eine Million Mark hat er in Haus und Land gesteckt. Als er vor Jahrzehnten auf das Thema Survival kam, war es zufälligerweise genau dieses Grund- und Waldstück, auf dem Nehberg zum ersten Mal mit einem Partner herumtollte, der das Survival-Training von der US-amerikanischen Rangerausbildung her kannte. Nach dem Bestseller-Erfolg seines ersten Survival-Buches hatte er plötzlich ziemlich viel Geld in der Hand, und da fiel ihm dieses Stückchen Welt »hinter Hamburg« wieder ein. Jetzt gehört es ihm.

Von seiner Frau lebt der Abenteurer inzwischen getrennt. Aber sie sind nicht geschieden, auch das Häuschen in Hamburg ist noch in gemeinsamem Nehberg-Besitz; und wenn Rüdiger auf Reisen ist, kommt Frau Maggy auch mal gern mit Freundinnen hierher in die Rausdorfer Romantik. An den Stiegen hängen Fotos, zeugen von Theateraufführungen im Hause – Nehbergs Tochter ist Schauspielerin, die Mühle war eine Zeitlang kabarettistische Spielstätte für junge Theaterleute auf der Suche nach dem eigenen Stück, der eigenen Bühne, dem eigenen künstlerischen Ich.

400 Jahre alt ist die Mühle, seit langem nicht mehr bewohnbar, als Nehberg auf diese Idylle stieß. Er baute den Teich neu, gestaltete das Gelände zu einem abwechslungsreichen Biotop; die Behörde hat sogar mitgeholfen, das Gelände »ökologisch zu optimieren«. Weil die Aale aus der Elbe hier nicht mehr weiter flußaufwärts kommen. Ein Wildbach muß her, statt des Wehres. Sumpf wird angelegt, eine Flachzone für die Brut. 6000 Bäume pflanzte Rüdiger Nehberg rundum, Solarzellen kommen bald aufs Dach; und das gesamte Gelände ist weit über die Region hinaus bekannt als Abenteuerspielplatz, auf dem Nehberg Wochenendkurse mit Kindern und Jugendlichen durchführt – Kurse, in denen das Abenteuer vor der Haustür probiert wird, vom Angeln bis zum Übernachten in selbstgefertigten Unterkünften, vom Schwimmen mit Kleidung bis zum Bergsteigen am dicken Schornstein, der zum Klettergarten umfunktioniert wurde. Köder werden gebastelt; gelernt wird, wie man Fische schnell tötet, wie man räu-

chert, wie man Brot backt; probiert wird an totem Getier, wie man in der Abenteuer-Einsamkeit operiert, Zähne zieht und füllt. Basteln, sagt Nehberg, sei immer sein Zugang zur Welt geblieben.

Als das erste der folgenden Gespräche stattfand, Dezember 1993, stand Rüdiger Nehberg kurz vor neuer Fahrt nach Brasilien, zu den Yanomami-Indianern. Soeben war auch Christina Haverkamp eingetroffen; sie kam von der Vorrecherche in Südamerika. Auf allen Fensterregalen lagerten die Reiseutensilien, und zudem waren Korrekturen für ein neues Buch zu erledigen; unser Interview muß noch auf die Bänder – mich erstaunt die Gelassenheit des kleinen drahtigen Mannes, der mir seelenruhig das Gelände zeigt, unwandelbar freundlich bleibt, am Nachmittag noch einen Abenteurer-Freund besucht, der in der Nähe einen Vortrag hält. Als das letzte Interview für diesen Band stattfand, Januar 1998, war Rüdiger gerade von monatelanger Vortragsfahrt durch Deutschland zurückgekommen; wieder schreibt er an den Schlußseiten eines Buches (einem Survival-Lexikon); zwar liegen keine Reiseutensilien in der Mühle herum, aber der nächste Plan reift bereits: Botswana. »Ich habe Sehnsucht nach dem Busch.«

Rüdiger Nehberg ist kein Politiker, kein Schriftsteller, kein analytischer Grübler; aber er ist auch kein Egomane des Abenteuergeschäfts. Er lebt anregend, er eröffnet seinem Publikum kritische Blicke auf die bestehende Welt; er ist einer von jenen, die glücklich sein können, wenn sie nur an einem lebenden Baum vorbeigehen. Das, was wir sinnentleert oder gefährlich leichtfertig als Fortschritt bezeichnen, stellt er in Frage. Es ist, als erzählten seine Reisen auch von einer Flucht aus einer Welt, in der der Mensch über die Natur, über das Kommen und Gehen alles Lebendigen, über Ebbe und Flut die meßbare Zeit gesetzt hat, die Stunde, die Sekunde. Die Toleranz, die uns der natürliche Lebensrhythmus gibt, scheint aufgehoben. Die Maschine duldet keinen Rhythmus, sie kennt nur den Takt. Aber ein Leben, das ausschließlich dem Takt gehorcht, zerstört sich selbst.

Freilich: Auch ein bißchen was von Karl May ist an ihm, wenn er von »seinen« Indianern erzählt; es ist auch Lust an Verwandlung und Nervenkitzel, die ihn hinaustreiben wie einen, der nicht gelten lassen will, daß er im Grunde seines Daseins vielleicht doch ein ganz normaler Mensch ist wie du und ich.

»Die für ihre Mitwelt gefährlichsten Egoisten sind jene, die nicht einmal sich selbst zu lieben vermögen«. Sagt Rüdiger Nehberg und fügt hinzu: »Ich lebe meine Abenteuer – also bin ich. Ich habe Zuhörer, wenn ich von meinen Abenteuern erzähle – also bin ich nicht allein.«

Rüdiger Nehberg ist umstritten wie alles Extreme. Er lebt aus sich heraus, er lebt sich aus, er lebt gut. Er kennt die Häme, und er genießt die Hochrufe. So viele Bücher er auch geschrieben hat: Da ist immer noch etwas, das sich jeder Definition entzieht; wie oft führt uns das Unerklärliche auf jene Seite des Lebens, wo es keine Schriftzüge mehr gibt. Mißachten wir also bei allem Existentiellen seiner Gedankenwelt nicht: Wir haben es, wie bei Reinhold Messner, mit einem Märchenerzähler zu tun, der sich von anderen nur dadurch unterscheidet, daß er die Märchen, die er erzählt, vorher gelebt hat.

Irgendwo in einem Interview, das ich mit Messner machte, stand geschrieben: »Antwort geben müssen: ein Spiel.« Es ist das Spiel, das auch Rüdiger Nehberg spielt.

Die Gespräche mit Rüdiger Nehberg fanden zwischen Dezember 1993 und Januar 1998 statt. Ich widme dieses Buch Hannes Braun und seiner Lebensgefährtin Irka – zwei Abenteurern selbstverständlichster Art: In einer Zeit, in der so viele davon überzeugt sind, daß es richtig sei, Deutschland zu verlassen, haben sie es einfach getan. Nur sich selbst vertrauend. Aber dieses *nur* – das ist die ganze Kunst.

Ramsau am Dachstein, Februar 1998

Hans-Dieter Schütt

NA UND? BIN ICH EBEN UNMÖGLICH!

DAS ERSTE GESPRÄCH

Human Race in Australien • Ein Schlafsack für die Kampfmaschine • Ampeln, Zäune und Dienstzeiten • Die kriminelle Energie der Politik • Mäusepiepsen im Zentrum des Hurricans • Platzangst in der Sparkasse • Rote Badehose und Piranhas • Volkslieder im Regenwald • Audienz mit Rosen beim Papst • Todesschüsse in der Wüste

HANS-DIETER SCHÜTT: Rüdiger Nehberg, wann rutschte Ihnen denn der letzte Mehlwurm über die Zunge?

RÜDIGER NEHBERG: Ich habe das nie gezählt. Aber in der größeren Öffentlichkeit war es bei Arbeiten zu einer ZDF-Fernsehserie für Kinder. Es geht da um Abenteuer vor der Haustür, und in je einem Spot wird ein Überlebenstrick erklärt. Zum Thema »Ernährung im äußersten Notfall« hatte ich Würmer, Maden, Fliegen, Asseln unter Steinen und Wasserflöhe mit – Wasserflöhe mit Wasser, das prickelt so schön; das Zeug ist mein Survivor-Sekt.

Unappetitlich.

Ästhetisches Empfinden ist situationsgebunden. Wenn es nicht mehr um Appetit geht, sondern ums Überleben, im Urwald etwa.

Die Situation steht für mich nicht, also wird es Ihnen kaum gelingen, mir die Maden, die Sie schon gegessen haben, schön zu reden.

Nur gut, daß der Mensch seinen Ekel vorschieben kann, um nicht zugeben zu müssen, daß er unfähig geworden ist zum Abenteuer.

Eine waghalsige These, dies nun unbedingt daran festzumachen, ob einer Würmer mag oder nicht ...

Besagte Kinderserie wird übrigens jetzt zum 14. Mal wiederholt, diesmal im Kinderkanal. Diese ZDF-Serie ist die erste, die, mit Wiederholungen, über vier Jahre läuft, ohne daß ein einziger Lehrer, Psychologe oder Sozialarbeiter anrief und darauf verwies, er wisse es besser.

Also gut, reden wir ernsthafter. Ihr letztes Abenteuer, wenn man von der Dauerbeschäftigung mit den Yanomami-Indianern absieht, fand im Sommer 1996 statt: die »Human Race«-Tour durch Australien.

Naja, Abenteuer ... Man konnte aufgeben bei diesem Lauf, blöd wäre also nur die Blamage gewesen. Aber nie bestand Lebensgefahr. Das Ganze glich eher einer Fleißarbeit gegen den Durst.

Es war ein Wettlauf.

Nein, wir wollten den Vergleich, nicht den Wettkampf. Ein australischer Fernsehsender hatte die Idee, drei Menschen völlig verschiedener Herkunft und Prägung 700 Kilometer durchs Land gehen zu lassen. Jeder für sich, jeweils hundert Kilometer voneinander entfernt; in der Kimberley-Region sollte sich alles abspielen. Der erste sollte eine Art Zukunftsrepräsentant sein – angeschrieben wurden Microsoft-Chef Bill Gates, US-Vizepräsident Al Gore und Washingtons Armeechef des Irak-Krieges Schwarzkopf. High-Tech-Spezialisten. Dieser zukunftsorientierte Typ, so die Idee, sollte nach drei Tagen vertrocknen.

Haben die Genannten geantwortet?

Nur Schwarzkopf antwortete, die anderen meldeten sich nicht einmal. Ausgewählt wurde schließlich der US-Amerikaner David Covey, ein »Ironman«, war 35 Jahre jung, er sollte diese seine Jugend und die dazugehörige Kraft ins Spiel bringen. Dave war Marathonläufer, wöchentlich ließ er 160 Kilometer hinter sich, 440 Kilometer hatte er auf solchen Rennen bereits absolviert. Das Problem seines Lebens: Stets landete er bloß im Mittelfeld, fast benötigte er einen Psychiater. Jetzt ging er davon aus: Es laufen nur drei, da würde er ja auf jeden Fall unter den ersten drei sein. Dave war es egal, ob er Erster oder Dritter würde – Hauptsache, er müßte nicht aufgeben. Er hatte bei jedem seiner bisherigen Rennen ein T-Shirt bekommen, seine Schränke barsten von dem Zeug. Er war unverheiratet und lebte bei seiner Mutter in Kalifornien. Kaum angekommen in Australien, rief die Mutti an: Gibt's auch alles zu kaufen, Dave? Dave hatte eine Freundin, Michelle, offenbar eine der wenigen US-Amerikanerinnen, die keine Psychiater, also auch keine Probleme haben. Ich sollte die Gegenwart präsentieren, die Gegenwart der Zivilisierten, in der ich aber so etwas wie eine Ausnahme darstellte, indem ich ja durch Survival, durch Training also, verlorengegangene Instinkte und Fertigkeiten reaktiviert hatte. Ich ging mit Messer und Kompaß ins Rennen. Der dritte Mann war Jack Jugari, ein Aborigine. Als er auftauchte, waren die TV-Leute völlig irritiert. Sie stürzten auf ihn zu: Wie alt bist du, traust du dir das überhaupt noch zu? Er meinte verwundert und seelenruhig: Genau diese Frage habe ich gewartet. Wie alt, wie hoch, wie tief – so könnt nur ihr Weißen fragen. Ich bin alt, sagte Jack, Ureinwohner Australiens, aber die Jahre habe ich nicht gezählt, ist doch auch uninteressant; was ich weiß, ist: Es geht aufs Ende zu, das genügt. Aber weil alles eine Ordnung haben muß, wurde Jack auf 75 Jahre festgelegt. In Halls Creek arbeitete Jack nachmittags in einer Fernfahrergaststätte, in seinem Dorf war er Law Man; er leitete eine Gemeinde, in der Alkohol unter strengstem Verbot stand. Er wollte mitlaufen, um jungen Aborigines zu zeigen, wie fit man bleibt, wenn man nicht trinkt. Das ist ja das große Verhängnis der Naturvölker: wenn sie mit unserem Alkohol konfrontiert werden. Auch in der Gemeinde Jacks hielten sich nur ein paar der Einwohner an das Verbot, die anderen gingen über die Gemeindegrenze und betranken sich dort. Jack sollte mit seinem Wissen um die Landschaft laufen, er sollte seine Angepaßtheit an die geographischen und meteorologischen Umstände ins Feld führen.

Das Ganze fand Juni/Juli statt.

Ja. Ich war sehr aufgeregt, bin vorher sogar zum Training nach Australien gefahren; ich hatte Angst, das vorgesehene Programm nicht zu schaffen. Das Wichtigste würde sein: Wasser, Wasser und nochmals Wasser! Wenn man über die Körpertemperatur kommt, 37 Grad, braucht man viel Kühlung. Ich fand Ranger, die gaben mit Tips. Und sie fragten, was wir da eigentlich vorhätten. Ein Wettbewerb? Alter Hut, sagten die Ranger. Zehn Einzelkämpfer der Armee, Weiße, seien mal gegen zehn 10 Aborigines angetreten, Distanz: 400 Kilometer! Wir haben gewonnen, erzählten die Ranger, fünf Mann von uns gaben allerdings auf. Das Merkwürdige: Nach einer ganzen Woche erst kamen die Aborigines an. Bis dahin: Große Panik, Suchflugzeuge und Hundestaffeln. Wo waren die Burschen?! Ein Wind hatte alle Spuren verweht. Plötzlich tauchten sie auf: frohgemut, ohne Zeichen von übermäßiger Anstrengung. Als sie gefragt wurden, was los gewesen sei, meinten sie: Wir haben unterwegs mit dem Bumerang ein Känguruh gefangen und aufgefuttert, außerdem besuchten wir Verwandte, die am Wegesrand wohnten, 50 Kilometer abseits der verabredeten Piste. Die Aborigines verstanden schlichtweg den Ehrgeiz nicht, den die Ranger an den Tag gelegt hatten; sie meinten, was soll die Hektik, wir laufen hier seit Jahrtausenden viel größere Strecken hin und her! Ich erwähne das, weil dies genau das Problem war, das Jack klargemacht werden mußte: Es geht ums Tempo! Er schüttelte nur wieder den Kopf.

Wie verlief die Route?

Jack lief strikt nach Norden, wir anderen beiden absolvierten die Außenbögen. Festgelegt worden war die Route von den TV-Leuten. Vierzehn Tage vor Beginn beschnupperten wir uns, und jeden Morgen wippte Dave schon mit den Füßen unterm Frühstückstisch, daß mir ständig der Kaffee aus der Tasse schwappte. Jack zeigte uns in der freien Natur, was man essen kann. Es gibt zwar beim Survival

Tests, wie man unbekannte Pflanzen auf Eßbarkeit prüfen kann, aber Jack überragte uns alle in seiner Art, mit der natürlichen Welt umzugehen. Er hörte zum Beispiel die kleinen Bienen, die so winzig sind wie Ameisen, und er folgte ihnen, bis er den Honig fand. Dave hob die Zähne, ich als Survivor ahnte meine Vorteile. Von Jack lernten wir auch, wie man sich bei Buschfeuer verhält. Wer dort kein Feuer ankriegt, ist rettungslos verloren. Schon beim Gedanken an Feuer lodert alles. Aber ist so ein Feuer einmal an, kann es äußerst brenzlich werden. Diese Brände sind wahnsinnig schnell, man kann ihnen nicht mal mit einem galoppierenden Pferd entkommen, wenn das Gras hoch und gelb ist. Das Schlimmste ist die Hitze, die dem Feuer waagerecht voraneilt. Da muß man sehen, daß man sich in Löcher wirft oder selber ein Feuer anzündet, um den heraneilenden Flammen die Nahrung zu nehmen.

Irgendwann ging es dann los.

An einem Krater, wo ein Meteor gelandet war; er hatte die Landschaft geformt. Fast vier Wochen waren wir unterwegs. Wie gesagt: Wir gingen getrennte Wege, aber immer unter Kontrolle. Die anderen beiden hatten einen ebenen Weg und wurden von Landrovern begleitet, ich hatte einen gebirgigen Weg und wurde von 15 Pferden begleitet. Wir gingen durch eine Landschaft, von der hieß es, es sei eine Wüste des Todes, aber nur zehn Prozent waren Wüste, der Rest ist Busch gewesen. Ständig hatte ich Angst, zu viel zu trinken; würde das nächste Wasserloch auch wirklich voll sein? Würde das Wasser überhaupt genießbar sein? Schon frühmorgens trug ich ein Tuch um den Mund, um nicht unnötig Wasser auszuatmen. Jack konnte einen Schluck Wasser drei Stunden lang im Mund behalten; er hatte daher nie gesprungene Lippen. Diese Fähigkeit besaßen Dave und ich freilich nicht.

Auf Fotos sind Sie mit einer Karre zu sehen.

Das Wichtigste würde der Wassertransport sein. Trockenwasser gibt es noch nicht, also mußte ich was finden, um genügend Wasser mitnehmen zu können. Erst dachte ich an ein Maultier, aber die Vereinbarung sah vor, nur die eigene Kraft einzusetzen. Da kam mir die Idee mit der Karre, ein umgebauter Fahrradanhänger, mit dicken Bikereifen; das war eine Lücke im Vertrag: Ich würde sie ja mit eigener Kraft ziehen. Fest stand: Man brauchte zehn Liter Wasser pro Tag, und an den ersten drei Tagen würde es nirgends Wasser geben. Ich würde meine Karre, gleichsam mit dem kleinen Finger, hinter mir herziehen, bis die Wasserlöcher häufiger wurden, dann würde ich das Ding einfach stehenlassen. Dave hatte Radio, Satellitennavigation, aber von Survival keine Ahnung. Ich ging mit zwei Knüppeln, er mit Astronautennahrung, Bergsteigerseil, einer Angel mit künstlichen Ködern, naja, typisch amerikanisch eben. Er wurde schnell panisch und vergaß, daß Panik Durst verursacht. Ich trug weiße Klamotten, und in einer Radfahrerflasche sammelte ich meinen Urin, über einen vier Meter langen Schlauch destillierte ich, über eine Schattenlose, das stinkende, aber trinkbare Frischwasser heraus. Damit machte ich mir Tee. Ein bißchen kannte ich mich ja aus in der Kunst zu überleben. Du siehst einen Baum in der Einöde, und du weißt, morgens zwischen fünf und sieben »trinkt« er, also kappst du genau in dieser Zeit die Wurzeln und hast etwas Feuchtigkeit. Dave hatte wenig Disziplin, er kam nicht vor halb acht aus dem »Bett«, ich stand schon viertel vor fünf auf, bereits in der Dunkelheit hatte ich alles gepackt. Ab ging's! Ich wußte: Ab neun litt man, mittags ging nichts mehr. Der US-Amerikaner schleppte an die 30 Liter mit sich rum, sie hingen ihm unglücklich auf dem Steiß. Er litt – und plötzlich wollte er aufgeben. Die Regie geriet in helle Aufregung. Die Amis wollten den Film kaufen, wenn ihr Landsmann gewänne – und nun wollte der als erster die Seile kappen und abspringen! Nachts hatte er Halluzinationen. Einmal traf er zwei deutsche Touristen und klaute ihnen ein Spiegelei, einschließlich Toast – das hätte er eigentlich nicht gedurft. Ein seltsamer Kauz: Wenn er Wasser trank, entschuldigte er sich bei den Fischen und warf ein Steinchen in den Fluß, um die Geister zu besänftigen. Ich erwähne das jetzt nur, um zu sagen: Dave war eigentlich ein lieber Kerl, und wahrscheinlich hat er, wenn man die Voraussetzungen in Betracht zieht, die größte Leistung von uns dreien vollbracht.

Geschlafen wurde auf freiem Feld?

Ich legte mich auf mein Plastetuch, den Schlafsack drüber.

Und die Fernsehleute immer dabei.

Ja, und immer genau dann, wenn man schlief! Die machten dauernd einen auf Hollywood: schöne Aufnahmen, wunderbare Landschaften, davor wir ausgemergelten Gestalten. Der Drehstab selber war gut versorgt. Da ich durch unwegsames Gebiet ging, begleiteten die mich mit den besagten fünfzehn Pferden – Hubschrauber brachten vier Sack Mais, und allein vier Pferde schleppten Zeug zur Versorgung der anderen Tiere. Meine TV-Leute waren sauer, weil mir alles so leicht ablief. Einmal ging hinter mir die Sonne unter, ich war echt fertig, stapfte die Straße lang, die war staubig, und ich mußte den Weg vor dem Sonnenrot vier- oder fünfmal wiederholen. Das war der einzige Moment, da ich Herzflattern bekam. Von den Kameras fühlte ich mich ständig genervt, während Dave in Panik geriet, wenn er glaubte, seine oft unsichtbaren Beobachter verloren zu haben. Wobei: So reibungslos und glatt lief es ja eigentlich auch bei mir nicht – ich bin auf Blasen, Krücken und auf rohem Fleisch gegangen. Mittags kochte die Erde. Die Füße quollen auf. Dave und ich kriegten Blasen, wir fielen vier Tage aus, badeten schließlich in Kaliumpermanganat. Irgendwann kam ich ausgemergelt an die zusammenhängenden Wasserläufe. Es gab reichlich Fisch. Mit Ruß rieb ich mich ein, um Mücken abzuwehren. Wo es Fische gab, gab es auch Krokodile. Zuerst tauchten Süßwasserkrokodile auf, mit denen kann man baden, die tun einem nichts. Dann kamen wir ins Gebiet der Salzwasserkrokodile, die haben ein paar Millionen Jahre Erfahrung: Kampfmaschinen. Die pirschen sich ran, ohne daß sich eine Welle kräuselt. Ab jetzt durften wir nicht weniger als hundert Meter vom Wasser entfernt campen. Ein Krokodil schnappte sich meinen Schlafsack. Ich dachte, das Tier mit seinen Millionen Jahren Erfahrung kennt inzwischen den Unterschied zwischen Schlafsack und Rüdiger. Aber das Krokodil machte eine Erfahrung mehr: Schlafsäcke schmecken nicht. Das war übrigens das einzige Mäßige an action während des gesamten Marsches.

Und ernährt wurde sich nach guter alter Survival-Art.

Ja. Zwanzig Honigameisen sind wie eine Tasse Müsli. Ein Känguruh hatte sein Junges aus der Tasche verloren, es war noch nicht in Verwesung, also ergab es einen guten Braten. Ich wollte aber hauptsächlich vom eigenen Speck leben, schnell weiterkommen und mich dann von Fischen ernähren.

Sie sagten vorhin, es sei ein Vergleich gewesen, kein Wettkampf.

Wir sollten dem Alten weglaufen, so die Fernsehleute. Aber alles kam anders. Vier Kilometer vor dem Ziel setzte sich Jack hin und wartete auf uns. So gerecht endete die Sache: Die Natur setzte sich durch. Jack aber verweigerte den Solosieg. Wir gingen gemeinsam durchs Ziel. Zum Schluß fand eine Pressekonferenz statt. Ihr Tenor: Jack hatte Größe bewiesen und zudem gezeigt, was man im hohen Alter noch alles leisten kann. Als ich später den Film sah, dachte ich, ich spinne: Da hieß es doch tatsächlich, der US-Amerikaner sei zuerst am Ziel eingetroffen, er habe gütig und großzügig auf den Aborigine und mich gewartet. ZDF-Redakteur Wolfgang Ebert hatte in »TV Hören und Sehen« noch geschrieben, Jack habe auf uns gewartet – im Film (der Hauptregisseur hieß Andrew Ogilvie) hatte plötzlich Dave gewonnen. Ebert hatte zwei Varianten geliefert; ein schönes Beispiel für Objektivität und journalistische Unbestechlichkeit. Als ich empört anrief, hieß es: Rüdiger, laß Luft ab, du weißt doch, die Amis kaufen den Film nur, wenn ihr Mann Sieger ist ... Immerhin: In 80 Ländern lief die Reportage, Jack wurde zum Idol in Australien, die Regierung rief einen Menschenrechtspreis ins Leben, Jack bekam ihn als Erster.

Verliehen wird er fortan an Leute, die das Zusammenleben zwischen Schwarz und Weiß propagieren.

Die Aborigines wohnen seit 40 000 Jahren im Lande, vor 200 Jahren wurde Australien entdeckt, und die Ureinwohner traf der Bannstrahl der Ausrottung; es erging den Aborigines wie den Indianern in Amerika. Die Überlebenden fanden nicht in den Anschluß an die Zivilisierten. Sie verstanden nicht die Aggressivität der Weißen gegen die Erde. Erst aufgrund internationalen Drucks hat Australien die Aborigines zu gleichberechtigten Bürgern gemacht. Die Arbeitslosen unter ihnen kriegen Unterstützung. Die einen legten Geld in Lebensmittel an, andere wurden Spieler, warfen mit hohen Einsätzen um sich, schürten den Haß der Weißen. Und die Weißen schämten sich nicht mal: Die Aborigines hatten ihr Land gegeben, aber diese weißen Steuerzahler spielten sich als Moralisten auf, weil die Ureinwohner das Sozialgeld verjubelten. Jack wollte etwas gegen den Rassismus der Zeit setzen, auch gegen die Versoffenheit der eigenen Leute.

Haben Sie noch Kontakt mit Ihren beiden »Konkurrenten«?

Dave bekam noch ein schönes T-Shirt von mir, für seine Trophäensammlung; ganz herzlich und aufgedreht amerikanisch verabschiedete er sich von mir, aber wie die Amerikaner so sind: Aus den Augen, aus dem Sinn. Jack will mit mir in Australien von Ost nach West laufen, aber nachdem er den Vorschlag gemacht hatte, winkte er gleich wieder ab: Ihr Weißen habt ja leider nie Zeit.

Herr Nehberg, viele Leute haben, zumindest auf Ansichtskarten oder in Briefen an Verwandte und Bekannte, vor allem aber in wüst illustrierten Reportagen und Berichten der Öffentlichkeit ihre Abenteuer vorgelegt – und so insgeheim bei uns Alltagsmenschen die Illusion gefördert, daß inzwischen selbst das Entlegenste und Entfernteste zugänglich sei wie ein Vergnügungsgelände, wie ein blinkender Luna-Park. Es ist doch eigentlich bitter, daß die Welt allein durch die hastige Entwicklung unserer Fortbewegungsmittel kleiner geworden und etwa die Reise zum Himalaya nurmehr eine Frage der Finanzierung und Koordination von Abflugzeiten ist. Also, Rüdiger Nehberg, was ist Abenteuer?

Lust auf Selbstveränderung. Unterschiede im Hang zum Abenteuer sind wohl nur im Grad des Erlebnishungers »meßbar«. Dem einen reicht es durchaus, die Toilettentür nicht abzuschließen. Es ist sein persönliches Russisch-Roulette – und für den anderen ist selbst Rambo, der Terminator, ein ganz lahmer Zombie. Das einzige Problem, das allen Abenteurern deutscher Lande gemeinsam ist, ist der fehlende Aktionsbereich. Da möchte man seinem Betätigungsdrang freien Lauf lassen, und niemand erscheint auf besagter Toilette, und das einzig Abenteuerliche bleibt letztlich das fehlende Klopapier. Sehen Sie, das mit den Maden ist doch im Grunde genommen ein blödes, ein extremes Beispiel, auf das sich die Medien noch immer gern stürzen. Als ich vor Jahren von Hamburg nach Oberstdorf lief, ohne Geld, ohne Nahrung, 1000 Kilometer in vier Wochen, ohne

Ausrüstung, da habe ich mich für meine erste Fahrt zu den brasilianischen Yanomami-Indianern getestet. Sogar überfahrene Igel aß ich.

Was wollen Sie damit sagen?

Daß Vorsorge nötig ist, wenn man die Welt auf andere Weise als auf Kaffeefahrten kennenlernen will. Nur der, der auf alles gefaßt ist, nimmt die Welt ernst – und nur der wird ernstgenommen.

Es leben die Rambos, sagen Ihre Gegner.

Ich frage Sie: Wer kann noch Feuer machen ohne Streichhölzer, sich einzig und allein nach Sternen oder der Sonne orientieren?

Kaum einer braucht das in Mitteleuropa.

Aber eine Menge Leute sehnt sich danach – in unserer Welt der Ampeln und Zäune, der Software und Dienstzeiten. Wenn ich mit dem Lift in irgendeine dritte Etage fahre oder mir ein Lichtsignal das Denken abnimmt, dann fühle ich mich äußerst degeneriert. Nach dem Abenteuer haben Sie gefragt: Es ist für mich der Versuch, ein unvollkommener Bürger zu bleiben. Ein verläßlicher Kunde zu sein, das gilt überall als Bild des idealen Staatsbürgers. Der soziale Raum in der modernen Welt, das ist immer nur ein Weidegrund. Ich brauche aber etwas anderes, die Spielwiese nämlich. Und wenn Sie meinen, ich sei unmöglich – na und? Ich sage »ich«, und das ist Recht und Pflicht des Individuums.

Sie sagen »ich«.

Im täglichen Leben halten wir fest, was wir erleben. Wir wollen festhalten – um zu besitzen, was wir festhalten. Auch das, was uns einengt, konservieren wir in uns. Das aber sind Dinge, Ereignisse, Auffassungen, die uns in Vorurteile verstricken. Es entstehen Konfliktstoffe für sinnlose Konfrontationen. Lassen wir uns darauf ein, verstehen wir nicht mehr, ein komplexes Leben zu führen, sondern wir teilen uns dauernd nur in Zwecke und Ziele ein, verzetteln uns, reiben uns in Konflikten auf. Das Ziel aber wäre, ohne Konflikte zu sein, die wir unbedingt lösen müssen. Eins mit sich sein, ohne Belästigung durch Interpretationen. Die Dinge und Ereignisse sich selber überlassen, ihrem eigenen Schwerpunkt. Ich nehme da die Natur als Lehrmeister. Die Frucht am Baum hängt an dem Zweig mit einem dünnen grünen Stengel. Solange sie grün ist, hält der Stengel Sturm, Regen, plötzlichen Wolkenbrüchen stand, er reißt nicht ab. Sobald die Frucht reif ist, fällt sie mitsamt dem Stiel ab. Der Stiel erfüllt seine Aufgabe haargenau, bis die Frucht ausgereift ist. Das Gleichgewicht der Beziehungen in der Natur kann keine menschliche Denkkraft neu schaffen. Das menschliche Wesen in seinem Sein ist aber in gleicher Weise Natur, so wie die Frucht am Baum es ist. Der junge Mensch braucht den Reifeprozeß. Wird er darum betrogen und bleibt er also seelisch unreif, so ist das für ihn verhängnisvoll. Eltern sollten um diese Dinge wissen. Dieses Wissen ist der Grund aller Lebenserfahrung und gehört zum Bildungsgut des Menschen. Jedes Tier der Wildnis hat es in sich und lebt es seit Anbeginn des Entstehens.

Aber weil Sie den einzelnen Menschen so beschwören – die Zivilisation macht uns doch Tag für Tag weis, so etwas Besonderes sei am einzelnen Menschen gar nicht dran ...

Wildnis lehrt dich das Gegenteil. Die Wildnis führt dir vor, daß auch Leiden an der Einsamkeit lediglich eine Zivilisationskrankheit ist, eine Reduzierung menschlicher Gefühlswelt. Du lernst in der Natur, daß die angeblich teuflischsten Kreaturen überraschend praktisch, ja man könnte fast sagen: menschlich reagieren. Und weil sich in der

Wildnis ohnehin nur Unvorhergesehenes ereignet, wird das, was wir gern und erschrocken Krise nennen, sehr bald als etwas ganz Alltägliches betrachtet, und es wird so am besten bewältigt. Einmal im Regenwald gewesen, kannst du die Bezeichnung »Opportunist« nie mehr ausschließlich für ein Schimpfwort halten. Dort gibt es nur Opportunisten und Anpasser! Es ist ebenso unwahrscheinlich, daß du das Wort »Beeilung« je wieder mit »Hetzjagd« verwechseln wirst. Denn wenn es darauf ankommt, überlebt jeder nur bei größter Bedachtsamkeit.

So spricht ein glücklicher Mensch?

Fast glücklich.

Was fehlt Ihnen denn zum vollkommenen Glück?

Zeit. Weil es noch so viel zu tun, zu sehen, zu erleben gäbe. Ich kann nicht hoffen, daß mein Wunsch, auf meine Weise den Yanomami-Indianern zu helfen, schnell Erfüllung findet. Ich kann aber gegen das drohende schlimme Ende mit ankämpfen. So spüre ich mich. Lassen wir mal das vollkommene Glück außen vor. Die Schwierigkeiten bei der Suche nach einem eigentlichen Sinn, der glücklich macht, die sind wahrscheinlich letzten Endes immer wichtiger als die Glücksmomente selbst.

Ist denn Glück nicht mit Erfolg identisch?

Der Anteil Unruhe, Glück und Angst ist bei jedem Menschen. Wenn man ihm auf den Grund geht, etwa gleich.

Es gibt Kranke, es gibt ausgesprochene Pechvögel.

Da kann ich nur sagen, daß der Kranke mehr Freude an den Geranien auf der Fensterbank haben kann als mancher Gesunde. Was nicht bedeuten soll, man müsse erst krank sein, um genießen zu können. Aber leider lernt der Mensch vieles erst schätzen, wenn es ihm abhanden kommt. Nein, Erfolg bedeutet nicht automatisch Glück. Der Erfolg bringt immer auch neue Unruhe, denn das gesteckte Ziel verschwindet mit dem Erfolg, und man kann das Gefühl einer großen Leere haben. Das Entscheidende, das Anregende, das Begeisternde liegt wahrscheinlich weniger darin, das Ziel zu erreichen, sondern es liegt im Streben danach. Bekommen, was man sich wünscht – das ist vielleicht Glück. Sich nur das wünschen, was man auch bekommen kann – so entsteht ein Erfolgserlebnis. Ich bin ein Privilegierter, weil ich meine Spinnereien ausleben kann. Die meisten Menschen können das nicht. Sie verlieren sich in den Alltäglichkeiten und tun nicht das, was sie gerne möchten. Ich wäre unglücklich, wenn ich auf meine Wünsche verzichten müßte. Aber ich wäre todunglücklich, könnte ich nicht auf den Weg gehen, einen kleinen Teil davon zu erfüllen.

Was produziert Unglück?

Halbheiten. Ja, Halbheiten produzieren Unglück. In jeder Situation, in jedem Beruf. Denn mit Halbheiten betrügt man sich selbst.

Rüdiger Nehberg, nun die vielleicht dümmste Frage, deren Antwort aber immerhin einen Großteil Ihres Lebens erklärt: Was ist Survival?

Survival ist die Kunst, Ärzte arbeitslos zu machen und Krankenversicherungen in ihrem Geld ersticken zu lassen. Um nur zwei äußerst positive Nebenerscheinungen dieser aufkeimenden Staatsdisziplin zu nennen. Sogar Psychologen hielten mit der Zeit – selbstverständlich erst nach standesgemäßen Endlos-Diskussionen – Survival für so beachtenswert, daß es über alles hinaus nun auch noch therapeutisch strapaziert wurde – um Problemleuten – und bestimmt auch sich selbst – damit zu helfen. Oder um den Patienten andere Probleme zu verpassen. Denn wer verliert schon gern seine Kundschaft? Im übrigen widerspricht es aller Survival-Logik, sich die Lösungen auftretender Probleme erst im wirklichen Notfall anzulesen. Die hat man im Kopf, und erst dann vermitteln sie einem das Gefühl, ein wenig was von einem intakten Wesen zu haben, das auch ohne High Tech und genmanipulierte Nahrung funktioniert. Survival ist Neugier. Man will wissen, was da hinter dem Berg lebt, ob es dort Himbeeren ohne die verflixten Maden gibt oder gar Maden mit blauen Augen und mit Eichhörnchenschwänzen. Wissen zu wollen, was hinterm Berg ist, gehört zu den Elementarregeln der Selbsterhaltung. Vielleicht findet man dort Fremde, die einem im Notfalle beistehen wie bei »Bild kämpft für Sie« (rrrh-rrrh) oder Wesen, denen man weniger vertraut, wie Politikern vor der Wahl, vor deren Expansionsgelüsten man sich rechtzeitig schützen muß. Je besser einer plant, desto härter trifft ihn der Zufall. Deshalb sollte man zwar gut planen, aber sich nicht zuplanen – man sollte dem Zufall eine Chance lassen, er hat sie verdient. Survival ist das rechtzeitige Erkennen von Gefahren und deren wirksame Abwehr. Das kann Kampf sein, eine List, die Vorbeugung oder einfach Flucht.

Flucht ist nicht Feigheit?

Versuchen Sie das mal den Rehen klarzumachen! Survival ist nicht die nüchterne Wissenserweiterung und irgendwelches marathonides Training. Was die besondere Faszination dieser Sparte ausmacht, ist die gesamte Vielfalt einerseits und der Zwang zu Planung, Vorbeugung, sozialem Verhalten, Verantwortungsbewußtsein und Naturschutz andererseits.

Das klingt wie: Der Starke ist am mächtigsten allein – und klingt also nicht gut.

Allein ist man nicht am mächtigsten, sondern am schwächsten. Deshalb ja Survival!

Gut gekontert.

Sie stellen im Grunde die Frage nach der Freiheit. Meine Freiheit endet dort, wo die des anderen beginnt. Freiheit ist nicht die Abwesenheit von Verantwortung, sondern die bewußte, freiwillige Bindung an den Mitmenschen. Survival ist die Kunst des Überlebens. Und überleben muß man schon, um für Mitmenschen da sein zu können.

Mehrmals im Jahr führen Sie im Gelände rund um Ihr Haus Survival-Lehrgänge durch. Was muß derjenige wissen, der sich für ein Training in Rausdorf, bei Ihnen in der Mühle, interessiert?

Die Trainings finden statt von Freitagnachmittag bis Sonntagnachmittag. Wir simulieren die Situation, alle Ausrüstung verloren zu haben und trotzdem lebend über die Nacht und nach Hause kommen zu wollen. Als Erschwernis noch dazu mit einem »Verletzten«. Natürlich praktizieren wir auch andere Übungen, bei denen uns einige Hilfsmittel sowie Nahrung zur Verfügung stehen. Es besteht das großzügige Angebot, mit der Steinaxt das Waldsterben zu beschleunigen, sich als umweltschonendes Insektenvertilgungsmittel zu versuchen, den selbstgefangenen Fisch mit Stockbrot runterzuwürgen, nachts im selbstgegrabenen Erdloch zu frieren, ein Kilometer Flucht durch den Sumpf zu simulieren, im Brennessel-Boot nach Hause zu paddeln und selbiges Boot dort als Belohnung fürs Überlebthaben würdig zu recyclen: als Tee, Spinat oder Kompost.

Klingt wieder sehr rabiat.

Keine Angst. Auch als Ausbilder bin ich zuerst Mensch, dann erst Sadist.

Was muß man noch mitbringen, nachdem man sehr bald alle Hoffnung auf ein warmes und behagliches Nest hat sausen lassen?

Für alle Fälle empfiehlt sich das Mitbringen von Schlafsack, Iso-Matte, Klamotten zum Wechseln, Regenkleidung, Badehose, Taschenlampe, Messer, Fotoapparat. Ängstliche dürfen vorher gern ihr Testament aktualisieren.

Wer kann teilnehmen?

Diese Wochenenden sind in gleicher Weise geeignet für junge Leute wie für Frührentner, ob Männlein oder Weiblein. Wir stellen keine Rekorde auf, sind Gleiche unter Gleichen. Jeder hilft jedem, wie bei echten Notfällen, etwa bei Reisen im Abseits der Erde. Wir sind ein Team und keine Kontrahenten. Auch Spaß und Geschichten am Feuer kommen nicht zu kurz – wenn man schon sonst nichts vom Leben hat. Die Teilnehmerzahl ist auf maximal sechs Personen begrenzt.

Und was kostet der Spaß?

800 Mark pro Person.

Sie gehen ganz schön ran!

Mit diesem relativ hohen Beitrag werden eine Schule und eine Krankenstation für die Yanomamis unterstützt. Ich gebe auch jedem, der es möchte, eine Spendenbescheinigung.

Könnte man nicht mutmaßen, Ihr Survival sei auf soldatische Verhaltensregeln ausgerichtet? Ist da nicht auch ein Hauch Militarismus, Heldenkult? Sie sagen selbst, daß ja sogar Bundeswehr-Ausbilder gern bei Ihnen vorbeischauen, um was Neues für die eigene Arbeit mitzunehmen.

Natürlich ist, wenn man partout will, alles auch negativ interpretierbar; dagegen kann ich mich nicht wehren. Ich habe mich damit abgefunden. Ich kann bei der Beurteilung meiner Art von Survival nur um die Fairneß bitten, nichts außerhalb dessen zu bewerten, was ich praktisch tue. Und da sehe ich nichts, aber auch gar nichts, was militaristischem Gedankengut zuarbeiten könnte. Mich hat das nie interessiert und ich mache auch keine Unterschiede zwischen den Menschen, aber ich könnte mir vorstellen, daß in meinen Veranstaltungen sehr viele junge Leute sitzen, die ein wirkliches Interesse an alternativem Leben haben und also, zumindest zu einem Teil, vielleicht sogar Wehrdienstverweigerer sind. Also, der Vorwurf, Survival sei militaristisch, trifft mich nicht. Heldentum soll ebenso wenig propagiert werden wie das Verherrlichen von Aggressivität. Survival ist das Antrainieren größtmöglicher Vielseitigkeit und der Fähigkeit, Probleme allein und unabhängig zu lösen. Survival ist eine Wahnsinnsmischung.

Wahnsinnsmischung?

Ja, aus Muskeln, Hirn und Seele, Robinson Crusoe, Pfadfindern, Rangern, Kampfschwimmern, Trappern, Ersthelfern, Bergwächtern, Rettungsschwimmern, Eremiten, Einzelkämpfern, Stuntmen oder -women, Abenteurern, Entdeckern, Draufgängern, Angsthasen, Erfindern, Naturschützern, Tieren, Wissenschaftlern, Detektiven, Schauspielern, Journalisten, Rechnern, Managern, Kritikern. Also wirklich: eine Wahnsinnsmischung.

So ein Survival-Wochenende ist wie Fortsetzung von Schule mit anderen Mitteln. Sie sind gewissermaßen Ausbilder.

Ja. Aber man darf das nicht so bürokratisch sehen. Ich nehme keine Prüfungen ab, ich bin schließlich kein Lehrer. Neben der Tatsache, daß ich Survival vermittle und alle Teilnehmer einer solchen Wochenendgeschichte hoffentlich mit dem Gefühl nach Hause fahren, etwas Schönes erlebt zu haben, gibt es natürlich Begegnungen, die bleiben aus besonderem Grunde im Gedächtnis haften. Ich erinnere mich sehr oft an eine Frau, die hieß Andrea. Sie war 51 Jahre alt.
Der Clou: Sie hatte in einem Preisausschreiben für 14- bis 16jährige gewonnen, aber die Zeitung hatte bei der Ausschreibung vergessen, dieses Alterslimit anzugeben. Andrea war der Typ, der alle Preisausschreiben mitmacht, weil er einmal irgendwann was gewonnen hatte. Sie wirkte wie eine massige Mutti, und natürlich hatte sie vor allen Übungen Angst, und ich ahnte Furchtbares. Sowas kann den gesamten Lehrgang schmeißen. Ihren Mann hatte sie gefragt, was Survival denn wohl sei, und der hatte gesagt: Das wirst du schon sehen! Und so ächzte und krächzte und wehklagte Andrea, kaum daß wir mit dem Durchgang begonnen hatten. Weil sie nichts mitmachte, nahmen wir sie letztendlich als Verletzte. Am Abend saßen wir am Feuer, jeder erzählte von sich, und so kam es, daß die Mädchen und Jungen von ihren bisherigen Reisen berichteten. Die Namen vieler europäischer und nichteuropäischer Länder fielen. Die Reihe kam auch an Andrea. Sie hatte sich alles staunend angehört. Sie habe zwei Kinder, sei verheiratet und von Beruf Gemüsebäuerin. Täglich ein Sechzehn-Stunden-Job. Noch nie, sagte sie dann, sei sie in Urlaub gefahren. Dies sei das erste freie Wochenende ihres Lebens. Sie sagte es ganz schlicht, ohne Betonung oder Polemik oder mitleiderheischend – aber plötzlich schwiegen alle, und alle sahen Andrea, diese 51jährige Frau, die zunächst etwas störend gewirkt hatte, mit anderen Augen. Auch ich fühlte mich ertappt bei Vorurteilen, die mir nun peinlich waren.

So ist das eben: Man beurteilt Menschen nach bestimmten Äußerlichkeiten, man stuft sie kritisch ein, weil sie unseren Erwartungen nicht entsprechen – und mit einem Mal ist man beschämt. Weil Andrea zunächst die Übungen nicht mitgemacht hatte, wollte sie sich natürlich anderweitig als vollwertiges Mitglied unserer Truppe auf Zeit erweisen, und so bemutterte sie den Lehrgang. Sie wusch auf, wo es nur was aufzuwaschen galt, sie wirbelte als Helferin durch alle Stunden. Nach diesem Abend aber beschlossen wir, ohne daß nur ein einziges Wort darüber fiel, Andrea so richtig nach allen Regeln der Kunst zu bemuttern und zu verhätscheln. Als hätten wir was gutzumachen. Am Ende unseres kleinen Abenteuers gab es Kaffee und Kuchen – ich hatte damals noch die Bäckerei –, und Andrea, die schließlich zu allem »Überfluß« auch noch alle Übungen draußen im Gelände mitmachte und von ihrem ungläubigen Mann abgeholt wurde, sagte, es sei das schönste Wochenende ihres Lebens gewesen.

Survival ist also, wir können das leidige Thema beenden, nicht nur Würmeressen.

Jedenfalls nicht nur. Aber weitläufig gehört es dazu, zumal zu meiner Art, Survival zu erklären, denn es ist auf jeden Fall ein guter Schock, schnell vorzuführen, wortsparend, einprägsam. Ein Dauerbrenner, ein Gemütserhitzer, ein Emotionsauslöser für Beurteilungen solcher unmöglicher Menschen wie ich.

Nach wie vor eine sichere Bank für Kritiker. Ich lese Ihnen mal was vor: In »junge Welt«, einer kleinen Berliner Tageszeitung, stand über Sie: »In unserem Stadtteil hängen aktuell drei verschiedene Plakate von Rüdiger Nehberg. Sie weisen alle auf dieselbe Veranstaltung hin: Rüdiger Nehberg wird in der Stadthalle einen Dia-Vortrag halten. Über seinen Aufenthalt bei den Yanomami-Indianern in Brasilien. Ich weiß nichts über Yanomami-Indianer, aber ich vermute, sie verkörpern einen

Lebensstil, der dem von Rüdiger Nehberg sehr nahe kommt. Ich vermute, sie essen Würmer, und wenn es in ihrem Verbreitungsgebiet Autos gäbe, würden sie sich nicht scheuen, plattgefahrene Igel von der Fahrbahn zu kratzen und zu rösten.

Das erste Plakat zeigt Rüdiger Nehberg neben einem besonders freundlichen Yanomami-Indianer. Man sieht nur ihre Köpfe, die sie aneinandergelehnt haben. Beide lachen. Rüdiger Nehbergs Kopf ist mit lilafarbenen und irgendwie jugendstilähnlichen Schnörkeln angemalt, und ich frage mich, ob die Muster irgendeine Bedeutung haben. Bei Indianern hat ja alles eine Bedeutung. Vielleicht steht auf Rüdigers Kopf Der von den Würmern lebt, *ohne daß er es weiß. Vielleicht ist das sogar der wahre Grund, warum der Indianer neben ihm lacht.*

Auf dem zweiten Plakat sieht man, wie Rüdiger Nehberg gerade an einem Seil rumklettert. Das Foto wirkt ziemlich albern, weil es eine Studioaufnahme mit technisch eingezogenem Hintergrund ist, und zu allem Überfluß streckt uns Rüdiger seine rechte Faust mit nach oben abgespreiztem Daumen entgegen. Das Zeichen heißt, daß alles okay ist und Rüdiger weiß, daß er heil ankommen wird. Wo auch immer.

Das dritte Plakat schließlich ist das schockierendste von allen. Es ist erst vor kurzem dazugekommen. Wahrscheinlich haben die Veranstalter lange überlegt, ob sie das Motiv den Leuten in unserem Stadtteil zumuten können, denn auf Rüdiger Nehbergs Kopf sitzt eine riesenhafte Vogelspinne. Zuerst denkt man, das sei nur wieder eine indianische Bemalung, aber wenn man näher herantritt, sieht man über dem ausgezehrten Gesicht der Survival-Ikone deutlich die Tarantel. Die beiden verstehen sich. Auch wenn Rüdiger diesmal etwas finster in die Kamera schaut und ein Auge zukneift. Als wolle er sagen: He! Das macht mir mal nach! Natürlich will das keiner. Natürlich hat in unserem Stadtteil niemand Lust, sich eine Tarantel auf den Kopf legen zu lassen. Wozu auch. Schließlich hätte Rüdiger Nehberg ja auch keine Lust, sich im Gegenzug an die U-Bahnstation zu stellen und Bild-Zeitungen zu verkaufen. So macht eben jeder das, was ihm am meisten liegt. Obwohl es natürlich keine Plakate gibt, auf denen Zeitungsverkäufer abgebildet sind, die an U-Bahnhofstationen stehen. Aber das gehört wohl zum Geschäft.

Eigentlich habe ich die ganze Geschichte mit dem Wurzelnessen und Madenrösten immer bewundert. Bis zu dem Tag eben, an dem diese Plakate in unserem Stadtteil hingen. Rüdiger Nehberg – bekannt aus Presse, Funk und Fernsehen *steht da im Störstreifen, und dann, aufgelistet wie in einer Bewerbung:*

– mit dem Tretboot über den Atlantik
– 15 Jahre bei den Yanomami-Indianern
– 15 000 Kilometer durch Deutschlands Wälder.

Und so weiter. Ich bin mir jedenfalls sicher, daß es bald in der Konditorei von Rüdiger Nehberg plattgefahrene Igel und Würmer aus Marzipan geben wird. Und ich bin mir auch sicher, daß sich daran so lange nichts ändern wird, bis Rüdiger zehn Fuß unter der Erde liegt und sich die Würmer einen Dreck darum scheren, ob der, den sie da gerade zerfressen, der erste war, der mit einem Tretboot den Atlantik überquert hat.«

Wie heißt der Autor?

Stefan Beuse. Der Artikel erschien im Dezember 1997.

Ich bin stolz darauf, den deutschen Regenwurm gesellschaftsfähig gemacht zu haben. Ich gönne dem jungen Menschen, der vielleicht von einer Karriere als Satiriker träumt, seinen Artikel. Auch wenn er rein faktenmäßig fünfe gerade sein läßt. Jugendlichen, die zu mir kommen, sage ich immer: Kritiker und Meckerer muß es geben, unbedingt. Wenn jeder Survival gut finden und es praktizieren würde – dann würde ja jeder überleben. Und das stelle man sich mal vor! Es gibt verzerrte Klischees, die mir eher peinlich als angenehm sind. Da hat jemand die Bücher gelesen oder einen Film gesehen über mich gesehen, und schon bin ich in seinen Augen eine Art Mini-Bond: 0815. Das bin ich nicht, und ich will nicht sowas wie ein Guru sein.

Nehberg, der Supermacker.

Wenn damit gemeint ist, ich hätte eine Supermacke – das freilich will ich gelten lasen. Aber weder trage ich unter der Achse oder zwischen den Zähnen einen Revolver, noch gehe ich ständig breitbeinig und sprungbereit durch die Welt. Mein Kopf rotiert auch nicht permanent wie eine Radarantenne, um Gefahren rechtzeitig zu erkennen. Ich fahre auch keinen Geländewagen und laufe nicht in Stiefeln irgendeiner Zigarettenmarke herum.

In Ihrem Buch »Let's fetz!« steht: »Daß Frösche jetzt unter Naturschutz stehen, liegt nicht daran, daß ich ihnen hungrig und in pausenlosem 28-Stunden-pro-Tag-Training nachgestellt hätte.«

Wem sich aufgrund der Filme oder Vorträge solche Trugschlüsse aufzwingen, der vergißt, daß das Gesehene und Vorgetragene eine Zeitraffraktion ist. Alle Dinge habe ich über einen längeren Zeitraum erlebt. Die Szenen sind ein Extrakt mehrerer Reisen und Aktionen. Das ist aber doch nicht mein typischer Tagesablauf. Ich buddele mich also nicht täglich im Sumpf ein und fange Wildschweine mit der Hand. Ich kaufe das Schnitzel im Laden. Ich spucke auch nicht Feuer, wenn mir das Wetter zu kalt wird oder Gift und Galle, wenn ich mich bedroht fühle. Ich mache überhaupt ungern das Gleiche immer wieder, weil dann der Prickeln des Neuen verlorengeht. Ich erprobe lieber ständig Neues, weil ich nicht mehr viel Lebenszeit habe. Wiederholungen kommen mir oft vor Verplempern von Zeit. Ich rauche und saufe zwar nicht, aber ich trinke gern mal ein Glas Wein und leider viel zu viel Kaffee. Und ich habe nicht nur eine Jeans im Schrank, sondern zwei.

Und eine Fastglatze haben Sie auch – um an der Veralltäglichung des vermeintlichen Helden weiterzuarbeiten.

Das ist keine Glatze, das ist eine hohe Stirn – deren Wirkung noch dadurch verstärkt wird, daß ich mein Haar ausgesprochen kurz trage. Das erspart mir beim Kämmen Arbeit, pro Tag bestimmt fünf Minuten, das sind im Jahr etwa dreißig Stunden. Außerdem ist die »Kurzhaarfrisur« unfallmindernd – im Gebüsch bleibe ich nicht mit meinen Locken hängen. Umweltfreundlichem aber ist der entscheidende Aspekt: Viel Haar braucht viel Shampoo. Viel Seife überdüngt die Gewässer und beschleunigt deren Verschlammung ...

In einem »Sportspiegel« von 1993 wurden Sie mit folgendem Urteil bedacht: »Der Hamburger Konditor Rüdiger Nehberg und seine Gefährtin Christina Haverkamp haben die 4 000 Kilometer von Dakar (Senegal) bis Fortaleza (Brasilien) in 50 Tagen geschafft. Mit einem Bambusfloß. Und warum das alles? Um gegen die Verfolgung der Indianer ein Zeichen zu setzen. Typisch deutsch – jeder blödsinnige Egotrip muß durch Philosophie veredelt werden. 1992 protestierten Hinz und Kunz dieser Welt gegen die Columbus-Folgen. Selbst ein seekranker Kuchenbäcker also. Dabei müßte doch gerade einer aus seiner Profession wissen: Getretner Quark wird breit, nicht stark.

Wirklich originell.

Also läßt Kritik Sie kalt.

Kritik und Kritik ist ein Unterschied. Ach, wissen Sie, wenn ich aus dem Fenster schaue, dann höre ich Spechte, wie sie auf die Bäume einhacken und die Bäume antworten. Und es ist wie bei den Menschen: Die hohlen antworten am lautesten.

Als Sie, wie eben angedeutet, 1000 Kilometer durch Deutschland liefen, was wollten Sie da spüren?

Auch Deutschland, Musterland der Zivilisation, ist eine Wildnis. Ich wollte zeigen: Überleben kann in der Zivilisation genauso schwierig sein – wenn man auf Zivilisation verzichtet.

An welchem Wochentag sind Sie damals losmarschiert? Wissen sie das noch?

Es war ein Montag Ende August 1981. Und losgelaufen bin ich acht Uhr dreißig in Hamburgs bester Einkaufsmeile, der Mönckebergstraße.

Was genau hatten Sie bei sich?

Eine Folie und ein Grabstock. Felder und Obstgärten waren für die Nahrungssuche tabu. Auch Betteln verbot sich, und die Naturschutzgesetze wollte ich ebenfalls nicht verletzen. Kein Meter Trampen. Wo keine Brücke war, mußte ich Flüsse durchschwimmen. Ich ging fünfzig Kilometer am Tag, später, als ich fertig war auf dem Docht, nur noch dreißig. Da sind wir nochmal bei der Zivilisation: Ich wollte wenige Umwege machen, wollte sozusagen die Direttissima nehmen. Aber so viele Privatwege mit dazugehörigen Sperrzäunen! Sagenhaft. Auch wollte ich Asphalt vermeiden – aber wie schafft man das bei insgesamt 500 000 Straßenkilometern, die die Natur durchschneiden. In einem einzigen traurigen Punkt profitierte ich von der Zivilisation: Ich konnte mich von totgefahrenen Tieren ernähren. Wenn sie noch frisch waren und ich schnell Gelegenheit fand, sie zu braten.

Was ist Hunger? Dem galt ja Ihr größter Widerstand.

Hunger ist Hysterie des Körpers. Man muß einfach nicht mögen wollen, was man ohnehin nicht darf. Ich erfuhr auf diesem Marsch, daß das leichter gesagt ist als getan. Zumal, wenn man dauernd links und rechts durch Felder, Gärten oder Bäckereien angemacht wird. Es ist schwierig, auf Annehmlichkeiten zu verzichten.

Während dieses Marsches hatte ich einer Schlange den Frosch, den sie sich vor kurzem einverleibt hatte, wieder herausmassiert. Ein Zwölfjähriger schrieb mir, nachdem die Reportage über den Deutschlandmarsch im Fernsehen gezeigt wurde: »Hallo, Rüdiger! Dein Film lief genau an meinem Geburtstag. Das Tollste war, als du der Schlange den Frosch geklaut hast. Da rutschte meine Mutter ganz langsam vom Stuhl und wurde ohnmächtig. Das war mein schönstes Geburtstagsgeschenk.«

Wie schmecken eigentlich Heuschrecken?

Etwas süßlich, fettig. Aber man sollte die Beine nicht mitessen, wegen der Widerhaken, die da dran sind.

Wenn Sie so abgerissen durch die Landschaft zogen – gab es keine Hilfsangebote der mitleidenden Bevölkerung?

Ein einziger bot mir Übernachtung und Essen an. Hoffentlich dachte er bei meiner freundlichen Absage nicht: Nie wieder!

Wo schliefen Sie?

Im Wald. Leider erwies sich die Folie als Fehlinvestition. Die hilft in heißen Gegenden. Im naßkalten Deutschland wirkte sie wie ein zusätzliches Kühlaggregat. Also baute ich mir Matratzen aus Blättern und Zweigen.

Der Marsch war eine Vorbereitungsarbeit: Anfang der achtziger Jahre sind Sie zum ersten Mal nach Brasilien zu den Yanomami-Indianern gefahren. Die Selbstdarstellung per Abenteuer bekam einen weiterführenden Sinn. Aus dem Abenteurer wurde Stück für Stück ein freier Unternehmer in Sachen Menschenrechte. Manche sagen seither: Der Nehberg benutzt das Thema Menschenrechte und Regenwald, um sich selbst immer besser zu verkaufen.

Mein Produkt ist das Wissen über diese Indianer in Amazonien. Wenn sich das gut verkauft, hilft es. Vor Jahren kannte kaum ein Mensch in Deutschland das Wort Yanomami. Heute weiß man zumindest in vielen Redaktionen etwas über dieses kleine Volk. Mit der Zeit mußten viele Goldsucher aus dem Gebiet dieser Indianer raus – nur noch der harte Kern von 600 bis 800 dieser Banditen haust dort. Wobei wiederum nicht alle Banditen sind; viele sind arme Teufel, die selber ausgebeutet werden. Daß die Bosse und die Armee in Brasilien immer nervöser werden, ist Ergebnis des internationalen Drucks von Menschenrechtsorganisationen, und ich bin schon ein wenig stolz, dazu beigetragen zu haben.

Ein einziges Abstrampeln.

Mühselig, ja. Gegen die EG, gegen die Zerstörer des Tropenwaldes, die ja auch in vielen Regierungen sitzen, gegen den Papst.

Gegen den Papst?

Viele dieser Halunken dort drüben sind Katholiken. Eine Übermacht krimineller Energie unterm Kreuz.

Kriminelle Energie auch gegen Sie selbst?

Ein Auto von uns wurde in die Luft gesprengt; in dem Auto waren Medikamente; wir, also meine Gefährtin Christina Haverkamp und ich, wurden des Landes verwiesen, wir sollten sogar für Jahre ins Gefängnis. Früher war meine Popularität eine Gefahr für mich, ich wurde überall erkannt – heute ist sie ein gewisser Schutz.

Sagen Sie doch nochmal grundsätzlich: Wer sind die Yanomami, wie leben sie?

Die Yanomami sind das größte der noch verbliebenen Urwaldvölker Amazoniens. Sie leben seit etwa 3000 Jahren im gebirgigen venezolanisch-brasilianischen Grenzgebiet. Die Yanomamis leben in einem Gebiet, so groß wie die Schweiz, in Nordbrasilien, aber auch in Venezuela, nochmal in einem Gebiet so groß wie die Schweiz. Denen in Venezuela geht es gut. Rings um ihre Lebensräume: dichter Regenwald. Alle vier Jahre ziehen sie weiter. In Gruppen bewohnen sie jeweils ein Dorf, dessen Kern aus einer einzigen großen, runden Wohn- und Schlafhütte besteht, der Maloca.

Der soziale Zusammenhalt ist dementsprechend eng?

Ja. Eigentum und Wohlstand sind absolut auf die Gemeinschaft ausgerichtet. Die Yanomami versorgen sich mit dem, was sie zum Leben brauchen, selbst. Wanderfeldbau. Sie ernten Kochbananen und Maniok; erjagte Tiere, Fische und Früchte des Waldes ergänzen den Speisezettel. Über die Jahrhunderte haben sich die Yanomami in den ökologischen Kreislauf des Regenwaldes eingefügt, und der ist eben heute akut bedroht, und als erstes werden seine empfindlichsten Teile getroffen: die Indianer selbst. Das Gebiet der Yanomami wurde von Brasilien Mitte der siebziger Jahre »erschlossen«, nachdem man dort Rohstoffvorkommen entdeckt hatte: Uran, Diamanten, Zinn, Titan, Thorium und Gold. Da begann der Run auf die glitzernden Flußbänke im nördlichen Amazonas. Tausende Goldsucher fielen in Boa Vista ein, das ist die Hauptstadt des Bundesstaates Roraima. Darunter waren viele Arbeitslose aus dem Nordosten, Soldaten der Militärpolizei, Raussschmeißer aus den Nachtklubs von Rio de Janeiro, sogar ein Nuklearphysiker aus Sao Paulo war eines Tages dabei. Was die Digger für ihre Maulwurfsarbeit brauchten, das wurde in den ersten Kleinflugzeugen in 180 Dschungelcamps geflogen, mit ihnen kamen Pornos, Pistolen, Prostituierte. Boa Vista, wo das Militär selbst am illegalen Waffenhandel beteiligt ist, und zwar ziemlich rege, verkam zu einer gesetzlosen Stadt. Ein einziger Richter sprach Recht in einer Stadt, wo Hunderte Menschen fortan umgebracht wurden. In einem einzigen Jahr erhob der Jurist ganze zwei Anklagen! Für die Yanomami begann die Zeit der Schrecken und der dramatischen Veränderung ihres Lebens. Denn die Kontakte mit der Zivilisation brachten nicht nur kulturelle Entfremdung, so auch so ganz einfache teuflische Dinge wie Grippe, Masern, Geschlechtskrankheiten und Malaria. Das sind Krankheiten, die im Wald bisher unbekannt waren, aber schon sehr bald wüteten sie unter den Indianern. Bis 1987 waren zahllose Goldsucher in den Lebensraum der Waldnomaden eingedrungen, hatten mit ihren Flugzeugen und Dieselaggregaten das Wild vertrieben, mit Quecksilber, das zum Auswaschen des Goldes benutzt wird, die Flüsse vergiftet; sie plünderten Felder der Yanomami, überfielen Dörfer, vergewaltigten die Frauen, ermordeten die Männer.

Aber eigentlich hielten und halten sich die Goldsucher doch illegal im Indianergebiet auf.

Per Verfassung gehört das Land den Ureinwohnern. Die Forderung nach einem fest definierten, unantastbaren Indianer-Reservat steht auch in einem Beschluß der staatlichen Indianerbehörde FUMAI (Fundacao Nacional dos Indios), aber diese Behörde ist alles andere als ein leidenschaftlicher Kämpfer für Minderheiten-Rechte. Seit

1979 unterstützen brasilianische Menschenrechtsorganisationen die Yanomami. Es dauerte bis zum September 1988, bis die Regierung in Brasilien per Dekret 19 räumlich voneinander getrennte Kleinstreservate schuf, die zusammen aber nur ein Drittel des traditionellen Yanomami-Gebietes umfassen. Ein Überleben der Indianer in ihrer kulturellen Eigenart können diese Landschaftspferche aber nicht gewährleisten.

Verfügte das Bundesgericht aber nicht eines Tages, daß die Goldgräber aus dem Indianergebiet zu verschwinden hätten?

Die Bundespolizei setzte sogar eine Armee in Marsch, mit Kampfflugzeugen, Helikoptern und Schlauchbooten. Selbst die Grenztruppen Venezuelas wurden alarmiert, damit die Glücksritter nicht über die Grenze wechseln konnten. Der Flughafen von Boa Vista wurde besetzt, alle Flüge zu den Claims eingestellt. Kein Nachschub zu den Urwaldlichtungen, weder Nahrung noch Benzin! Es sah so aus, als machten die Behörden erstmals in der brasilianischen Geschichte Ernst mit der in einer neuen Verfassung vorgeschriebenen Indianerpolitik. Doch was passierte wirklich? Die Goldsucher, die »garimpeiros«, wurden nicht nach Hause geschickt, aus dem Urwald gejagt, nein, sie wurden in ein Reservat ausgeflogen, wo sie zukünftig mit staatlicher Genehmigung nach ihrem Stoff buddeln durften. Das Yanomami-Gebiet hatte man verkleinert, und im März 1989 hatte die Regierung Sarney damit per Dekret die »Floreste Nacional« schaffen lassen, ein großes Regenwaldgebiet zwischen den Indianerreservaten, reich an Gold. Eine Armee von indianerfeindlichen Abenteurern war damit legal im Regenwald angesiedelt worden. Diese Mißachtung von Verfassung und Justiz hat den damaligen Generalstaatsanwalt derart aufgebracht, daß er den zuständigen Politikern mit Haft drohte. Das klang denen in den Ohren wie das Piepsen einer Maus im Zentrum eines Hurricans.

Anfangs hatte der Präsident versprochen, so war jedenfalls zu lesen, daß dem ehemaligen BASF-Manager José Lutzenberger, Brasiliens Querkopf in Sachen Ökologie, die Indianerbehörde unterstellt würde. Aber die hat 1990 dann ja wohl ein hoher Militär gekriegt, ein Mann, von dem bekannt ist, daß er zur Gold- und Holzmafia gehört.

Ja. Außerdem gründete die Goldmafia eine eigene Miliz, die hat die letzten ehrlichen FUNAI-Polizisten rausgeschmissen – um zu demonstrieren, wer Herr im Hause ist.

Wie viele Yanomami-Indianer leben noch in Amazonien?

Es waren mal 12 000 Yanomamis. Aber das sind Vermutungen, da die Indianer ja immer auf Wanderschaft sind. Und jetzt liegen die Schätzungen zwischen drei- und siebentausend. Doch dreitausend wird nicht stimmen, das sagen lediglich zwei kriminelle Gouverneure aus der Gegend dort. Damit wollen sie sagen: Für die paar Affen lohnt es sich ja nicht, soviel Wald der wirtschaftlichen Nutzung zu entziehen.

Affen?

Ja, das ist die übliche Bezeichnung für die Indianer. Wenn der Hunger sie in die Camps der Goldsucher treibt, dann wird nur von den Affen gesprochen, die da »herumhüpfen«. Naja, und davon leitet sich alles Verhalten ab – Affen sind keine Menschen. Also dreitausend, die Zahl, die wird ebenso falsch sein wie die Zahl siebentausend. Das sind Hochrechnungen vom Militär, und die wollen damit sagen, daß es sich bei Tötungen keinesfalls um Völkermord handeln kann. Das Militär ist gegen die Indianer, das Militär will auch, daß das Gebiet wirtschaftlich genutzt wird. Und die Generäle tun so, als wären sie bedrängt von Venezuela und Guayana; die würden gern die gesamte

Grenze als militärische Zone einrichten lassen. Aber das wäre natürlich für die Indianer tödlich.

Wie könnte man die Goldgräber denn ganz praktisch an ihrer Wühlerei hindern?

Indem man die Lieferung von Dieselkraftstoff stoppt, mit dem die Wasserpumpen der Goldsucher betrieben werden – damit wäre schon viel erreicht. Oder Luftkontrollen mit Radar – da würde man rasch die Flugzeuge erwischen, die illegal ins Indianergebiet fliegen. Anfang der neunziger Jahre ließ die Regierung vierzehn von über hundert Landepisten sprengen – für das Fernsehen, für ein geschöntes Medienbild. Als ich später hinkam, waren alle Pisten wieder repariert, und über zwanzig waren neu hinzugekommen. Durch die Goldgräberei werden die Flußtäler praktisch in Wüsten verwandelt. Die Flüsse sind ja die Schlagadern des Regenwaldes, wie bei uns Menschen die Adern im Körper. Das Wasser dieser Flüsse wird immer wieder durch Wasserpumpen gejagt und über Kaskaden geleitet, auf denen sich ein kleiner Teil des Goldstaubes ablagert. Daher existieren keine Fische mehr in diesen Flüssen. Sie sind totes Wasser. Weil das Gold nur in Staubform vorkommt, kann es nur mit Quecksilber aus dem Dreck extrahiert werden. Dieses Quecksilber wird in der Atmosphäre verdunstet. Das sind Tonnen von Gift, die wie ein Schleier über dem Gebiet liegen. Die Regierung hat den Verkauf von Quecksilber verboten. Die einzige Folge: Das Zeug wurde teurer; vertrieben und gekauft wurde es natürlich weiter.

Neigt man, wenn man sich so lange wie Sie mit einem Naturvolk beschäftigt, dazu, dieses Volk zu idealisieren?

Mache ich nicht. Und die Yanomamis sind alles andere als ein ideales Volk. Was man schon daran sieht, daß sie ja auch untereinander rege Stammesfehden austragen. Es gibt zum Beispiel auch nur Fremde, also Feinde, und Verwandte. Ein Mittelding, also Freunde, gibt es nicht. Aber die Weißen sind immer wieder selbst verantwortlich für neue Gründe, von Indianern gehaßt zu werden. Schenkt man zum Beispiel einem Indianer Garderobe, so kann das den eigenen Tod bedeuten. Nach den Erfahrungen indigener Völker kommt nämlich der Tod aus der Wäsche der Weißen. Das ist kein Humbug, sondern diese Folgerung basiert auf Realität: In Brasilien wurden ganze Landstriche von Indianern »befreit«, indem man ihnen pockenverseuchte Kleidung zukommen ließ.

Wie wurden denn Sie von den Indianern bezeichnet?

Fremder – aber, o Ausnahme, freundschaftlich. Es ist den Indianern einfach nicht klar, wie viele Milliarden es von uns gibt. Sie sind ja nie herausgekommen aus ihrem Wald. Sie sehen sich als einzige Menschen. Auch das ist ein Punkt, der nicht gerade zu idealischen Gesichtspunkten führt.

Alle Yanomamis sind wirklich nikotinabhängig?

Sie rauchen den Tabak, und sie kauen ihn. Und nicht nur die Männer, sondern auch Frauen und Kinder. Feuchte Tabakblätter werden in Holzasche gewälzt und aufgerollt wie eine Kohlroulade. Die Rolle wird hinter die Unterlippe gesteckt und stundenlang ausgelutscht. Während des Schlafes nimmt man sie aus dem Mund. Morgens wird die Tabakrolle wieder geöffnet, neu mit Asche beladen und hinter die Lippe zurückgesteckt. Da Frauen auch rauchen, sind schon die Kleinkinder nikotinabhängig. Um Sie ruhig zu halten, kriegen selbst Säuglinge bereits die obligatorische Tabakrolle.

Wie fanden Sie überhaupt auf die Spuren der Yanomami-Indianer?

Durch ein Buch. Ich lernte einen Missionar kennen, bei dem arbeitete eine Haushälterin. Und diese Haushälterin war im Alter von 13 Jahren – 1935, als ich geboren wurde – von den Yanomamis geraubt worden. Sie hat dann 25 Jahre dort gelebt, Kinder gehabt – von verschiedenen Männern, denn immer, wen die Männer in Stammeskriegen fielen, mußte sie sehen, daß sie wieder einen anderen Schutz bekam. Sie hatte drei Männer, drei Kinder – und irgendwann, da sie von den Indianerinnen immer eifersüchtig betrachtet wurde und Giftanschlägen und Attentaten ausgesetzt war, ist sie geflohen, zurück in die brasilianische Zivilisation. Es gab dann in den fünfziger Jahren Bücher darüber. Eines davon fiel mir in die Hände. Ich war völlig fasziniert, daß es noch immer solch ein Indianer-Volk gibt. Dazu hieß es, daß die Yanomamis inzwischen von den Weißen umzingelt seien, doch weil es das allerletzte Naturvolk sei, das noch so ursprünglich lebt, habe man ihr Land und sie selber unter Schutz gestellt. Fremde dürften nicht in das Gebiet hinein. Das fand ich toll und habe es auch respektiert. Ich war so angetan von dieser Beschreibung, daß ich in Deutschland versuchte, völkerkundliches Material zu bekommen. Das war zwar sehr ethnologisch, stur und steril, aber es rundete das Bild ab. Doch dann erfuhr ich von der Gesellschaft für bedrohte Völker in Sachen Schutz der Yanomamis ganz etwas anderes. Und als sich dieses Bild plötzlich so differenziert darstellte, baute ich mir eine Strategie auf, um vor Ort zu kommen und selbst zu sehen, was los war.

Denken Sie, daß es noch andere Naturvölker gibt, die bisher unentdeckt blieben?

Das glaube ich nicht. Es gibt immer so ein paar Splittergruppen, auch bei den Yanomamis. Doch ein ganzes Volk, ich glaube es nicht. Es ist ja alles infrarot-fotografiert worden, aus der Luft. Man weiß inzwischen ziemlich genau, wo welche Menschen leben.

Wenn man Yanomami sagt und Rüdiger Nehberg, dann fällt inzwischen auch der Name Christina Haverkamp. Wo haben Sie die junge Frau kennengelernt?

In Brasilien. Sie hatte eines meiner Bücher gelesen, war mit einem US-Amerikaner rübergekommen, und in Manaos, einer ziemlich großen Stadt in Brasilien, trafen wir uns. Da gibt es eine deutsche Konditorei, und dort begegnet man regelmäßig Landsleuten. Christina wollte unbedingt mit zu den Yanomamis. Mir paßte das überhaupt nicht, also stellte ich ihr eine Aufgabe, an der sie scheitern mußte: Sie sollte im Tower des Flughafens von Boa Vista jene Karte holen, auf der die 120 illegalen Landepisten der Goldgräber im Regenwald eingezeichnet sind.

Sie brachte die Karte.

Ja. Wahnsinn. Christina schaffte es, die Angestellten im Tower zum Tanz bei Kofferradio-Musik aufzufordern. Nicht allzu schwierig bei Südamerikanern. Und zwischendurch schoß sie Erinnerungsfotos, natürlich genau vor der großen Karte mit den Pisten ... Und nicht nur diese Mutprobe bestand sie. Das erste Mal im Leben bekam ich Malaria, ausgerechnet auf dieser Reise, und Christina hat mein Gepäck mitgeschleppt – obwohl sie selbst sehr viel zu tragen hatte. Inzwischen hat sie, wegen der Reisen und Abenteuer, ihren Beruf als Lehrerin aufgegeben.

Zurück zum Problem der Indianer. Es wäre doch illusorisch zu hoffen, daß Brasilien seine Wälder aus reiner Nächstenliebe stehen ließe.

Eine Lösung kann es nur geben, wenn sie beiden Seiten gerecht wird, dem Interesse der Brasilianer und den Interessen der Wohlstandsländer. So traurig das auch ist. Es muß Brasilien (und anderen Regenwaldländern) klar werden, daß ein gefällter Baum nur ein einziges Mal Profit abwirft, ein stehengelassener hingegen ständig – wenn wir bereit sind, auf Dauer eine Klimasteuer zu zahlen. Der Wald, als Garant für die Stabilisierung unseres Klimas, müßte zur Handelsware erhoben werden.

Klima gegen Kasse?

Genau! Und sinnvoll wäre es, wenn die Klimasteuer in solchen Bereichen eingesetzt würde, in denen sie der Umwelt noch weiteren Nutzen brächte. Auf ihr eigenes Land bezogen, fordern Brasilianer den Bau von Schulen und die Einführung der Schulpflicht. Nur mit Bildung könne die verelendete Masse zu mehr Wohlstand gelangen, und nur von gebildeten Menschen kann man Verständnis und Aktivität erwarten. Schulen jedoch wären ein Langzeitprojekt, das erst nach Jahren, vielleicht sogar erst nach Generationen wirksam würde. Bis dahin wäre der Wald vernichtet. Also: Parallel müßte ein Sofortprogramm her, wie der Stop des Wanderackerbaus. Wer einmal ein Stück Land gerodet hat, muß dafür verantwortlich bleiben. Anreiz für Verantwortung böten die Garantie auf das Landrecht und finanzielle Starthilfen aus Klimasteuergeldern, zum Beispiel die Vergabe von kostenlosem Kalk zur Entsäuerung der Böden sowie der dorfgemeinschaftliche Schredder, mit dem Bäume, statt zu Asche zu Kompost verarbeitet werden könnten. Obligatorisch für die Grundbuchsicherung müßte die Absolvierung landwirtschaftlicher Schnellkurse sein. In diesen Lehrgängen müßten unter anderem Kompostierung, Terrassierung, Wechselwirtschaft und die natürliche Schädlingsbekämpfung gelehrt werden.

Sie träumen. Nun macht es sich gut, den Zeigefinger zu erheben und Enthaltsamkeit zu predigen, was Indianer und Regenwald betrifft, überhaupt die Natur ...

Moment. Ich kritisiere immer auch mich. Ich bin kein Außenstehender, sondern ich weiß, daß ich Teil des Zerstörungspotentials Zivilisation bin. Auch ein anderer Teufelskreis ist mir bewußt. Die Zustände in Brasilien öffentlich zu machen, heißt immer auch, Leute anzulocken, die aus anderen Motiven dahin gehen; schon natürliche Neugier kann der Beginn eines gefährlichen Einbruchs in eine Welt sein, die ihre Abgeschiedenheit nicht verlieren dürfte, um weiterexistieren zu können. Im Prinzip bin auch ich Vorreiter der Unvernunft, in gewisser Weise jedenfalls, ich weiß das.

Ich gehe den Touristen gleichsam voraus, wecke Neugier auf zerstörerische Erfahrung von Welt. Das ist mir schon bewußt. Wovon ich träume, ist ein sinnvoller Tourismus, der mit ausführlicher Information über die soziale und politische Lage beginnt, und der den Touristen Gelegenheit gibt, sich im Alltag des betreffenden Landes umzusehen.

Meinen Sie, das wollen sehr viele Leute im Urlaub? Fortsetzung der Schule mit anderen Mitteln?

Ich bin nicht bereit, die Menschen für desinteressiert zu halten. Man kann nicht immer sagen: Die Welt ist so und so, und damit basta. Es kommt aufs Angebot an, das den Menschen gemacht wird. Aber da jede Form des Tourismus immer auch Werbung für das jeweilige Land ist und es weiter bleiben soll, haben Regierungen – etwa in Afrika – wenig Interesse daran, den Blick auf die soziale und politische Realität wirklich freizugeben. Es gibt keine ideale Lösung für das Problem. Aber Schweigen gelingt mir auch nicht. Wenn Systeme in die Krise kommen, besteht die größte individuelle Schuld immer darin, daß man nicht früh genug die Zeichen erkannt und sich gewehrt hat. Eine meiner Grundüberzeugungen: Wenn man nicht frühzeitig eingreift, wird der Mensch durch die Verhältnisse, die er später nicht mehr korrigieren kann, korrumpiert. Dann sucht der Mensch eines

Tages nach Rechtfertigungen wie: »Wo gehobelt wird, fallen Späne!« Eines Tages ist dann alles zu spät.

Im ferneren Ausland herrscht, nicht zu unrecht, die Meinung: Warum regen gerade die Deutschen sich auf, warum die angeblich so hochkultivierten Mitteleuropäer? Sie fordern, fordern, fordern – dabei haben sie selber genügend Dreck am Stecken – wenn man allein nur an die Verklappung der Nordsee denkt!

Deshalb ja die Idee, ein Angebot zu machen, ein Geschäft mit Gegenseitigkeit einzuleiten. Man kann sich freilich andere Politiker wünschen, aber ich glaube, es würden nur die Namen wechseln. Wir können uns die Akteure nicht aussuchen; man muß die Welt mit denen weiterleben, die da sind.

Was steht solch einem Plan entgegen?

Ach, was heißt Plan? Eigentlich ist es ja noch eine Utopie. Zur Zeit steht einer solchen Boden- und Umweltschutz-Reform das brasilianische Herrschaftssystem entgegen. Fünf Prozent der Brasilianer besitzen 95 Prozent des Landes.

Kommt Ihnen Ihr Ehrgeiz in Sachen Yanomami nicht manchmal trotzdem armselig vor, angesichts der Realitäten? Sind Sie nicht eher ein Clown?

Manchmal kommt mir dieser Ehrgeiz armselig vor, ja. Aber natürlich steigen die Chancen, daß die Menschen etwas über die Indianer erfahren, wenn Informationen und Appelle mit Aktionen verbunden sind. Dann wird zugehört und zugeschaut, weil es provokativer und populärer ist. Es behagt mir durchaus nicht, daß ich in einer Welt lebe, die zuvörderst action erwartet, Einblicke ins Privatleben, genüßliche Schilderungen der Gefahrenmomente. Trotzdem mache ich immer wieder Zugeständnisse, natürlich, obwohl ich normalerweise irgendwelches Boulevardgeschwätz nicht besonders mag. Es ist weder fesselnd noch bedeutungsvoll oder wesentlich, es hat nicht im entferntesten etwas mit dem Wichtigen im Leben zu tun. Man könnte in Talkshows ebenso über Hundefutter reden. Ich halte aber allein das Indianerthema für ein gesprächsfüllendes Thema. Und ob ich ein Clown bin oder nicht – wenn man mich hört, kann das durchaus nützlich sein. Es ist mir in dem Zusammenhang eine Ehre, von manchen Boulevardzeitungen als verschroben bezeichnet zu werden. Bei dem inzwischen erreichten Bekanntheitsgrad muß ich übrigens auch mit Neid rechnen.

Stört der Sie?

Nein, Neid ist so unindianisch und unphilosophisch. Lob bekommt man geschenkt, Neid muß man sich erarbeiten. Also: Aufbauschende, sensationsgierige, ja sogar spöttelnde Geschichten um mich haben eine durchaus nützliche Wirkung: Das ist für manche Redakteure ein Anlaß, mich in eine Talkshow einzuladen, mit mir ein Interview zu machen; da kann ich mich kurz zu den Anschuldigungen oder ironischen Kommentaren äußern und komme dann aber sogleich auf mein eigentliches Thema zu sprechen: die Indianer.

Keine Trauer, mißverstanden zu werden?

Ich bin schon traurig, wenn Leute meinen, sie hätten es bei mir mit einem idiotischen Globetrotter zu tun anstatt mit einem Menschen, der sich Sorgen um ein paar Dinge auf dieser Welt macht. Manchmal könnte man resignieren, weil sich zu wenige Leute Gedanken über gesellschaftliche Anliegen machen, über soziale Gerechtigkeit oder Toleranz. Ich empfinde das als gefährliches Dilemma. Es wird an einem aktiven Vergessen gearbeitet, daß man erschrecken kann. Wenn man jungen Menschen Fragen über Auschwitz stellt oder auch über die Ausrottung der Indianer, so trifft man vielfach auf Unverständnis und Desinteresse. Die meisten Menschen wollen einfach nur ihr Bier oder ihre Seifenoper. Aber mir geht es da wie beim Thema Tourismus: Ich werfe das nicht den Menschen selbst vor, sondern zuallererst einem geistigen Klima, das zu Desinteresse geradezu herausfordert. Es gibt eine Zerstreuungsindustrie, die regt die Menschen an, sich nicht mehr für die eigene Lage zu interessieren. Und je mehr Menschen in eine sozial schlechte Lage geraten, desto erfolgreicher wird diese Industrie.

Da kommt mir bedrängend in den Sinn, was der Publizist und Schriftsteller Horst Stern mal gesagt hat: Unser Verhalten hätte etwas Rattenhaftes. Stern verglich das Sozialverhalten von gestreßten Ratten mit dem von gestreßten Menschen. Beider Verhalten läßt sich darauf zurückführen, daß der Raum immer enger wird. Die gesamte Flüchtlingsproblematik etwa, die Zerstörung der natürlichen Lebensräume – all das hängt damit zusammen, daß es auf der Welt einen Drang der Menschen gibt, dorthin zu kommen, wo es sich am bequemsten, am profitabelsten leben läßt. Das ist immer irgendeine Mitte, wo es am wärmsten ist. Bei einer Rattenkolonie, sagt Stern, die ja nach außen hin begrenzt ist, könne man beobachten, daß es in der Mitte zu Streßsymptomen kommt. Bei den Männchen äußert sie sich als Aggression, bei den Weibchen dadurch, daß sie ihre Brutpflege einstellen, sie ziehen ihrer Jungen nicht mehr groß. Im fortgeschrittenen Stadium fangen die Männchen an, sich gegenseitig totzubeißen. Und die Weibchen stellen das Gebären ein. An den Rändern jedoch gibt es durchaus noch intaktes Sozialverhalten. Da aber dort immer mehr Ratten produziert werden, die ebenfalls nach innen drängen, wird der Druck innen im Kessel immer größer. Bis zur unausbleiblichen Katastrophe. Was sich unter Ratten abspielt, kann man heute schon unter Menschen beob-

achten. Sie werden zu Voyeuren, neigen immer mehr zu Gewalt und Grausamkeit.

Ja, aber ich muß Ihnen sagen, wenn ich so zuhöre: Ich bin trotzdem nicht emotional panisch. Weiß selber nicht, warum. Ich bin jemand, der in einem Tunnel weiterläuft und sich sagt, wenn man nur lang genug läuft, dann kommt schon irgendwann Licht. Und in den wenigsten Fällen ist es das Licht eines entgegenkommenden Zuges.

Rüdiger Nehberg, inwieweit ist denn das, was Sie mit Ihrem Leben so tun, irgendwie vererbt?

Gar nicht! Meine Familie ist seit Urzeiten im Bankgeschäft. Der Vater, meine Mutter, eigentlich alle Verwandten lebten schlecht und recht von den Zinsen treuer, eifriger Sparer. Nur meine Schwester wechselte eines Tages die Tätigkeit; sie lernte einen Mann aus der Ballonbranche kennen und organisierte fortan, zum Beispiel auf Messen, Werbeflüge mit Heißluftballons oder Zeppelinen. Mein Bruder wurde ebenfalls Banker, er arbeitet in der Umweltabteilung. Als Junge hatte auch ich bereits ein Praktikum bei der Sparkasse begonnen, kriegte aber bezeichnenderweise gleich sowas wie einen Nervenzusammenbruch: Ich bekam Platzangst unter diesem Haufen Papier. Und dann immer der Blick auf den Reichtum fremder Leute! Nein. Dennoch hatte sich mir eingegraben, was mein Vater mir geraten hatte: Mach was Krisensicheres, Junge, und werde selbständig! So wurde ich Bäcker.

Unabhängigkeit ist Ihnen wichtig?

Ja. Unabhängigkeit kommt gleich nach der Gesundheit. Ich wollte mich schon immer unabhängig machen von Arbeitgebern und Hauswirten. Finanziell regelte ich diese konträren Interessen zunächst über zwei Konten: das Reisekonto und das Selbständigkeitskonto; auch ein Rat meiner Eltern.

Der Vater Sparkassenbeamter, der Sohn knetet Teig. Spannend wie eine Wasserstandsmeldung. Da muß man ja zum Überlebenskünstler werden ...

Ja, grau in grau. Aber die Welt ist so farbig und schön; mich hat angesichts dessen immer ein großer Lerndrang durchs Leben getrieben. Ich dachte immer, ich versäume was. Was ich alles für Kurse besucht habe. Freunde und Kollegen zeigten mir einen Vogel.

Also ist Wissen doch Macht!

Lernen, lernen, lernen. Sich einen Freundeskreis aufbauen. Analysieren, was man kann. Sich selber kennenlernen, das ist das Wichtigste. So lernt man, sich von nutzlosen Träumen zu trennen, Träumen, die einen schwermütig und unproduktiv machen.

Weil man weiß, man wird sie nie verwirklichen können?

Ja, man muß das kontrollierte Träumen trainieren, sonst geht man an Träumen zugrunde.

Sie sagten eben, Sie hätten sehr viele Kurse besucht.

Kurse waren mein zweites Leben. Und was ich nicht alles für Lehrgänge besuchte, über 30! Massenhaft Sprachen, Waidwerk und Weben, Combat-Schießen, Kleines Steuer-ABC, Töpfern, Verkaufspsychologie, Tauchen, Drehbuchschreiben, Geometrisches Zeichnen, Gesunde Ernährung. So weit eine wirklich nur kleine Auswahl.

Können Sie Sprachen?

So, daß ich in den Ländern, in denen ich gerade bin, auch mittels der sprachlichen Verständigung gewissermaßen mein Überleben sichere. Aber Sie werden staunen: Einen Satz in Latein kann ich, und er stammt vom Heiligen Augustinus: »Et eunt homines admirare alta montium et ingentes fluctus maris et latissimus lapsus fluminum et oceani ambitum et gyros siderium et relinquunt se ipsum.« Übersetzung: »Da gehen die Menschen, die Höhen der Berge zu bewundern und die Fluten des Meeres, die Strömungen der Flüsse, des Ozean Umkreis und der Gestirne Bahnen und verlieren dabei sich selbst.«

Was waren denn so Ihre ersten Traumberufe?

Kripo, Reporter, Naturforscher, und: Landschaftsgestalter. Es gab eine Zeit, da schenkte ich der gesamten bucklichten Verwandtschaft, so sie über einen Garten verfügte, den dazugehörigen Teich. In allen Varianten baute ich Teiche. Ich stromerte auch durch den Teutoburger Wald, beobachtete Rehe und Molche und wollte Förster werden. Ein anständiger Beruf. Meine Eltern waren jedoch der Meinung, ich solle einen noch anständigeren Beruf wählen, um so ein noch anständigerer Mensch zu werden.

Dann kam das besagte Praktikum bei der Sparkasse.

Das erwies sich aber insofern als äußerst lehrreich, als ich schnell mitbekam, daß das Jonglieren mit dem Geld anderer Leute meine Sache nicht ist. Bäcker aber, so dachte ich mir, das ist gut, denn essen müssen die Leute immer. Aber mit dem Beginn der Lehre eröffnete sich mir die Krux auch dieses Daseins: Nach 50 harten 70-Stunden-Wochen würden, so konnte ich mir ausrechnen, nur noch zwei Wochen wirkliches Leben bleiben. Mich ergriff regelrechte Panik, ehrlich, und wenn sich der Urlaub anbahnte, stand mein gepacktes Fahrrad immer schon neben der Backstube.

Sie erlernten daraufhin noch den Beruf eines Konditors und begannen eine Wanderschaft.

Das war eine herrliche Zeit, diese Zeit der beruflichen Wanderschaft, der unbezahlten Urlaube, des ersten Schnupperns in der Welt. Per Fahrrad lernte ich Europa, Vorderasien und Nordwestafrika kennen, als Schiffskonditor Amerika, als Tramper den Orient und Nordafrika, als Flugzeugtourist Ostafrika, als Reisender in Sachen Expeditionen Äthiopien und Südamerika.

Was haben Sie denn als Kind gelesen?

Karl May, B. Traven, Livingstone, das Tagebuch von Columbus. Aber die Indianerprobleme waren für mich Geschichten, literarische Stoffe, historische Ferne, nichts, was mich selber betraf. Und eines Tages dann sollte ich erleben, daß die Zeit stehengeblieben war, daß die Probleme von damals sehr aktuell waren und sehr viel mit meinem Leben zu tun hatten ...

Woran denken Sie, wenn ich Ihnen das Stichwort Kindheit gebe?

Meine Eltern führten eine sehr, sehr harmonische Ehe. Also: An große Toleranz denke ich, an das gute Verhältnis zu meinen Eltern und auch zu meinen beiden Geschwistern. Und: der erste Kaninchenstall. Apropos Kaninchen: Später in Münster, als ich schon in der Lehre war und früh um vier auf der Matte stehen mußte, hatte ich mir ein Kaninchen besorgt, das wollte ich einkochen und meinen Eltern, die gerade verreist waren, bei ihrer Rückkehr als Geschenk präsentieren. Ein paar Tage später standen plötzlich die Feuerwehr und ein Kran-

kenwagen vor unserem Haus, in dem noch fünf andere Familien wohnten. Das Kaninchen hatte ich weder abgezogen noch gekocht, sondern roh ins Glas getan und mit heißem Wasser eingekocht. Deckel drauf und fertig! Nun war der Deckel aber hochgeflogen, das Tier verfaulte, und im Haus roch es bedenklich nach Leiche. Die Leute dachten Schlimmes, und Nachbarn schlugen Alarm. Die Tür zu unserer Wohnung wurde aufgebrochen. Aus dem Geschenk ist also nichts geworden, aber manchmal ist es im Leben einfach nur wichtig, daß andere spüren, man wollte Gutes tun – auch wenn es schiefgeht. Kindheit. Woran denke ich noch? 1940 wurde mein Vater nach Danzig versetzt, die Familie zog ihm nach; ich erinnere mich merkwürdigerweise – es war Krieg – vor allem an das Baden in der Ostsee, an die Wälder voller Pilze und an Blaubeeren. Ich sehe noch die erste Ringelnatter vor mir, die ich je erblickt hatte – die hatte einer erschlagen und brüstete sich mit dieser *Heldentat*. Mein Vater erklärte mir die Friedfertigkeit der heimischen Schlangen, seitdem habe ich ein besonderes Verhältnis zu diesen Schlangen; ich züchtete Pythons und Boas, sie hatten einen riesigen Freiraum in unserem Hamburger Haus. Zwischen den Schlangen auf einem Stuhl zu sitzen, einfach so – das war später der Platz, an dem ich meine besten Träume hatte.
Ist das nicht zuviel Kindheit jetzt?

Nein, erzählen Sie ruhig weiter.

Mit dem letzten Schiff flohen wir, bevor die Rote Armee kam, aus Danzig nach Dänemark. Dort kamen wir in ein Lager. Alles war knapp, wir lernten das Improvisieren. Ein kleiner Bruder von mir starb, als Säugling. Wir Kinder schlüpften oft durch den Stacheldraht, holten für die Männer Waldmeister, den rauchten die und bekamen meist tierische Kopfschmerzen davon. Einmal fand ich fünf Hühneeier, die hatte jemand ins Lager geschmuggelt und versteckt – es gab ein Freudenfest in der gesamten Familie. Im Lager, ich war zehn Jahre alt, wollte ich meiner Mutter mal eine besondere Freude machen: gerösteten Bohnenkaffee. Irgendwoher kriegte ich Bohnen – nur waren das leider gar keine Bohnen, sondern Erbsen. Ich erschrak, als die beim Rösten platzten. Die Dinger spalteten sich, flogen weg, ich sammelte sie wieder ein, es roch verbrannt, aber ich verschenkte das Zeug trotzdem, weil ich nach wie vor meinte, so riecht Bohnenkaffee.

Ist das so etwa die Zeit gewesen, die Sie mit dem Begriff der ersten Abenteuer umreißen würden?

Naja, was heißt Abenteuer. Es war eine schwere Zeit. Mein erstes Abenteuer hatte ich schon mit drei Jahren.

Mit drei?

Damals wollte ich zu meiner Oma ans andere Ende der Stadt, weil sie immer so wunderbare Bonbons hatte, Karamell-Bonbons. Leider war ich in der Kunst der Wegfindung noch ein Neuling. Statt einer Stunde brauchte ich acht. Ich verirrte mich, kroch am Fluß bibbernd unter eine Zeitung. Die Polizei griff mich schließlich auf, und zu Hause kriegte ich Dresche. Statt der Bonbons. So lernte ich rechtzeitig, daß man Reisen und Abenteuer anders planen muß.

Wie stand denn zum Beispiel der Vater zu den abenteuerlichen Ausbrüchen seines Sohnes?

Er hat sie toleriert, aber natürlich machen sich Eltern Sorgen. Eine Marokko-Fahrt zum Beispiel hat mir mein Vater streng verboten. Ich versprach ihm daraufhin, nur bis Frankreich zu fahren. Bei einem Freund dort deponierte ich Ansichtskarten; mein Freund schickte jeden Tag eine los – da war ich aber längst auf marokkanischem Boden.

Später, in Jordanien, stahlen wir mal, zu dritt, ein Boot und landeten deswegen im Gefängnis. Mein Vater erfuhr das in Deutschland, und es muß ihm der schreckliche Gedanke durch den Kopf gezuckt sein, daß mir nach dortiger Landessitte nun die Hand abgehackt würde. Da nahm er sich erstmalig in seinem überaus langen Sparkassen-Leben einen freien Tag, fuhr nach Bonn zur jordanischen Botschaft und bat um Milde für seinen inhaftierten Sohn. Der Botschafter beruhigte ihn, dieser Brauch mit dem Hand-Abhacken sei schon seit geraumer Zeit abgeschafft, und wenn mein Vater bestätigen könne, daß ich nicht etwa ein israelischer Spion sei, so würde die Sache schon gut ausgehen.

Warum mußten Sie denn ein Boot stehlen?

Wir wollten nach Ägypten, aber in diesem Vier-Länder-Eck, in dem wir uns befanden (alle Anrainer miteinander aufs Äußerste verfeindet!) führte kein Weg zu einem legalen Boot; also stiebitzten wir uns eines. Die Polizei schnappte uns und meinte zunächst, wir seien israelische Agenten, die sich auf der Flucht befänden. Für ein Jahr sollten wir hinter Gitter. Der Bittmarsch meines Vaters hat wohl mit bewirkt, daß wir nach zwei Monaten wieder auf freien Fuß kamen.

Zurück zum Bäckerhandwerk. Ein Traumberuf war das letztlich aber auch nicht, oder?

Es war eine böse Arbeit, ich bin ja nun ein recht schmächtiger Typ. Bei der Konfirmation war ich der Kleinste. Aber da besaß ich schon ein paar Schlangen, das brachte mir reichlich Respekt ein.

Ihr späteres Hobby.

Ich war meiner Umwelt also lange schon verdächtig. Statt im Keller Eingemachtes oder Kohlen zu stapeln oder eine Bar zu bauen, so wie jeder Mensch, der denkt, er sei normal, hielt ich dort Schlangen. Und auch noch solche, die lebende Tiere als Nahrung brauchen.

Die Schlangengrube befand sich im Keller.

Ja, in unserem kleinen Haus in Hamburg-Wandsbek. Ich übernachtete auch schon mal da unten. Immerhin ein Luxus gegenüber meiner ersten Ehezeit, als eine mehrfach tödliche Kollektion von Kobras, Vipern und Mambas sogar im Schlafzimmer nächtigte.

Zurück zur Bäckerei.

Zentnerschwere Mehlsäcke mußte ich schleppen, davon bekam ich Plattfüße und lädierte mir die Knie. Ständig trug ich in der Tasche eine Flasche Glyzerin mit mir herum, weil mir fortwährend die Hände aufsprangen. Schließlich war ich derart erschöpft, daß ich im Sitzen, bei der Glasierung der Gedecke, nach bereits einer Stunde wegdämmerte und einschlief. Ich befürchtete schon, ich sei mit der Schlafkrankheit «gesegnet« – bis ein Arzt dahinterkam, daß die Müdigkeit tatsächlich von meinen Senk-, Spreiz-, Platt-, Knick- und Wasweißichnoch-Füßen herrührte. Das merke ich heute noch: Sind meine Einlagen durchgelatscht, werde ich müde. Aber weit schlimmer: Mir wurde die Bäckerei mehr und mehr langweilig. Zu ruhig alles. Die einzige Aufregung und Abwechslung bestand darin, daß ich sonnabends statt um vier schon um zwei aufstehen mußte. War mir nix: Immer nur die Routine um die Rosine. Wie schon mal gesagt, ich hätte gern bei der Kripo gearbeitet – logisch bei der Vielzahl von Krimis, die ich mir im Kino ansah. Aber diese Kripo-Träume – das war der einzige Moment, in dem mein Vater, mein künftiges Leben betreffend, sein Veto einlegte. Er wisse, was es heiße, Beamter zu sein; das sei ein Leben lang Abhängigkeit, Schreibtisch, Einförmigkeit. Ich sehe die Konten der Handwerker, sagte er, einzig selbständiges Handwerk hat goldenen Boden! Und er hielt mich später dazu an, fünfzig Pfennig jeder Mark, die mich pro Woche in der Lehre verdiente – zusätzlich zu Verpflegung und Logis –, zu sparen. Die Banken, meinte er, die müssen sehen, daß du zu sparen in der Lage bist. Das bringt Vertrauen. Nicht a priori auf die Summe kommt es an, sondern auf die Beständigkeit.

Leben ihre Eltern noch?

Meine Mutter starb an Krebs, mein Vater am Herzinfarkt. Er hatte in seinen früheren Zeiten Bankfachbücher geschrieben, eines Tages dann vertrug er die Ruhe der Pension nicht.

Wir kommen noch auf Ihre Wege zum hauptberuflichen Abenteurer. Aber schon mal als Teil einer Bilanz alles Bisherigen: Gibt es Menschen, deretwegen Sie Ihre Abenteuer aufgeben würden?

Eine schwere Frage, deren Antwort eigentlich nur Mißverständnis auslösen kann. Denn ich sage: Nein, es gibt keine solchen Menschen! Ich glaube, bei allem jahrelangen Verständnis meiner Frau, bei allen Absprachen mit der Familie: Wenn ich sie nicht hätte überzeugen können, ich wäre wohl trotzdem losgezogen. Als meine Frau und ich uns kennenlernten, da wußte sie, was ich für einer war. Daß ich mit meinen Abenteuern würde weiterleben wollen, das stand zu Beginn unserer Ehe fest. Ich bin der Überzeugung, daß jemand erst dann ein guter Partner ist, wenn er zuallererst sich selber treu bleiben darf.

Sie plädieren für Egoismus?

Jeder ist in irgendeiner Form und Konsequenz Egoist. Man lebt sein eigenes Leben und nicht das eines anderen Menschen. Das klingt überspitzt und rücksichtslos, aber dies ist doch das Kernstück von Identität: Fühlst du dich mit dir selbst einigermaßen wohl oder nicht; empfindest du ein Optimum an Zufriedenheit an dir, und zwar so, wie du bist. Diese Art des Egoismus meine ich. Jeder Mensch ist erst einmal ein Einzelwesen. Und als solches kann er Familie haben oder auch nicht, je nachdem, wie er das für richtig empfindet; und die Verantwortung, die dazugehört, die wächst ihm schon von alleine zu, keine Sorge. Aber wenn einer behauptet, er opfere gewissermaßen sein Leben auf und nehme sich sehr stark zurück, um die Familie weiterzubringen, dann werde ich skeptisch. Ich glaube das meistens nicht, und wenn es doch stimmen sollte, dann würde ich immer sagen, löse das Problem in einer Form, daß du weiterhin du bleiben kannst. Wenn du weiterhin du bleiben kannst, dann bist du auch viel besseres und verträglicheres Familienmitglied. Einer, der nicht mehr er selber ist, kann fürchterlich unglücklich und werden. Und belastend für alle anderen.

Seite 73: Die Schlange als Pferd – als Steckenpferd
Seite 74: Erstes Camp an »fremder« Küste, erste Blicke in die Weite der Welt (Rüdiger mit Schwester und Mutter)
Seite 75, oben: Der Konditor und sein Hobby: Die »Alpen« in der Backstube
Seite 75, unten: Fuhr immer beim Konditor mit: die Sehnsucht »nach der Straße, die weit, weit weg führt ...«
Seite 76: Sieht so ein Mann aus, der nur kleine Brötchen backen will?
Seite 77: Tochter Kirsten und Frau Maggy
Seite 78: Survivors Heimat: Die Mühle in Rausdorf
Seite 79: Rüd(e)iger Nordwand, Mühle Rausdorf
Seiten 80, 81: Nehbergs Survival-Training mit Jugendlichen: Lust auf Landschaft und alternatives Leben
Seiten 82, 83: Haßliebe: Rüdiger Nehberg und das Wasser
Seite 84, oben: Abenteuer-Duo Nehberg und Haverkamp
Seite 84, unten: Abenteurer – aber alles andere als ein Ozean-Riese
Seite 85: 500 Jahre Columbus: Mit dem Bambusfloß nach Amerika

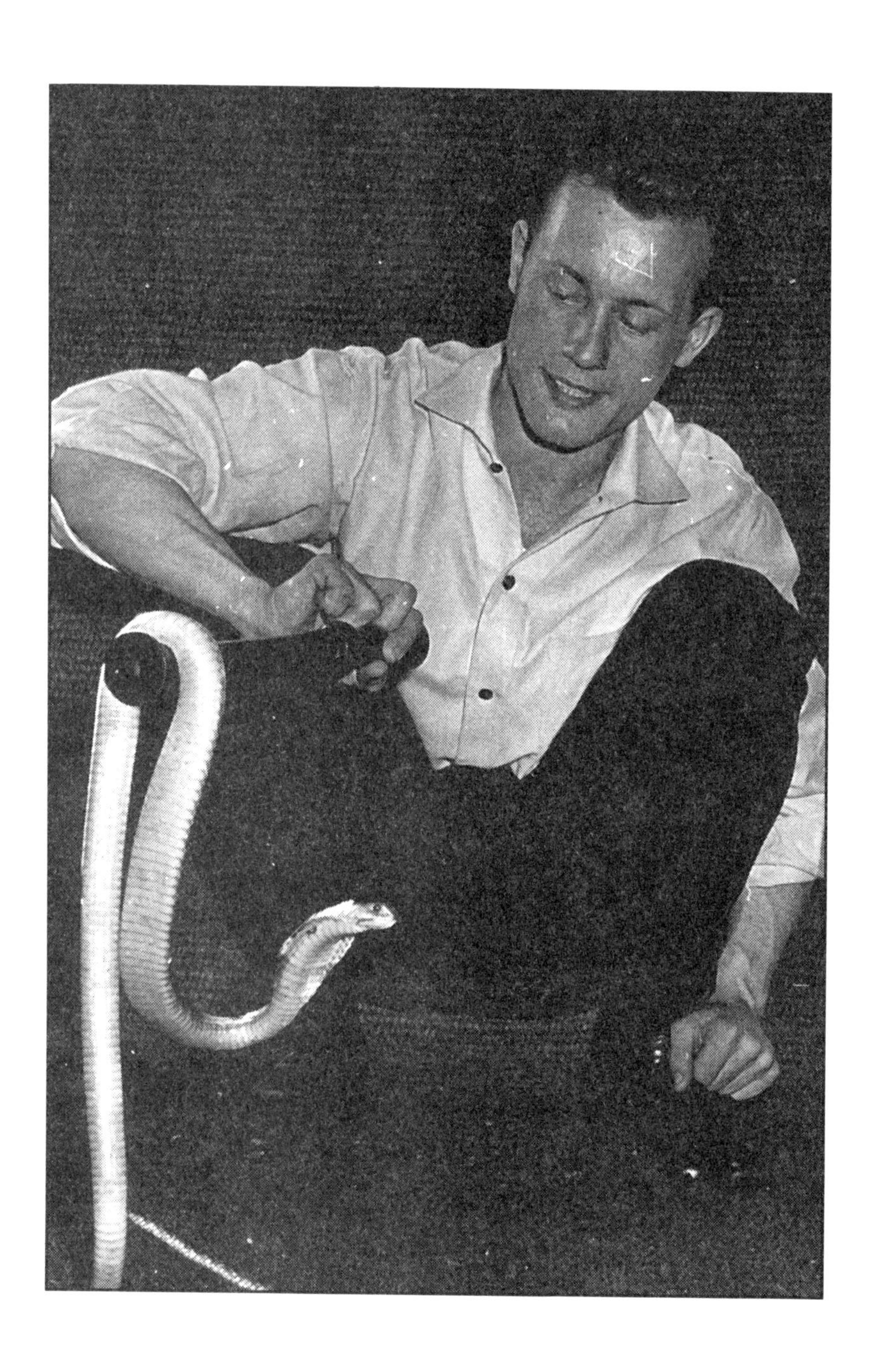

Konditorei Nehberg
...ES GIBT SCHLECHTERE
HH-CL 612

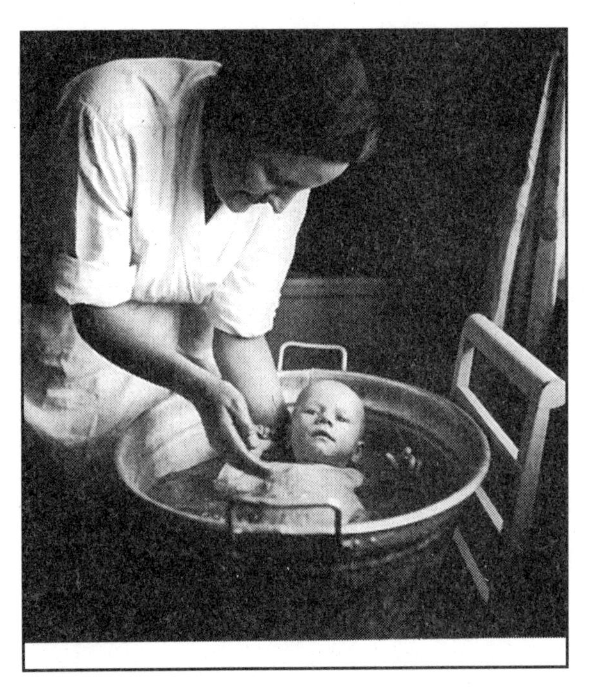

500 YEARS OF AMERICA
500 YEARS OF GENOCIDE
LANDRIGHTS
FOR ALL INDIANS
NORTH AND SOUTH
SAVE THE YANOMAMI
AND THE RAINFORESTS
IMMEDIATELY!
Gesellschaft für bedrohte Völker
Box 2024
3400 Göttingen

UNSER HERZ IM PORTEMONNAIE

DAS ZWEITE GESPRÄCH

»Europa TV« und Mönchskutte • Das zweite Vietnam in Amazonien • Mitgefühl per Gießkanne • Vorteile der Schwerhörigkeit • Joggen auf US-amerikanisch • Kartoffelpuffer als Abschiedsessen • Sisyphos mit Namen Lutzenberger

Anfang der achtziger Jahre, wir haben darüber geredet, waren Sie das erste Mal in Amazonien. Es gibt dort einen Sperrgürtel gegen Journalisten, das sind insgesamt mehrere hundert Kilometer Dschungel. Sie sind da durch ...

... ja, nackt, mit Überlebensgürtel und Mundharmonika. Sozusagen hemdlos und arglos.

Mundharmonika?

Musik ist eine internationale Sprache. Ich dachte mir, spiel, was das Zeug hält, mit Musik kannst du vielleicht einem eventuellen Giftpfeil zuvorkommen. Auf dieser Mundharmonika spielte ich Volkslieder, sowas wie »Mein Vater war ein Wandersmann«. Ich wollte ja Freundlichkeit ausstrahlen.

Und warum gingen Sie nackt?

Die Indianer sollten sofort merken, daß ich kein Goldsucher bin und nichts zu verbergen habe.

Aber es existieren Fotos, die zeigen Sie als Goldsucher.

Das ist Tarnung gewesen, und es passierte erst später. Wir haben uns auf diese Weise eingeschmuggelt. Dann haben sie Christina Haverkamp und mich zwangsweise ausgeflogen. Nacheinander, in kleinen Flugzeugen, wegen der kurzen Pisten. Ich flog zuerst. Aber Christina kam und kam nicht nach. Hinterher erfuhr ich: Sie hatte Sklaverei entdeckt, und die weißen Sklaven hatten ihr einen Brief zugesteckt, den sollte sie der brasilianischen Regierung übergeben. Das wurde entdeckt, und die hielten Christina siebzehn tage lang fest. Wer weiß, was passiert wäre, wenn ich nicht bei der deutschen Botschaft Wirbel gemacht und meinen Bekanntheitsgrad ausgenutzt hätte.

Ich frage, weil Ihre Methoden, um auf das Yanomami-Problem aufmerksam zu machen, immer spektakulärer wurden. Im Mai 1983 waren Sie bei Papst Johannes Paul II. Wie kam es denn dazu?

1982 hörte ich, daß der Papst in Brasilien war, und er betonte fortwährend, wie sehr ihm das Schicksal der indigenen Minderheiten am Herzen läge. Ich dachte mir, wenn der Chef einer derartig großen Weltreligion sich für die Yanomamis einsetzt, dann könnte das von Nutzen sein. Die Idee bestand darin, ihm eine Botschaft der Gesellschaft für bedrohte Völker vorzulegen und ihn zu bitten, seinen Einfluß in Brasilien etwas heftiger und entschiedener in die Waagschale zu werfen. Denn neunzig Prozent der Brasilianer sind Katholiken, das Wort des Heiligen Vaters bliebe bestimmt nicht ohne Wirkung. So unsere Hoffnung. In der Nuntiatur in Bonn stellten wir einen Antrag, und eine Schwester Anna Maria sagte meinen beiden Verlegern, die die Sache zunächst für mich managten, am Telefon, so in einer Mischung aus Bedauern und Entsetzen: Aber ich bitte Sie, der Herr Nehberg gehört ja nicht einmal einer Religion an. Schlagfertig antwortete einer meiner Freunde: Ja, wenn er Katholik wäre, dann hätte die Sache doch etwas sehr Selbstverständliches, aber wenn ein Ungläubiger die Hilfe des Heiligen Vaters anrufe, so spreche doch gerade das für dessen Einfluß und für die Wertschätzung, die er genieße. Anna Maria zeigte sich nun äußerst beeindruckt. Und sie meinte also, ihren Segen hätten wir bei der Sache. Nicht übel, denn der Weg zu großen Türen führt ja nicht selten über den Gärtner, den Chauffeur – oder eben über die Anna Marias in den Vorzimmern dieser Welt ... Aber die Sache zog sich hin, nichts passierte. Also entschloß ich mich, zu Fuß nach Rom zu wandern.

Wie weiland König Heinrich nach Canossa, ach, Gott.

Ich wollte direkt zum Papst, der Marsch sollte ein gewisses Medieninteresse hervorrufen und den Mann im Vatikan möglicherweise in Zugzwang bringen, sich zu den Yanomamis und deren Schutz zu bekennen. Ich war mir bewußt, daß dies alles ein wenig naiv klingen mußte, aber der Versuch war es mir wert.

War das wieder so ein Marsch wie von Hamburg nach Oberstdorf?

Nein, diesmal schlief ich ordentlich in Hotels, ernährte mich wie ein gesitteter Mitteleuropäer; ich wollte ja nicht schlapp, müde und abgerissen wie ein Obdachloser auf dem Petersplatz ankommen. Einen Overall trug ich, dazu einen gelbangestrichenen Kanister auf dem Rücken, mit den entsprechenden Aufschriften, denn auffallen wollte ich unbedingt. Ein weißes Jackett und ein schwarzes Hemd würde ich mir erst in Rom kaufen – wenn es denn wirklich zum Empfang käme. Vier Wochen brauchte ich für den Weg. Jeden Tag rief ich in Deutschland an, ob es nicht doch eine Nachricht von Schwester Anna Maria gäbe; auch an Willy Brandt hatten sich meine Freunde nochmals gewandt, denn er gehörte zu den Mitunterzeichnern der Bittschrift. Aber nichts! Schließlich war ich aber nun einmal in Rom, das durfte doch nicht umsonst gewesen sein, diese ganze Lauferei. Kurz entschlossen rief ich meine Frau zu Hause an, sagte ihr, sie solle kommen und meine Bergsteigerseile mitbringen – ich würde mich in einer Hängematte quer über den Petersplatz spannen, und jedesmal, wenn der Stellvertreter Gottes rauskommt, vor allem am Mittwoch, wenn er vor Tausenden von Leuten seine Generalaudienz gibt, dann wird er schon besorgt fragen, was das alberne Seil mit dem übergeschnappten Typen da oben soll. Natürlich war ich mit einem Spruchband ausgerüstet, das käme dann herunter, und da käme er nicht umhin, sich zu den Yanomami-Indianern zu äußern. Meine Frau kam mit dem Auto, sie hatte die Seile mit, und ich stellte fest, diese elastischen Bergsteigerseile erwiesen sich als nicht spannbar, die gaben immer wieder nach, und der Petersplatz war größer, als er im Fernseher aussah. Spätestens, wenn ich in die Hängematte steigen würde, läge ich doch nur auf der Erde. Außerdem merkte ich bereits, wie sich Polizei um mich scharte. Und ihren Blicken zufolge würden sie meinem Treiben nicht tatenlos zusehen. Gut, dachte ich mir, miete ich mir eben ein Flugzeug, fliege dem heiligen Mann ständig um die Kappe rum und entfalte von ganz oben ein gigantisches Yanomami-Spruchband. Die Sache schien perfekt, platzte allerdings, als ich dem Piloten Bestimmungsort und Zeit des Fluges mitteilte – was, um 11 Uhr, am Vatikan? Nein! Wasÿnun? Ich wußte: Punkt 11 Uhr kommt der Papst, ganz in Weiß, in einem ebenfalls weißen Landrover herausgefahren. Enge Schneisen führen durch die Menge; die Menschen sind gleichsam in enge Boxen eingepfercht, ein Pulk von Fotografen fährt mit, quasi jeder Meter wird fotografiert. Erst kommen die Auserwählten, denen er sich zuwendet, und die mit ihm sprechen können. Hinter ihnen dann das einfache Volk, an dem er langsam vorbeifährt. Und auf dieser Tatsache basierte meine nunmehr letzte Idee: Ich mische mich unters Volk und ziehe, wenn er vorbeikommt, mein Transparent hoch!

Einen Tag vor der Generalaudienz, es war Anfang Mai, bekam ich einen Anruf von der deutschen Botschaft: Ich hätte eine Sonderlizenz erhalten für die Audienz! Ausschlaggebend soll ein Anruf Willy Brandts bei Staatspräsident Pertini gewesen sein. Wahrscheinlich hat er an des Papstes traditionellen, wenn auch unfreiwilligen Fördersinn gegenüber dem Bäckerhandwerk erinnert.

Bäckerhandwerk?

Na, sein ewiglicher Spruch: Unser täglich Brot gib uns heute ... Also jedenfalls hatte sich alle Anstrengung gelohnt. Zwölf rote Baccara-

Rosen kaufte ich, eine Art Symbol für die damals geschätzte Zahl von noch 12 000 Yanomamis, und dann sah ich dem folgenden Tag voll Aufregung entgegen. Man hatte mir noch eingeschärft, mich möglichst kurz zu fassen, der Heilige Vater wisse ja, worum es geht, jede Langschweifigkeit solle ich tunlichst vermeiden. Abgemacht. Als der Papst nun am nächsten Tag zur Generalaudienz herauskam, ich an der Reihe war und meinen Spruch losließ, versprach er Hilfe; dann schaute mich der Vater ungläubig an und fragte in sehr gutem Deutsch: »Ach, Sie sind das, und Sie sind den ganzen Weg von Deutschland bis hierher zu Fuß gegangen?« Er lachte und meinte noch: »Wissen Sie denn nicht, daß es eine Eisenbahnverbindung von Hamburg nach Rom gibt?« Naja, das war es denn. Eines Tages bekam der FUNAI, der Indianerschutzdienst in Brasilien, einen neuen, glaubwürdigen Präsidenten, und ich dachte, wenn der Papst aus diesem Anlaß ein Glückwunschschreiben loslassen würde – das wäre doch eine gute, nützliche Geste. Überhaupt, seit der Audienz war viel Zeit vergangen, aber vom Heiligen Vater hörte ich in Sachen Yanomami nach wie vor nichts. Deshalb beschwerte ich mich beim Papst; Milliardengelder an Kirchensteuern kassieren – aber nicht mal ein Grußschreiben für eine gute Sache, und meine Audienz war wohl auch vergessen! Ich war sauer. Also schrieb ich an den »Osservatore Romano«, des Meisters Leib- und Magenblatt. Umgehend erhielt ich Antwort. Es könne sich nur um ein Versehen handeln; dem zuständigen Referenten sei sofort eine Nachricht gegeben worden. Und tatsächlich, eine Woche später stehe ich in meiner Backstube und fertige meine Küchelchen, da fährt draußen ein Schiff vor: eine elegante schwarze Limousine; der Schlag von der Kiste fliegt auf, ich dachte, der »Papa« selbst käme angeschwebt, aber es war lediglich ein »Unterpapa«, der würdigen Schritts hereinkam und eine Note vom Heiligen Stuhl zu übergeben trachtete. In seiner gefütterten Lederaktenmappe lag ein einziges weißes Kuvert, an mich adressiert. Kaum hatte er es mir überreicht, schwebte die Limousine in eiligen Gottesangelegenheiten wieder davon. Ich kochte mir einen Kaffee, gönnte mir ein Stück selbstgemachten Kuchen und genoß meine Aufregung. Als ich das Siegel aufgebrochen hatte, ich scheue mich fast, dieses harte Wort auszusprechen, da meinte ich mich in einem Suchspiel zu befinden: Großer Umschlag, kleiner Zettel, aber wo war die Botschaft des Heiligen Vaters? Auf dem Zettelchen stand: Die Angelegenheit, wegen der ich vorgesprochen hatte, werde längst, und zwar sachkundig, von der Brasilianischen Bischofskonferenz verfolgt, man bedanke sich bei mir, und dann folgte noch eine etwa einen Zentimeter lange Unterschrift; aus welchem Vorzimmer, war nicht festzustellen. Sofort besorgte ich mir einen Eichenrahmen, nun hängt das Ding bei mir im Badezimmer.

Was meinen Sie, welche Gefahren bringt der Glaube mit sich?

Die offensichtlichste ist die, daß man sich mit einer Antwort zufriedengibt und sich weigert, selbst weiterzusuchen. Die Kirche hat Galilei und die Alchimisten mit Bann belegt; jedes neue Experiment, jede wissenschaftliche Entdeckung wurde mit Hexerei gleichgesetzt.

Fanatismus.

Ja. Der Glaube oder vielmehr der Dogmatismus zieht Sektierertum, Intoleranz und damit Verfolgung nach sich. Im Menschen gewinnt der Instinkt die Oberhand: Man verfolgt die anderen und sichert sich dadurch die Macht. Vielleicht gibt es Religionen, die einen toleranten Glauben hervorgebracht haben. Mir fällt kein Beispiel ein. Gewiß haben es immer wieder einzelne verstanden, in ihrem Leben und ihrer Lehre Glauben und Toleranz zu versöhnen.

Fanatismus ist immer ein Akt der Dummheit.

Weil er verbietet, Fragen zu stellen, und damit eine geistige Entwicklung verleugnet.

Wie soll man Fanatismus bekämpfen?

Nicht, indem man ihm einen anderen Fanatismus entgegensetzt.

Wollen Sie damit sagen, daß der Antifanatismus genauso gefährlich ist wie der Fanatismus?

Natürlich. Die Versuchung ist immer groß, zu den gleichen Waffen zu greifen: Er schlägt mich, also schlage ich noch härter zurück. Aber man muß sich an die eigenen Gesetze halten und sich hüten, sich zu dem hinreißen zu lassen, was Fanatiker einem aufzwingen wollen. Das ist umso heikler, als man in dieser Welt, so wird einem eingetrichtert, nicht schwach sein darf. Mit Scharfsinn, Umsicht und Festigkeit kann man das erreichen. Es ist nicht zu unterschätzen, daß Fanatismus und Terrorismus in unseren westlichen Gesellschaften nicht mehr die Oberhand gewinnen konnten.

Rüdiger Nehberg, Sie sind mit dem Tretboot über den Ozean, auch mit einem Bambusfloß, Sie sind ein Abenteurer des Wassers ...

Nein! Ich hasse den Ozean! Ich bin die personifizierte Seekrankheit. Die gesamte Fahrt über quälte mich die Seekrankheit. Essen, brechen, das war eins. So lockte ich Fische an, die taten sich gütlich an dem, was ich nicht in mir halten konnte, ich fing die Fische, wieder wurde mir übel – das Ganze nennt man Kreislauf der Natur. Um die Angst vorm Wasser zu verlieren, bin ich vor meinen Ozean-Überquerungen zu den Kampfschwimmern der Bundeswehr gegangen. Die machen aus Menschen Fische. Wenn du bei denen aus dem Wasser kommst, tauchst du nie wieder einen Zeh ins kühle Naß, oder du fühlst dich im feuchten Element fortan wie im Paradies. Zuerst machte ich mit, als die Jungs den Absturz eines Düsenjägers in die Nordsee simulierten. Du sitzt in einem Cockpit, angegurtet, per Knopfdruck geht's ab ins Wasser. Das Wasser dröhnt geradezu, es knallt herein, aber man hat Anweisung, sich nicht eher auszukoppeln, bevor das Wasser sich beruhigt hat. Findet der simulierte Absturz in der Nacht statt, kriegen alle noch eine Kapuze über den Kopf. Ein Bullauge für vier Männer! Zum Glück ließ man mich als ersten raus. Der letzte von der Besatzung tauchte nicht auf, ich wunderte mich und dachte, da sei was passiert – nach einer Ewigkeit kam der Kopf hoch, und der Kerl schwamm seelenruhig noch eine Runde ums Cockpit. Ich fragte, wer das denn sei und erfuhr, der käme von den Kampfschwimmern in Eckernförde. Dort hätten sie an die 40 Folternummern im Programm, um aus Menschen Fische zu machen. Ich also hin, das sollte mir den letzten Schliff geben für meine Überfahrt. Das Bundesverteidigungsministerium hatte mir ein paar Gastspieltrainings bei den Kampfschwimmern erlaubt. »Willst du eigentlich mitmachen oder nur rumstehen?« begrüßten die mich in Eckernförde, und als ich möglichst unbefangen antwortete: »Natürlich mitmachen!«, da merkte ich irgendwie, daß die Jungs ganz weit innen lachten, sich das aber nicht anmerken ließen. Der Korvettenkapitän dort schaute mich an und sagte: »Wohlgemerkt: Hier ist es Ehrensache, daß jeder einmal ertrinkt, ohne uns dafür gleich anzuzeigen. Klar?!« Nach Soldatenart lachte ich dreimal kurz. Ich ahnte nicht, wie ernst der das meinte. Bei einer der Übungen kommst du unter Wasser in ein Torpedorohr, da robbst du durch, das Rohr wird geflutet, plötzlich wird das Rohr vorn verschlossen. Also: Zurückrobben. Aber just in dem Moment wird auch hinten dichtgemacht. Durch eine Scheibe siehst du lachende Gesichter. Wenn sie ganz sicher sind, daß du auch wirklich reichlich Wasser geschluckt hast und dir das Herz aus dem Hals zu hüpfen beginnt, holen sie dich raus. Mir schwante Schreckliches, als der Oberbootsmann rief: »Darf ich um die Seile bitten?« Ein anderer Ausbilder reichte ihm zwei dicke, weiße Perlonseile. Damit fesselte man mir Hände und Füße, und zwar so fest, wie der Oberbootsmann meinte, daß ich wirklich das Gefühl bekäme, da nie wieder rauszukommen. Ich stand auf dem Sprungbrett, wartete noch auf eine weitere Erklärung, kriegte aber nur einen Tritt. Ohne noch einmal richtig Luft holen zu können. Ich sackte ab ins Wasser, das fünf Meter tief war. Aufklatschen, untergehen, die Fesseln spüren und in Panik geraten – das war alles eins, und Panik war leider das einzige, was mir einfiel. Ich zappelte um mein Leben – und soff ab. Während das geschah, während ich zuckte und zuckte und die verdammte Wasseroberfläche mal links, mal rechts vor mir auftauchte, aber nie näher kam, erinnerte ich mich an das, was die Ausbilder vorher noch gesagt hatten, und erst jetzt kam mir das zu Bewußtsein: »Also, daß du nur Bescheid weißt: Ehrensache, daß wir dir nicht gleich nachspringen, wenn's ein bißchen ans Zappeln geht. Jeder Neuling zappelt am Anfang, und jeder schluckt am Anfang.« Ich hatte inzwischen beträchtlich geschluckt und gezappelt, eine Alternative gab es ja nicht. Aber wie hatten die Amphibienmenschen gesagt: »Keine Angst. Wenn jemand Wasser geschluckt hat, kann man das deutlich sehen. Dann springen die Augen förmlich raus, wie zwei Griffe kommen die aus dem Kopf – und an diesen beiden Griffen ziehen wir auch dich wieder raus.« Sie zogen mich raus und erklärten mir, was ich hätte tun müssen: den natürlichen Auftrieb nutzen, sich umgehend in die Rückenlage bringen und dann, im Delphinstil, ins Flache schwimmen. Auch wenn diese Übung scheinbar nichts mit meiner Atlantiktour zu tun haben würde, so empfand ich sie als wirksam und lehrreich – wie jede Übung, mit der man seine Ängste in geordnete Grenzen zwingen möchte, ohne sie gänzlich abzubauen. Denn sie sich abzutrainieren, wäre tödlicher Leichtsinn. Die Angst ist ein wichtiges Alarmsignal.

Klingt wieder sehr rabiat. Sie haben es geschafft, aber die Liebe zum Wasser hat das nicht erhöht.

Nein, was ich liebe, ist der tropische Regenwald! Paradiesisch, dieses Miteinander und Gegeneinander von Pflanzen und Tieren. Dieser Wald ist für mich der Inbegriff der Schöpfung, des Sinnlichen. Bäume krachen, die Sonne bricht ein, es brodelt vor Feuchtigkeit, es wächst und kribbelt. Im Wald habe ich gelernt, mich zu relativieren, und ich habe mich gleichzeitig aufgehoben gefühlt.

Kann man denn im Urwald so ohne weiteres schlafen?

Es kommt der Moment, da ist Ihnen alles egal. Da driften Sie weg wie nichts.

Auf dem Boden?

Nein, unbedingt Hängematte! Selbst zehn Minuten Rast, bei denen man denkt, es lohne sich nicht, extra die Matte aufzuspannen, selbst diese zehn Minuten werden auf bloßem Boden zur Hölle. Sofort ätzt das Laub, das ja immer irgendwie in Fäulnis ist. Nesseln brennen, Termiten lutschen einen leer. Die Blattschneideameisen gehen sofort dazu über, dich zu demontieren. Also am besten: Hängematte, Moskitonetz, dann kann man schon in Ruhe schlafen. Meistens jedenfalls.

Welches Fortbewegungsmittel ist Ihnen denn am nächsten?

Die Füße. Gehen ist eine Form von Bescheidenheit. Wenn du zu Fuß unterwegs bist, erlebst du Landschaft sehr nah, sehr intensiv. Wenn ich mehrmals an einen Ort kam, sah ich mit der Zeit, daß Bäume, ganze Wälder verschwunden, Gewässer verseucht waren. Über diese Beobachtung fing das eigentlich an. In Äthiopien am Omo-Fluß wollte ich ein Naturschutzgebiet einrichten, das war so mein erster Impuls, aber als die Sache fast schon perfekt schien, übernahm das Militär die Macht, und aus der Sache wurde nichts. Eines Tages stieß ich dann auf die Yanomami-Indianer.

Ich finde auch: Das Gehen liegt uns im Blut. Der Mensch ist kein Dauerhocker. Einstein war ein leidenschaftlicher Spaziergänger. Nietzsche beschwor geradezu das Gehen, und Goethe sagte auch, beim Gehen wüchsen dem Menschen die klarsten Gedanken zu. Da fällt von einem ab, was nicht wichtig ist. Gehen ist eine Stimulanz für das klare Denken.

Womit nicht das gemeint ist, was heute unter Spazierengehen verbucht wird. Womit beginnt normalerweise ein Waldspaziergang? Mit Autoabschließen. Auf asphaltierten Wegen stöckelt die Familie dann durch den Wald wie durch einen Zoo und tut umweltfreundlich: Sohnemann wirft das Bonbonpapier nicht weg, Papa ißt keine geschützten Insekten, und Mutti weiß vor Schreck nicht, wohin mit den Kippen. Nach zwei Stunden ist endlich alles vorbei. Autoaufschließen, tschüs, Wald, war nett.

Da gibt es eine schöne Geschichte zum Thema Timing: Wenn wir vor der Zeit frühstücken, könnten wir, wenn die grüne Welle funktioniert, schon gegen Mittag am See sein. Wenn wir einen Parkplatz erwischen, könnten wir, wenn das Waldcafé geöffnet hat und der Kellner gewillt ist, uns zu bedienen, noch schnell eine Tasse Kaffee trinken. Wenn wir nicht in den Rückstau geraten, könnten wir, wenn die Fahrstühle im Haus nicht defekt sind, schon am frühen Abend wieder vor dem Fernseher sitzen ...

Das touristische Zufußgehen wird nur dann etwas anderes sein können, wenn es dieses soziale und geschichtliche Moment nicht übergeht – wenn es sich also nicht auf die Frequentierung »lohnender« Ziele verkürzt und hinaus- und hinauf-, sondern hineinführt, in die Natur und zugleich unter Menschen. Wandernd unterwegs zu sein bedeutet, offen zu bleiben für das, was die besuchte Region »von sich aus bietet«, dann nämlich, wenn man sie »ziellos« durchquert, sie in ihrer Gänze kennenlernt, indem man sie durchschreitet. Wer sich auf die Eigendynamik des Gehens einläßt, bleibt nicht der ermüdenden Kalkulation ethischer und ökologischer Probleme überlassen, sondern wird hineingezogen in ein nichtpragmatisches Verhältnis zur Natur – und sei es auch nur durch die Tatsache ihrer überall sichtbaren Zerstörung.

Der allgemeinen Bewegungsarmut entspricht auf der anderen Seite eine besondere Spielart von modernem Bewegungsdrang: die aus den USA importierte Mode des Jogging – die dort den Eindruck macht, sie sei eine Erfindung des jeweiligen Präsidenten.

Der einzig positive Nebeneffekt: Joggen hält den Chef des Weißen Hauses davon ab, Politik zu machen. Der Präsident wackelt voraus, so inständig wie religiös-inbrünstig, und das Volk wackelt hinterher. Hier in Europa spult der Abteilungsdirektor bei Siemens oder Fiat jeden Morgen seine halbe Stunde im Stadtpark herunter; seine engsten Mitarbeiter tun gut daran, rein zufällig an gleicher Stelle aufzutauchen, dem Chef hinterherzuhecheln und dabei auch gesehen zu werden. Natürlich alles ganz zufällig. Übrigens sind das dann oft die gleichen Leute, die erst schwitzend durch die Gegend jagen und dann anschließend mit dem Auto zweihundert Meter zur Bäckerei fahren und dabei dreimal um den Block fegen, auf der Suche nach einem Parkplatz.

Rüdiger Nehberg, was unterscheidet den Touristen vom Landstreicher?

Oh. Darf ich etwas überlegen? Den Touristen unterscheidet vom Landstreicher, daß er nur das an sich herankommen läßt, was er in seine Welt hereinnehmen will. Die Ordnung der Dinge, der der Landstreicher gewissermaßen in Wind und Wetter ausgesetzt ist, kann der Tourist ignorieren. Seine Neugier und sein Vergnügungsbedürfnis gestatten das.

Und der Landstreicher kann das nicht?

Der Landstreicher weiß nicht, wie lange er dort, wo er ist, noch bleiben wird, und zumeist ist nicht er es, der über die Dauer seines Aufenthalts befindet. Unterwegs wählt er sich seine Ziele, wie sie kommen und wie er sie an den Wegweisern abliest; aber selbst dann ist er sich nicht sicher, ob er an der nächsten Station Rast machen wird, und für wie lange. Er weiß nur, daß seines Bleibens sehr wahrscheinlich nicht lange sein wird. Was ihn forttreibt, ist die Enttäuschung über den Ort seines letzten Verweilens sowie die nie versagende Hoffnung, der nächste Ort, von ihm noch nicht besucht, oder vielleicht der übernächste möchte frei sein von den Mängeln, die ihm die bisherigen verleidet haben.

Herr Nehberg, was halten Sie von Bergen, von winterlichen Regionen?

Wenig. Was zum Beispiel Messner geschafft hat, würde ich nicht schaffen: ein Achttausender ohne Sauerstoff ist meine Sache nicht. Überhaupt sind die Berge nicht mein Ding. Und ein Philosoph, Theoretiker und Grübler in dem Sinne, wie sich Reinhold Messner versucht und versteht, bin ich ebenfalls nicht. Bei mir war es einfacher: Eines Tages packte ich meine Sachen, und los ging es. Ich glaube auch nicht, daß nur der Weg oder der Umweg schon das eigentliche Ziel des Abenteuers sind. Es muß etwas hinzukommen, das mit dem gesellschaftlichen Dasein an sich zu tun hat. Ich will den Problemen dieser Welt nicht mittels eines ausgeklügelten Ego-Trips ausweichen. Ich bin kein Aussteiger, ich möchte aufmerksamer, sensibel machen für die Konflikte unseres Daseins.

Also nicht Abenteuer als Selbstzweck.

Wenn ich an die Eiswüsten denke: Mir läge so eine Gegend nicht; dort ist ja den ganzen Tag nichts los. Auch sportlicher Ehrgeiz fehlt mir. Wenn ich höre, wie Sportler immer zu neuen Leistungen getrieben werden – dann denke ich mir: Oh diese armen Typen, die sich für sowas ein Leben lang abrackern. Für weniger als eine Zehntelsekunde. Für meistens bloß einen einzigen Erfolg nach jahrelangem, mühsamem Training. Und nach der Pensionierung müssen sie sich dann ihr Riesenherz bei jedem Schlag wieder reinstopfen.

Athleten, so lautet eines der hartnäckigsten Vorurteile, seien das Wichtigste am Leistungssport. Die Industrie sagt das. Sie ist zu groß, um sich Haustiere zu halten – sie hält sich Sportler. Die bringen ihren eigenen Käfig mit: Ehrgeiz, Willen und Talent. Herrlich, wie sie sich über Ziellinien quälen oder schon vorher schmerzverbogen zusammensinken. Wie die immer nach Atem ringen. Ein bekannter Fußball-Trainer sagte kürzlich: »Meine Jungs hatten nur für eine Halbzeit Luft.« Trotzdem ließ er sie auch in der zweiten Spielhälfte auf den Rasen. Das ist es! Im modernen Athleten verbirgt sich das Motiv des Märtyrers, der alles tut, um sein Ziel zu erreichen ...

... und der dann stirbt.

Nein. Der moderne Athlet stirbt nicht. Er lebt im Zeitraffer, komprimiert sich selbst aufs Äußerste – und geht mit 25, 30 Jahren in Rente.

Was halten Sie von Olympischen Spielen?

Ein Freudenfest der Marktwirtschaft.

An jede Summe kommen hinten noch die fünf olympischen Ringe dran.

Bald gibt es wahrscheinlich nur noch einen einzigen dieser Ringe: Sponsoring. Seid umschlungen, Millionen? Seid verschlungen, Milliarden! Den Spruch »Dabeisein ist alles« muß eine Werbefirma erfunden haben. Sponsoren beweisen, daß auch der Sport nicht mehr ohne Zuhälter auskommt.

Und das Doping?

Naja, das verunsichert doch ziemlich arg. Solche Einbrüche von Wirklichkeit mag man nicht. Schließlich gibt es sportliche Ideale – aber die werden ja zuallererst geschluckt.

Was halten Sie von Breitensport?

Hat was mit Breite zu tun – die Bezeichnung trifft also genau diejenigen, die ihn nötig haben.

Haben Sie ein Lebensmotto?

Das wechselt. Eines verläßt ich aber nie: Denk bei allem, was du tust, nur an das eine: Heute beginnt unausweichlich der Rest deines Lebens.

Was denken Sie über Fitneß-Studios?

Brauch ich nicht. Schon diese Fitneß-Sprache ist nervend: Der softe Uppercut gehört unbedingt zum Tights-Träger. Natürlich zählt nur der richtige Coloursprung, der Freizeitwinner powert mit Microfaser im optisch knallharten Muster-Mix. Wir wollen das starke Label von Thermotex, Tactel und Trilobal.

Dies sagen auch, mit trendsettigen Basis-Hits und Glanz-Bodys ausgerüstet, die Eastside-Freizeitler. Früher Ossis genannt.

Furchtbar buildend, die Sprache der Fitneßmode-Sprache ... Aber noch einmal zurück zu den Eisgegenden: Gegen Kälte kann man sich schützen; wie heißt es doch: Wer friert, ist dumm oder arm oder geizig. Aber gegen Wärme? Wenn Sie die letzte Hose ausgezogen haben und die Sonne trotzdem brennt, wird es böse ...

Moment! Abenteurer Arved Fuchs, der ja gar nicht so weit weg von Ihnen wohnt, meinte in einem Interview mit mir: »In die polaren Regionen zu gehen – das ist die hohe Kunst des Reisens. Keine andere Region besteht aus so wunderschöner Wesentlichkeit. Und: Nirgends anders werden Fehler so unerbittlich geahndet. Im Dschungel kann ich meine Zeltausrüstung verlieren, das muß nicht das Ende sein. Aber im Arktischen kann schon der Verlust eines Handschuhs Leben in Gefahr bringen. Man muß wie nirgendwo anders wissen, worauf man sich einläßt. Die Festigkeit von Entschlüssen wird geprüft.«

Er hat recht – aber ich bin eben anders ausgerichtet. Überhaupt: Jeder hat mit dem, was er tut, recht.

Sie kennen Arved Fuchs?

Ja. Er ist trotz seiner Erfolge immer auf dem Teppich geblieben, verträglich, treu. Er ist das, was man einen guten Menschen nennt.

Wie gehen Sie mit Angst um?

Angst habe ich vielhundertfach gehabt. Aber man gewöhnt sich nicht an Angst. Die bleibt bei jeder Reise dabei. Wer Angst hat, ist gesund.

Ist der antrainierte richtige Umgang mit Angst ein Motiv fürs Abenteuer?

Ich will das Gefühl haben, stärker als meine Angst zu sein, deshalb begebe ich mich immer wieder in Situationen, in denen ich ihr begegne, um sie zu überwinden. In Notsituationen arbeiten wir nicht bewußt mit dem Hirn, sondern mit Instinkten. Der Körper tut, wie er sich zu verhalten hat. Wenn eine Situation wirklich lebensgefährlich ist, wächst am Beginn im Schreck Trotz gegen den Tod, eine Art Auflehnung gegen das Sterben. In dieser Phase das Richtige, Instinktive zu tun, rettet Leben. Irgendwann fügt man sich verflucht leicht ins Sterben. Fürchte ich jedenfalls. Diesem Punkt muß man zuvorkommen.

Wovor ist die Angst am größten? Vor Tieren?

Nein, ich beherrsche es ganz gut, die Ruhe zu bewahren. Da kommt zum Beispiel in Afrika so eine Herde von Kafferbüffeln auf uns zu, die dort aufgrund ihrer Unberechenbarkeit für weit gefährlicher gehalten werden als etwa Löwen. Mir kroch die Angst in alle Glieder. Aber der Trick ist: Man darf nicht frontal auf die Tiere losgehen, sondern in einem ganz bestimmten spitzen Winkel, aus dem heraus sie nicht das Gefühl bekommen, jemand will ihre Bewegungsrichtung abblocken. Es hat funktioniert. Später auch bei einer Gruppe Löwen in Äthiopien.

Man muß halt im richtigen Winkel durchs Leben gehen.

Im Amazonasgebiet ließ ich mich mal, um schnell vorwärtszukommen, zwei Wochen lang im Fluß treiben, das machen die Indianerkinder auch so, trotz der Piranhas, die nur lebensgefährlich werden, wenn sie Blut riechen oder Rot sehen. Ich blieb ganz ruhig. Bis mir meine Badehose einfiel.

Die Badehose?

Sie war knallröter als rot. Ganz bedächtig bin ich zum Ufer geschwommen. Diese Bedachtsamkeit war nur möglich, weil ich sie mir antrainiert hatte.

Sie halten Natur für berechenbar.

In der Wüste kann ich verdursten, verhungern. Das weiß ich vorher. Auf dem Atlantik stellen sich viel Wasser und viel Salz gegen dich. Du kennst die Waffen, die dich erwarten. Der Mensch aber ist nicht fair. Der Mensch trägt Masken, die meisten Schläge lauern hinter einem Lächeln.

Sprechen Sie aus Erfahrung?

Ein Freund von mir ist am Blauen Nil erschossen worden, wir wurden im Morgengrauen von Banditen angegriffen. Einheimische hatten unser Camp überfallen. Erst später begriff ich so richtig, daß man wegen einer Kamera, ein paar Medikamenten oder einer Bootsausrüstung jemanden töten kann. Wir waren zu dritt, Andreas Scholz, Michael Teichmann und ich. Michael starb vor unseren Augen. Ich ging zu ihm hin, dachte, er ist ohnmächtig. Als ich ihn rüttelte, merkte ich, da ist gar kein Widerstand mehr. Er lag auf dem Bauch, ich sah die Einschußwunde am Kopf, und da war mir alles klar. Ich dachte, mein Körper löst sich auf, alles in mir formierte sich zum ungläubigen Schrei, aber ich blieb ganz ruhig, es war das furchtbarste, schmerzvollste Schweigen meines Lebens. Michael sollte einen Film für den NDR machen. Wir waren durch eine canyonartige Schlucht gefahren, oben in den Wänden befanden sich Höhlen, die von Menschenhand zugemauert worden waren. Sie waren nicht mehr bewohnt. Was könnte dahinter sein? Die Neugier packte uns. Vielleicht entdecken wir was! Gegenüber diesen Höhlen schlugen wir unser Lager auf. Am nächsten Morgen geschah der Überfall.

Wurde der Mörder gefaßt?

Fünf Tage lang flohen wir. Die Spur führte in ein Dorf. Mit dem Hubschrauber würde die Polizei nicht landen können; die Leute dort sind bewaffnet und schießen alles herunter. Mit fünfzehn Polizisten gelang schließlich eine Umzingelung des Dorfes. Die eigentlichen Täter waren ausgeflogen, aber der Dorfälteste gab zu, daß die Mörder aus seinem Dorfe stammten. Monate später fand der Prozeß statt; unseren Besitz hatte man gefunden, er war in Höhlen versteckt, ich konnte die Sachen identifizieren. Der Prozeß fand in Gondar statt, einer Provinzhauptstadt in Äthiopien. Die Botschaft in Addis Abeba hatte mir ein Telegramm geschickt, ich dürfe als Zeuge teilnehmen, die Flugkosten müsse ich allerdings selbst tragen. Da wir zu jener Zeit ohnehin gerade vor einer zweiten Expedition durch Äthiopien standen, zum Fluß Omo wollten wir, da machte es nichts, wenn ich ein paar Tage eher losflog. Einen Burschen hatten sie vor Gericht geschleppt, mit tiefschwarzen, großen Augen, ich erinnere mich genau, Augen, in denen Haß stand, aber auch furchtbare Angst. Den kahlgeschorenen Schädel sehe ich noch vor mir, die knochigen Schultern, die immer wieder nach vorn fielen, sobald der Richter das Wort an den Mann richtete.

War er der einzige Angeklagte?

Ja. Zunächst dachte ich, alle Männer stünden vor Gericht, die an dem Überfall beteiligt gewesen waren. Irrtum. Der Angeklagte gab zwar zu, dabeigewesen zu sein, aber mit dem Mord wollte er nichts zu tun haben. Er habe noch nie eine Schußwaffe besessen. Die Polizei hatte in seinen Habseligkeiten auch nichts gefunden. Nur ein paar Stücke unserer Expeditionsausrüstung – und Michaels Tagebuch. Mich fragte der Richter, ob ich mich an den Angeklagten erinnere. Natürlich nicht. Die Männer, die uns damals überfallen hatten, trugen alle ihre weiten, landesüblichen Gewänder tief ins Gesicht gezogen, die Schamas, wie man das in Äthiopien nennt. Nur die Augen waren frei gewesen. Der Prozeß wurde dann unterbrochen, man wolle warten, bis die anderen Beteiligten auch gefaßt seien; im Moment sei das nicht möglich, in der Gegend gebe es zu viele aufständische Bauern. Das war es denn. Vermutlich mußte allein dieser arme Bursche für die anderen den Kopf hinhalten. Er hatte ja die Teilnahme an dem Überfall zugegeben. Er bekam acht Jahre. Wer afrikanische Gefängnisse kennt, weiß, daß dies gleichbedeutend mit einem Todesurteil sein kann.

Was ist an dieser Wüste Danakil dran, daß man sie das »Höllenloch der Schöpfung« nennt? Wie kamen Sie auf diesen Wahnsinnstrip?

Es handelt sich um ein Gebiet von 70 000 Quadratkilometern, so groß wie Bayern also. Als Landschaft hat die Danakil-Wüste im Osten Äthiopiens nicht einmal in den meisten Lexika Aufnahme gefunden. Sie ist besonders heiß, liegt unter dem Meeresspiegel, hat tätige Vulkane. Diese Wüste – das sind blühende Gärten, dann wieder unendliche Salzflächen, brodelnde Geysire, schwarze Lava rundherum – in dieser Wüste ist die Schöpfung nicht zu Ende gekommen. Die Menschen, es sind Moslems, haben permanent Angst vor Überfällen. Das Wertvollste ist für sie Wasser; 10 Liter pro Tag braucht der Mensch dort. Den Marsch durch die Wüste machten wir waffenlos; die Leute dort sind derart gierig auf Waffen, dafür töten sie eigene Verwandte. Aber wir hatten Leibwächter dabei, jeweils von Dorf zu Dorf. 1928 war es dem Engländer Nesbitt gelungen, als erstem Weißem, mit zwei Italienern und fünfzehn Äthiopiern die Danakil-Wüste zu durchqueren. Er verlor zehn seiner 25 Kamele und drei Mulis durch Verdursten, Verhungern oder Erschöpfung. In dieser Wüste verschwand auch ein Trupp ägyptischer Soldaten, 500 Mann. Die Menschen dort in dieser Wüste sind extrem abweisend, was Fremde betrifft – andererseits aber auch äußerst gastfreundlich, wenn man ihr Vertrauen hat. Wie in allen islamischen Ländern. Sie haben grausame Rituale. Ein Mann, der heiraten will, muß einem Mann eines anderen Stammes die Genitalien abschneiden, denn mit jeder Heirat sind neue Kinder programmiert, aber diese Wüste verfügt nur über sehr begrenzte Ressourcen, um Menschen zu ernähren. So sorgt man fürs Gleichgewicht. In dieser Wüste lernte ich Aischa kennen, eine junge Frau, die mir mit ihrem erschütternden Schicksal seitdem wie ein Menetekel vorkommt – angesichts der Geschäftigkeit und gespielten Aufregung, mit der wir oft unsere europäischen Probleme hochstilisieren. (Aischas Geschichte wird in diesem Buch in dem Kapitel »Texte aus Rüdiger Nehberg Büchern« erzählt – H.-D. S.)

Die Danakil-Durchquerung erwies sich als meine intensivste Reise, auch was die Gefahren, die Einsicht in die Grausamkeiten dieser Regionen betraf; viermal wurden wir ausgeraubt, gerieten zwischen die Fronten des Eritrea-Krieges. Wesentlicher Impuls für diese Reise war mein Freund Klaus Denart aus Kiel. Der hatte schon vorher mal versucht, mit einem Sarg den Blauen Nil hinunterzufahren, aber der Sarg zerbrach, und Klaus konnte sich gerade mal retten. Aber als er später noch immer begeistert von dieser Fahrt schwärmte, obwohl sie gescheitert war – da hatte auch ich Feuer gefangen. Denart hatte auch viel von der Danakil-Wüste erfahren, und gemeinsam bewältigten wir das Ding.

Mit einem Sarg ist Denart den Blauen Nil hinab?

Ja. Klaus ist Journalist und Kameramann, aus der Nähe von Flensburg. Ende der sechziger Jahre lebte er in Addis Abeba. Faltboot, Kajak und Floß kamen für ihn nicht in Frage, weil damit schon andere vor ihm gescheitert waren. Der Sarg war natürlich eine Sonderanfertigung, aus fünf Zentimeter dicken Brettern. Alle acht Zentimeter eine Schraube, um das Ding zusammenzuhalten. Steuer- und backbords waren zwei große Bündel Papyrusstauden festgezurrt. So lag der Kahn vertrauenerweckend im Wasser – und kenterte nach 500 Metern. Kamera, Rucksack Proviant – alles über Bord, auf Nimmerwiedersehen. Klaus und sein Kumpel fuhren weiter, ohne Kompaß, ohne Nahrung, ohne Karte, nicht mal ein Angelhaken. Papyrus und Holz sogen sich voll Wasser, rundum Krokodile. In einem Katarakt fetzte es den Sarg auseinander – 200 Kilometer vorm Ziel. Die beiden versuchten dann noch, aus den Brettern ein Floß zu bauen, aber das sank bei jeder Welle, und ehe es hochkam, waren schon wieder due Krokodile da: Schließlich schleppten sie sich, bei fünf Kilometern am Tag, bis zu einem Dorf, wo es Autos gab.

Der Blaue Nil war ja auch so etwas wie ein Schlüsselerlebnis für Sie, oder?

Angefangen hatte alles mit meinem Freund Karlheinz Kern. Der ist Kriminalbeamter gewesen, fing Taschendiebe, Heiratsschwindler oder Urkundenfälscher. Wenn ihm die guten und schlechten Menschen mal Zeit ließen, dann durchwanderte er die Welt. Er verschlang Reisebeschreibungen, stöberte in Leihbüchereien herum und in Museen, sammelte Steine, und wenn mir sogar mal ein Lexikon die Auskunft verweigerte – Karlheinz fragen, und die Antwort kam prompt. Eines Abends rief er mich an und sagte, er habe da ein wahnhaft gutes Buch. Von Steuben. Der den Blauen Nil runter wollte.

Mann, sagte Karlheinz, das wär doch was für uns! Er kam auch gleich vorbei mit dem Buch, und die Entscheidung war gefallen – nach dem Prinzip: Der Zufall ist der Schnittpunkt zweier Gesetzmäßigkeiten. Dieses Mal trafen sich an dem Schnittpunkt die faszinierenden Schilderungen der Abenteuer Steubens und meine Sehnsucht nach dem Ungewöhnlichen. Kuno Steuben hatte es 1959 mit einem Floß versucht. Er hatte es aus Balsa-Hölzern gebaut, der leichtesten Holzart, die es gibt. Nach mehreren Wochen wurde er von drei Eingeborenen überfallen und durch einen Speerwurf schwer an der Schulter verwundet. Er konnte fliehen, bekam Wundfieber, ließ sich einfach weiter mit seinem Floß treiben, wurde von anderen Eingeborenen gefunden und nach Addis Abeba zurückgebracht.

Kam Ihr Freund Karlheinz, der eigentliche Anreger, mit auf die Reise?

Nein, er kam nicht mit. Als seine Frau eines Tages sah, daß er eine Karte Äthiopiens studierte, fing der Gegenangriff an. Und als sie noch erfuhr, er wolle ausgerechnet mit Nehberg losziehen, mußte er sich entscheiden: Frau oder Rüdiger. Er entschied sich für seine Frau; ich verstand ihn. Übrigens stieß auch ich auf Widerstand. Regelmäßig klingelte das Telefon: Mein Vater rief aus Garmisch-Partenkirchen an, dorthin waren meine Eltern gezogen, sie wollten einen Lebensabend in der Idylle: ringsum Berge, grüne Wiesen, klare Seen und schneebedeckte Berge. Vater beschwor mich, dazubleiben; er malte mir aus, wie meine Mutter bereits jetzt tausend Tode starb. Irgendwann holte er seine Trumpfkarte aus dem Ärmel: Junge, paß auf, meinte er, du und deine Freunde, ihr verzichtet auf Äthiopien und überhaupt auf ganz Afrika – und ich spendiere euch dafür drei Wochen Florenz. Auch die Sparkasse hatte Wind bekommen von meiner geplanten Reise. Die wußten, daß ich als kleiner Konditormeister kreditbedürftig war und also eine Sparkasse brauchte. Es kam ein geharnischter Brief, Absender: Kreditabteilung. Man habe von meiner

Expedition gehört, und man sei äußerst verwundert. Schließlich hätte ich doch kürzlich erst einen größeren Kredit für den Aufbau meines Geschäfts bekommen. Wie sich denn ein Geschäft mit so abenteuerlichen Vorhaben vertragen würde. Das sei »nicht handwerksüblich«. Nicht handwerksüblich! Das stand tatsächlich so in dem Brief.

Was ist so anziehend am Blauen Nil?

Der Blaue Nil heißt auf arabisch Bahr el Azraq. Er entspringt dem Hochland von Gojjam im Herzen Äthiopiens, 3500 Meter über dem Meeresspiegel, er durchströmt den Tana-See, durchfließt eine Schlucht zwischen den Provinzen Gojjam, Wollo, Shoa und Wollega, bevor er die sudanesische Ebene erreicht und sich bei Khartum mit dem Weißen Nil vereinigt. Von der sudanesischen Grenze an ist der Blaue Nil schiffbar.

Das klingt wie Lexikon Karlheinz Kern.

Ja, aber dieses Vorher, das ist es: Enge Schluchten, die turmhoch zu beiden Ufern des Flusses aufragen; Wasserfälle, die mit rasender Wucht in die Tiefe stürzen, dazu dann tückische Strudel. Lebensraum ist dieser Fluß für viele Fische, Krokodile, Flußpferde, Schlangen. Anrainer sind bunteste Vogelvölker, friedliches Wild, einsame Goldwäscher, unbekannte Eingeborenenstämme, Räuber aus der Menschen-, Tier- und Pflanzenwelt: Wegelagerer, Kleingetier, heilende und tötende Mikroben. Aber Leben an diesem Fluß, das sind auch glutheiße Tage und milde Nächte, in deren Mondlicht der Fluß wunderbar silbern glänzt; das sind Landschaften, öde und romantisch, die jeden Maler in Entzücken versetzen; das sind Menschen, die du in der Einsamkeit triffst und die bereit sind, dich zu töten – oder ihren letzten Bissen mit dir zu teilen. Erst 1968 wurde der Blaue Nil bezwungen. Eine äthiopisch-britische Militärexpedition, an die 70 Mann stark, hat es geschafft. Allerdings wurden die Mannschaften etappenweise abgelöst. Die äthiopische Armee stellte für diese Expedition vier Mann. Im übrigen verfügte dieses Unternehmen über alle technischen Mittel, die Militärs nun mal haben. Per Flugzeug wurden sogar täglich die Post und Lebensmittel gebracht.

Für Ihre Eltern, sagten Sie eben, war Berchtesgaden Idylle. Was ist für Sie Idylle?

Die Idylle hat eben verschiedenartige Gestalten. Dem einen erscheint sie als grüne Wiese, auf der man sich mit Butterblumen zudecken und die Gedanken in den blauen Himmel schicken kann; andere sehen sie gern als Berge mit Schneemützen oder als verträumtes Dörfchen, das zeitlos zwischen den Jahrhunderten eingebettet ist. Für mich ist sie Einsamkeit. Einsamkeit in fremder, unbekannter Natur. Vielleicht tagelang keinen einzigen Menschen sehen, keine anderen Gebote und Verbote befolgen müssen als diejenigen, die man sich selber auferlegt.

Welches sind für Sie wahre Werte?

Zusammenhalt, Ehrlichkeit, ein taufrischer Morgen. Überhaupt: Die Natur.

Träume?

Die darf man nicht da oben lassen, wo die Sterne sind, die muß man herunterholen.

Was ist Lebensstil?

Ein Leben jenseits des Geldes führen – und glücklich zu sein.

Wovon können Sie nie genug bekommen?

Von der Neugier.

Gibt es ein Phänomen unserer Zeit, das Sie besonders verabscheuen?

Rassismus.

Was sind die schönsten Momente nach dem Trip?

Das kann etwas ganz Banales sein – ein frisches Hemd, ein perfekt gedeckter Frühstückstisch. Es sind ganz alltägliche Sehnsüchte, denn ich bin in meinen Alpträumen im Urwald ein ganz normales Wesen aus der Zivilisation.

Der Begriff fiel schon oft, was also ist das für Sie, auf einen Nenner gebracht: die Zivilisation?

In resignativen Momenten, die nicht geringer werden, ist Zivilisation für mich so etwas wie eine traurige Endphase der menschheitlichen Existenz.

Was bedeutet Ihnen Geld?

Niemandem etwas schuldig zu bleiben, ist etwas Beruhigendes. Noch beruhigender ist es, wenn man diese Gewißheit nicht nur auf materielle Dinge beschränken muß.

Welche Fehler entschuldigen Sie am ehesten?

Ein paar eigene, ich gebe es zu.

Was würden Sie auf eine einsame Insel mitnehmen?

Wir leben im 20. Jahrhundert – es gibt keine einsamen Inseln mehr.

Rüdiger Nehberg, als wir Ende 1993 das erste Mal miteinander redeten, bereiteten Sie sich gerade auf eine neue Yanomami-Expedition vor.

Wir wollten dorthin, wo im Juli 1993 viele Indianer umgebracht wurden. Die Nachricht ging um die Welt. Häuptlinge hatten das Justizministerium informiert, daß Goldgräber ins Indianergebiet gekommen waren. Das Verbrechen löste ja hektische Aktivitäten in Brasilien und Venezuela aus: ein Amazonas-Ministerium wurde gegründet, Untersuchungsausschüsse schossen wie Pilze aus dem Boden und eine Razzia löste die andere ab. Aber letztlich geschah nichts. Die Mörder waren in venezolanisches Gebiet abgehauen. In dieses Grenzgebiet wollten wir. Wir haben Brasilianer nach dem bisher unaufgeklärten Verbrechen befragt und versucht, etwas herauszubekommen. Mit Kameras, T-Shirts mit großen Aufschriften »Europa TV«. Bei den Brasilianern steht Fernsehen nämlich höher im Kurs als Gott, außerdem sind die Menschen dort äußerst mitteilsam – aus der selbstbewußten Haltung heraus, daß so viel Wald so wenigen Indianern überhaupt nicht zusteht. Auf fünf illegalen Landepisten in Venezuela haben wir vorher Lebensmittel abgeworfen, auf jeder Piste einen Sack, auf diesen Säcken stand ebenfalls »Europa TV«. Das sollte die Bewohner davon abhalten, uns später womöglich als touristische Eindringlinge zu behandeln.

Am Fenster hing eine Mönchskutte. Da war wieder Mummenschanz angesagt.

Die Franziskanerkutte, die hatte ich von einem richtigen Mönch, die sollte uns bei den Siedlern nützlich sein, die sind sehr religiös, und ein bißchen Verkleidung half bisher immer. In Boa Vista fingen wir uns einen Straßenhund, der uns begleiten, vielleicht auch bewachen konnte. So schlugen wir uns im Gebirge und auch an die Grenze durch – auch Indianer halfen uns, die wir mitnahmen. Davi, der Häuptling der Yanomamis, der uns genau kennt, der portugiesisch spricht und der vor allem politischen Durchblick hat, sprach uns ein paar erklärende Worte aufs Band. Das spielten wir Indianern vor, denen wir unterwegs begegneten. Das freilich war so einfach auch nicht, wie es sich jetzt hier erzählt, denn die Yanomamis, ich habe es bereits angedeutet, sind untereinander in Stammesfehden verwickelt; da war ein Wort von Davi nicht unbedingt in jedem Falle eine Empfehlung.

Sie nahmen Boote mit.

Ja. Zwei Polyester-Kajaks, jedes wog 17 Kilo. Die haben wir in Längsrichtung durchgesägt, die steckten wir ineinander wie zwei Tassen, damit sie drüben in das Sportflugzeug paßten, das uns ins Regenwaldgebiet brachte.

Christina Haverkamp war als Vorbotin drüben.

Sie war drei Monate in Brasilien, hielt Vorträge, recherchierte für die Reise. Vom Indianerschutzgebiet erhielten wir ziemlich schnell die Erlaubnis zum Einflug ins Indianergebiet, wir hatten ziemlich rasch den Piloten, und alles mußte ungeheuer schnell gehen, damit niemand prüfen konnte, wer wir wirklich sind. Das alles bereitete Christina vor, sie ist damals unentbehrlich für mich geworden. Was aber nicht heißt, daß wir jetzt immer alles gemeinsam machen.

Sie haben das Massaker an den Yanomami-Indianern erwähnt, im Juli 1993. Wie waren Sie damals an die Informationen gekommen?

Christina Haverkamp war gerade in Brasilien, um für eine neue gemeinsame Aktion zu recherchieren. Dort hörte sie von Massenmorden an Indianern, ist sofort mit einer gecharterten Maschine ins bezeichnete Gebiet geflogen, hat sich auf einer einsamen, schlammigen Piste absetzen lassen, hat das gefilmt und fotografiert. Sie konnte, aufgrund von Spuren, die sie vor Ort gesehen, und aufgrund von Knochen, die sie fotografierte, den Massenmord beweisen. Sie fand am Fluß Spuren von Fußballschuhen – das sind die einzigen Schuhe, mit denen man sich auf dem schlammigen Boden auf den Beinen halten kann –, und man nimmt an, daß viele Leichen einfach ins Wasser geworden wurden. Das Problem, Morde zu beweisen, hängt auch mit den Yanomami selbst zusammen. Sie sprechen über ihre Toten nicht, unabhängig davon, wie sie starben. Das ist ein geradezu heiliges Tabu. Und die Yanomamis können nur bis »zwei« zählen. Alles darüber hinaus heißt »viele«. Dadurch kriegt man Zahlen nicht raus. Da gibt es zwei, drei Indianerhäuptlinge, der eine, wir haben ihn schon erwähnt, heißt Davi, und diese Häuptlinge horchen in den Familien herum, wer alles tot ist: der Onkel, die Mutter, der Sohn. Und dann wird addiert. Nur so kommen überhaupt Zahlen, Schätzungen zustande.

Der Militärchef Santa Cruze drohte, wenn sich das Ausland einmische in die Indianer-Angelegenheiten Brasiliens, würde er dafür sorgen, daß diese Gebiete ein zweites Vietnam würden. Dort müsse der Regenwald ohnehin wegen Konflikten mit Argentinien zum Militärgebiet umgewandelt werden. Meinen Sie, auch angesichts des bisher eher traurigen Ergebnisses obiger Mörderjagd, daß Ihre Recherchen und Anklagen auch nur einen Halm retten?

Wir wollen eigentlich weniger anklagen oder entlarven, sondern nach wie vor ganz naiv nach Lösungsvorschlägen fragen, die allen Seiten dienen. Vor allem interessiert uns die Meinung der Beteiligten zu der Idee, den Regenwald zum wichtigsten Bodenschatz zu erklären – vor Gold, vor Uran. Wir leben in einer Welt des Geschäfts, des Marktes. Man kann und muß in dieser Welt Utopien haben, aber eine erste Veränderung, ein erster Anschub, wie gesagt, ist wohl nur möglich auf der Basis der vorhandenen Strukturen und Interessen.

Der Dichter Friedrich Dürrenmatt sagt: Die Vernunft des Menschen ist zu gering, um das in Schranken zu halten, was seine Unvernunft anrichtet. Der Mensch ist inzwischen wie der Zauberlehrling, den Goethe beschrieb: Er wird die Geister nicht mehr los, die er rief. Kreativität richtet sich gegen uns selber.

Ich schwanke zwischen Vertrauen einzig und allein in mich selbst – andererseits richtet sich das, was ich zu erzählen und zu berichten habe an viele Menschen ...

Gehen Sie eigentlich zu Wahlen hier in Deutschland?

Ja, ich möchte nicht zu denen gehören, die durch ihr Schweigen genau denen zuarbeiten, die unserer Demokratie schaden. Aber ich bin ein typischer Wechselwähler. Wer etwa gegen den Rechtsradikalismus nichts sagt, macht sich schuldig. Insofern ist ja jedes menschliche Handeln ebenso Politik wie jedes menschliche Wegschauen.

Sie sind politisch ein Mann der Mitte?

Vor Radikalismus habe ich Angst, und Militarismus mag ich auch nicht.

Einer Partei schlossen Sie sich nie an?

Nein. Politiker sind mir gar zu sehr dem Zeitgeist verpflichtet, der jeweils immer nur bis 18 Uhr des anstehenden Wahltages reicht. Wenn ich Hilfe angeboten bekam von Genscher, Brandt oder Frau Süssmuth, habe ich diese Hilfe angenommen – ansonsten beschränkte ich mich lieber darauf, durch Aktionen ein wenig den Boden mit zu bereiten, auf dem Politikern vielleicht der Mut wächst, für ihre Kreise unpopuläre Maßnahmen gegen den Ausverkauf der Welt zu ergreifen.

Also selbst in die Politik einzusteigen, wäre nichts?

Nein. Politik würde mir wohl, als Geschäft betrieben, das Genick brechen. Und das Rückgrat. Ich fürchte mich vor Schleimerei, vor Intrigen, ich habe keinen Spaß an der Macht. Ich hätte auch keine Lust, mit Leuten zu diskutieren, denen Parteiinteressen vor Sachverstand geht.

Wie kommt einer, der – außer in Survival-Situationen – etwas gegen Gruppenbildung hat, zur Mitgliedschaft in einer Gesellschaft – der Gesellschaft für bedrohte Völker?

Erst war ich auf Distanz, und außer in der Konditorinnung bin ich nie in einer Organisation gewesen. Aber da ich in Afrika Minderheiten kennengelernt hatte, die verspottet und bekämpft wurden, landete ich logischerweise bei der Gesellschaft für bedrohte Völker. Dort fühlte ich mich mit meinen Empfindungen aus Zorn und Trauer irgendwie geborgen, und es schien mir ein Weg gefunden zu sein, etwas gegen die eigene Ohnmacht zu tun. Als ich die Gesellschaft kennenlernte, war das ein wild-chaotischer Haufen, sie befand sich in der Findungsphase. Aber alles, was mir die Leute dort an Ratschlägen gaben, wie sie mich berieten, über Zustände im Ausland, das stimmte immer hundertprozentig, während Pressemitteilungen oder Mitteilungen von Politikern – über Brasilien beispielsweise – nur bedingt zutrafen. Inzwischen ist die Gesellschaft für bedrohte Völker beratende Organisation der UNO, sie wurde ein großer seriöser Verein, in dem alles gut organisiert ist; manchmal ist sie überfordert, weil es immer an Geld mangelt und die Probleme so vielschichtig sind.

Ich könnte mir vorstellen: Rüdiger Nehberg ist inzwischen ein Mann geworden, der Reiseziele im geografischen Sinne kaum mehr hat. Was bleibt als Ziel?

Eine Filmserie würde ich gern drehen, eine Serie über bedrohte Völker, so sechs oder sieben Teile. Ich dächte an eine Art Spiegel, den wir uns selbst vorhalten, um zu zeigen, wie groß und unbekannt diese Welt ist, aber eben auch, wie gefährdet sie ist, wie leichtfertig wir mit gewachsenem Leben anderswo umgehen. Unsere Kultur ist eine Kultur der Zerstörung, und zudem verdrängen wir das mit unbeschreiblicher Eleganz und Intensität. Ich glaube, es hat Sinn, auf Leute zuzugehen, ihr Wissen anzusprechen, ihnen irgendwie zu zeigen, daß sie gebraucht werden. Am wichtigsten ist, nicht wegzurennen, keine Angst zu zeigen.

Es wird ja bei Ihnen, wenn alles gut geht, immer wieder einen Fernsehfilm über die jeweils neue Expedition geben. Sie hoffen, auch immer wieder, aufs Abendprogramm. Beste Sendezeit, wer hofft das nicht. Da fällt mir aber nur ein, was eben auch zu unserer Lebenssituation gehört: Das Elend der Welt verteilt sich auf zwei Klassen – auf die, die es erleiden, und auf die, die davon erfahren. Wir gehören erfreulicherweise nur in die zweite Klasse; das ist relativ billig. Wer »erster Klasse« lebt, zahlt doppelt. Statt der Rechnung des Todes begleichen wir nur die Rundfunkrechnung und das Zeitungsabonnement. Dafür sitzen wir dann in der ersten Reihe, wenn andernorts die Hölle los ist.

Das Unvermögen, den täglich neuen Ansturm des Elends zu bewältigen, ist eins von den vielen Zeichen dafür, daß wir mit den Entwicklungen unserer eigenen Technik, auch der Kommunikationstechnik, nicht mehr mithalten. Die Masse der Schreckensmeldungen, mit der uns die Medien überhäufen, übersteigt ja allemal das Maß unseres Bewältigungsvermögens. Deshalb, denke ich mir manchmal, reagieren Menschen mit Abschottung und Ausblendung; Gewohnheit macht sich breit und Gleichgültigkeit. Die Bilder der Not gleichen sich, und die Nachrichten vom Elend in der Welt sind keine Neuigkeiten mehr, auch die von Indianern nicht. Heute hundert Tote im Kaukasus, morgen tausend im Regenwald, der Unterschied ist eine Null, sonst nichts.

Aber ich finde, alle Abstumpfungen schützen zum Glück nicht davor, sich plötzlich doch wieder ganz persönlich angesprochen zu fühlen.

Also lernen wir die Nummern der Spendenkonten auswendig und steigen ein in die Lotterie des Leidens, greifen, weil wir unser Herz im Portemonnaie spazierentragen nach dem Scheckbuch, wenn wir menschlich angerührt werden. Das ist die moderne Form des Ablaßhandels, gegründet auf eine allseits beschworene »Betroffenheit«, welche jedoch vor allem eine ins Narzißtische gewendete Form jenes Mitleids zu sein scheint, das schon Nietzsche auf seinem Feldzug gegen die Moral »die moralische Mode einer handeltreibenden Gesellschaft« nannte. Dieses Mitleid ist zwar nicht immer billig, es kommt ja im Jahr ganz schön viel Spendengeld zusammen, aber man leistet sich Mitleid. Jeder Spendenschein ein Passierschein fürs gute Gewissen.

Ich merke, Sie wollen mich provozieren.

Ist das alles so weit hergeholt, finden Sie das wirklich?

Nein, die Palette, mit dem uns täglich bedrängenden Unglück der Welt fertigzuwerden, ist ziemlich umfangreich, da haben Sie recht. Das reicht von Sensationsgier über Gleichgültigkeit bis hin zum mildtätigen Mitleid. Aber es gibt mehr und mehr Solidaritätsversuche, das merke ich auch in Sachen Yanomami-Indianer. Es ist doch kompliziert. Alle möglichen Verhaltensmuster haben ja eines gemeinsam: Sie sollen eine Bewältigung des Leidens ermöglichen, ohne aber das Leid selbst bewältigen und ausschalten zu können. Auch mit allem gutem Willen und trotz voller Einsatzbereitschaft bleiben wir doch der Herausforderung, der Not ein Ende zu machen, letztlich die adäquate Antwort schuldig. Unsere Reaktion kann immer nur unzureichend sein. Das ist ja auch mein Grunderlebnis, mein Grundgefühl bei den Yanomami-Aktionen.

Woran liegt es?

Wir scheinen nach dem Prinzip zu leben: Wenn wir die Welt schon nicht ändern können, so wollen wir sie doch wenigstens mit vereinten Kräften zugrunde richten. Die Yanomamis, die es mir nun gewissermaßen angetan haben, sind ja lediglich ein einziges Beispiel für die Situation in der Welt. Mit der Erweiterung unseres Informationshorizonts müßte eigentlich auch eine Erweiterung unserer Verantwortlichkeit einhergehen.

Sie suchen nach dem Prinzip Verantwortung.

Die globale Verantwortung ist unwiderruflich, finde ich, und sie besteht aus Ehrfurcht vor allem, was lebt. Sie kann natürlich nur funktionieren, wenn sich der Mensch eine Ahnung verschafft von der Fernwirkung seines eigenen Handelns. Das ist ja ein Aspekt meiner Bemühungen, den ich mit meinen Aktionen im Blick habe: Wir leben hier auf Kosten auch der Naturvölker; die Zivilisation ist inzwischen derart komplex, daß alles, was wir hier tun, in irgendeiner Weise Folgen hat für Menschen ganz woanders, und sei es in den entlegensten Regionen der Welt. Alles ist so vernetzt, daß vieles an wirtschaftlichen und ökologischen Problemen gar nicht vorhersehbar, manche Folge unseres Tuns auch absolut nicht beabsichtigt ist. Trotzdem sind wir verantwortlich.

Allerdings, Rüdiger Nehberg, muß man doch einschränken: In der technologischen Zivilisation ist der, sagen wir mal ruhig mal: Machtbereich des einzelnen Menschen nun tatsächlich nicht mehr identisch mit dem Raum, in dem sein Handeln zu Konsequenzen führt. Das ist ja das Dilemma der Politik: Was soll denn der einzelne da kontrollieren?

Daß wir unserer Verantwortung nicht mehr gewachsen sind, darf nicht dazu führen, daß wir Entschuldigungsprogramme entwickeln für diejenigen, die das Leid anderer in Kauf nehmen, wenn sie eigene Interessen verfolgen. Auch der Gleichgültigkeit darf kein Freibrief ausgestellt werden.

Aber emotionale Überbeanspruchung ist eben auch nicht identisch mit Verrohung! Das wäre ebenso ungerecht.

Da entsteht ein Gewissenskonflikt. Aus der Frage, wie man Leid beendet, wurde die Frage, wie man damit umgeht. Das ist ja etwas völlig anderes. Dieser Konflikt läßt einem eigentlich nur zwei Auswege: Entweder man wird depressiv oder aber man sucht für sich aktiv-karitative Bewältigungsmöglichkeiten ...

... die auf Dauer auch nicht viel bringen.

... die aber dem einzelnen Menschen ein besseres Gefühl für das eigene Leben geben. Ich bin ja auch deshalb vom reinen Abenteuer zu den Aktionen für die Indianer gekommen, weil ich für mich nicht zulassen wollte, daß aus dem Prinzip Verantwortung ein Prinzip Verzweiflung wird.

Wer sich ernsthaft gegen das Leid in der Welt engagiert, muß der dennoch nicht selbst zum Leidenden werden?

Die Dinge, die ich immer wieder sehe, tun weh, ja. Wenn ich unter den Yanomamis lebe, ihre Gewohnheiten kennenlerne, dann denke ich mir aber andererseits: Die praktizierte kleine Liebe von Mensch zu Mensch entspricht unseren Möglichkeiten eben mehr als diese ohnmächtige, abstrakte Liebe zur gesamten Menschheit. Ich mache ja etwas, weil ich das Gefühl habe, das Leid der Indianer ist im Grunde mein eigenes Leid. Ich fühle mich beteiligt an ihrem Siechtum, das die Bosse eingeleitet haben, und an dem inzwischen so viele verdienen. Mitleid, mit dem Gießkannenprinzip verteilt, das also, was die Politik oft macht – das ist nicht meine Sache. Ich muß mit dem Herzen bei einer einzigen Sache richtig dabeisein. Was den Menschen unmittelbar und persönlich anspricht, das kann in ihm eine solidarische Tat auslösen. Da läßt sich, wie ich auch an mir merke, nichts steuern, nichts befehlen oder einfordern. Der Impuls ist da, oder er ist nicht da. Bei allen anderen Theorien und Praktiken bin ich vorsichtig. Bei mir war das diese Begegnung mit den Indianern. Ein Ereignis, das mein Leben irgendwie umgestürzt hat, mich einen anderen Weg gehen ließ, mich sozusagen zur Verantwortung rief.

Muß man den Grundzug des sozialen Engagements im Uneigennützigen sehen?

So ausschließlich, wie die Frage klingt – nein! Was ich tue, tue ich auch für mich. Wir haben schon darüber gesprochen: Abenteuer ist etwas sehr Eigennütziges. Das wissen Sie aus meiner Biographie. Ich lebe bei den Yanomamis, mache ihre Nöte öffentlich, aber nach einer kurzen Zeit bin ich wieder in der Zivilisation. Das ist Folge einer sehr eigennützigen Denkweise: Ich bin Mitteleuropäer, ich kann und will diesen Wurzeln nicht entkommen und ausweichen. Ich opfere mich also nicht unendlich und absolut für die Indianer auf, stifte nicht mein gesamtes Geld. Also, ich glaube, es ist heutzutage schon viel erreicht, wenn es gelingt, den Selbstnutz mit dem Nutzen für andere, vor allem für Schwächere, in eine unauflösliche Verbindung zu bringen. Wenn sich der eigene Anspruch mit dem anderer Menschen, die einem etwas wert sind, nicht in eine solche Interessenbalance bringen läßt, dann muß man Verzicht lernen und leisten.

Haben Sie geistige, moralische Vorbilder?

Die meisten meiner Vorbilder wirken im Stillen, denn ich glaube an die Kraft der Schwachen, an das Heldentum der sogenannten einfachen Leute. Aber einige große Namen will ich schon nennen: Ghandi, Mandela, Gorbatschow.

Was ist an Rüdiger Nehberg typisch deutsch?

An der Ampel, wenn sie gelb zeigt, halte ich an. Ansonsten halte ich diese Frage für Blödsinn. Sie entspringt unserer Verklemmung, unserer durchlöcherten nationalen Identität.

Haben Sie Werbeverträge?

Nein, Werbung mache ich nicht. Wenn ich schon diesen Camel-Mist oder diese Lockungen von Marlboro sehe! Da wird das Abenteuer mißbraucht, um mit Landrovern das Land zu quälen oder mit modernsten Sägen dem Wald zu Leibe zu rücken. Das ist Geschäft, damit will ich mir meine Reisen nicht sponsern. Das einzige, wofür ich bisher Werbung gemacht habe, das sind Hörgeräte, für die Fördergemeinschaft »Gutes Hören« in Wendelstein.

Werbung, weil Sie so ein Ding selber benötigen? Hilfe zur Selbsthilfe sozusagen.

Ja. »Möchten Sie noch eine Frau sehen?« Diese Frage, gestellt von einem deutschen Botschafter und noch dazu in einem islamischen Land, haute mich fast vom Hocker. Ich war soeben von einem viermonatigen Marsch durch die Wüste Danakil und durch Eritrea zurückgekehrt, und Seine Exzellenz hatte mich auf einem Botschaftsempfang ganz harmlos gefragt: »Möchten Sie noch eine Brause?« Ich aber hatte mich wieder einmal total verhört. Mißverständnisse dieser Art häuften sich. Sobald ich im Nebenraum war, hörte ich das Telefon nicht mehr. Beim Portugiesisch-Lernen hatte ich Schwierigkeiten. Gewisse Konsonanten kamen bei mir einfach nicht an nur die Vokale. Mittels der Hände vergrößerte ich meine Ohren zu Elefantenlauschern – was zwar einiges brachte, aber nu wirklich nicht die Lösung meines Hörproblems darstellte. Immer häufiger mußte ich meine Gesprächspartner darum bitten, doch etwas lauter zu sprechen. »Haben Sie sich das auf Ihren Reisen geholt?« wurde ich gefragt. Oft war ich versucht, das zu bejahen: »Ja, im Eritrea-Krieg. Neben mir schlug eine Bombe ein.« Das hätte als Erklärung doch irgendwie ehrenvoller geklungen als »Alterserscheinung«, »Verschleiß« oder eben die Wahrheit: Bei mir brach das Erbgut durch – mein Vater hatte ebensolche Probleme mit dem Gehör.

Bei gesellschaftlichen Anlässen muß das doch besonders pikant gewesen sein.

Na klar! Wer quasselte da gerade mit wem und worüber? Wenn mich jemand von der Seite oder von hinten ansprach, fiel es mir schwer zu erkennen, aus welcher Richtung. Bei Talk-Runden versäumte ich Stichworte, auf die ich gezielt hätte kontern können. Kurz: Ich fühlte mich wie ein Analphabet, der, nachdem er die Speisenkarte weltmännisch-gourmethaft studiert hat, auf die Zeile »Service inbegriffen« deutet und »Einmal hiervon bitte!« zum Kellner sagt. Mir wurde klar: Ein Hörgerät wäre für mich genau das Richtige. Aber irgendetwas hatte ich zunächst dagegen ...

Naja, erotisierend wirken sie wohl kaum.

Bei Hör-Tests, die ich eines Tages dann doch machen ließ, kam heraus, daß mir etwa die Hälfte aller Geräusche entging. Das waren nach meinem Geschmack genau fünfzig Prozent zuviel. Jetzt mußte endlich doch ein Hörgerät her, so ein Im-Ohr-Gerät. Mit einem Schlag war die Welt wieder da. Die Singvögel zwitscherten wieder lauter als die Raben. Das Telefon klingelte wieder vertraut. Die Vokale kamen brav in Begleitung der Konsonanten. Der allgemeine Geräuschpegel stieg wieder gewaltig an. Naja, aber nun mußte ich mir, ob ich wollte oder nicht, auch wieder Dinge anhören, über denen sich bisher, ohne Hörgerät, so angenehm der Mantel des Schweigens ausgebreitet hatte. Deshalb bin ich froh, daß ich – ganz nebenbei – einen Vorteil meiner Hörgeräte entdeckt habe, der in keinem Werbeprospekt angepriesen wird: Werden mir Gespräche zu langweilig, kann ich sie einfach abschalten und habe meine Ruhe.

Das ist ja auch der Vorteil der Brillenträger – sie können, wenn ihnen die Realität mißfällt, ihre Brille abnehmen und sagen: So, von nun an glaube ich nur noch, was ich sehe.

Das merke ich mir. Guter Trick. Denn eine Brille habe ich ja auch – ich kriege jetzt übrigens das Gefühl, ich werde in unserem Gespräch körperlich demontiert ...

Was passiert bei Ihnen in den Tagen kurz vor einer Abfahrt ins Abenteuer?

Ich bin sozusagen ganz mit Aufgeregtsein beschäftigt. Ach ja, die Henkersmahlzeit noch.

Mit wem?

Meistens mit meiner Tochter. Kartoffelpuffer als Abschiedsessen. Ein paar Dinge werden noch gesagt, und das aktuelle Testament wird übergeben.

Wie halten Sie sich generell fit?

Mit Joggen. Bis zu zwanzig Kilometer, aber unregelmäßig. Früher noch mit Sandsäcken, wegen der Belastung, aber das machen meine Gelenke nicht mehr mit. Danach kann es sein, daß ich in den Teich vorm Haus springe. Das muß richtig zischen.

Mit Klamotten?

Mit Klamotten. Da bildet sich zwischen Haut und Stoff stehendes Wasser, das isoliert ein bißchen. Manchmal gehe ich auch nur da hinten unter den Wasserfall oder in den Bach – damit die Leute auf der Straße nicht denken, ich mach Theater für sie.

Sind Sie ein schneller Läufer?

Nein, nur ein sturer.

Sie haben inzwischen zahlreiche Bücher geschrieben. War Schreiben auch so etwas wie ein Abenteuer?

Ja, unbedingt. Vor allem das Veröffentlichen. Als ich vor Jahren mein erstes Manuskript einem Verlag anbot, dem renommierten Hause Hoffmann und Campe, da schrieb mir das Lektorat zurück: »Sie sollten Ihre Brötchen backen und das Schreiben anderen überlassen.« Von da an habe ich mich mächtig angestrengt, um zu beweisen, daß diese Beurteilung letztlich eine unternehmerische Fehlkalkulation des eben genannten Verlages war.

Wie schreiben Sie Ihre Bücher, in welcher Atmosphäre?

Eine gewisse Hektik gehört wohl selbst zu meinen entspanntesten Stunden am Schreibtisch. Abkapseln von Telefon und Fax gelingt mir nicht. Zunächst schreibe ich alles mit der Hand, ziemlich schnell; auf Maschine müßte ich einen Teil meiner Aufmerksamkeit auf die Tastensuche verwenden. Jetzt, mit Computer, geht alles schneller: ich muß nur aufpassen, daß ich mich in den technischen Finessen verliere. Ich kann eigentlich nur schreiben und ausdrucken. Reicht mir aber. Es gibt eigentlich nur ein einziges Buch, das ich in absoluter Konzentration schrieb, und an dem hatte das Lektorat auch am wenigstens auszusetzen: Das war das Manuskript, das auf dem Ozean im Tretboot entstand. Aber was sollte ich da auch anders tun vor Langeweile.

Bleiben wir beim Schreiben: Was kann denn der tun, der das Buch liest, das wir hier gemeinsam machen?

Erstmal trifft auch für dieses Buch zu, was ich mal einem Werk von mir vorangestellt habe: Man kann damit im Notfall herrlich Feuer machen! Was kann man noch anstellen? Man kann seiner Empörung über das, was in Amazonien passiert, Luft machen und Briefe schreiben an den brasilianischen Botschafter in Bonn.

Die landen doch im Papierkorb.

Ja, vielleicht. Sicher bringt es mehr, wenn man etwas Aufsehenerregendes tut, das stimmt schon. Ich erinnere mich an eine Schulklasse aus Stuttgart, die hat eine demonstrative Radtour nach Bonn gemacht. Und beim Botschafter protestiert.

Das hat viel gebracht?

Es hat sich herumgesprochen, und damit wurde das Problem wieder ein bißchen mehr ins Gedächtnis der Öffentlichkeit gebracht. Oder die Aktion vor dem Konsulat! Das war auch eine Idee von Schülern, da haben wir einen symbolischen Regenwald aufgebaut, zwei Schüler haben Gold gewaschen und mit Motorsägen dicke Baumstämme zersägt. Und dann natürlich große Spruchbänder dazu. Das ist schon mal ein Quentchen des großen Alarms, der geschlagen werden muß. Natürlich weiß ich: Wirkliche Hilfe kann nur finanzieller Art sein, und das meiste Geld ist in den Händen derer, die an der Zerstörung der Erde und des Menschen verdienen: Weltbank und Regierungen.

Die Weltbank haben Sie ja auch mal konsultiert. Was sollte denn diese Konsultation bringen?

Der Vorschlag zielte darauf, Brasilien durch finanziellen Druck vom Ausland zur Einhaltung der Menschenrechte zu zwingen. Jedoch gibt es nach Auskunft der Weltbank kein Druckmittel, da Brasilien eine sehr vorbildliche Verfassung hat, um Kredite zu vergeben. Zudem stimmt die Regierung allen Auflagen und Konditionen zu – nach Erhalt des Geldes kümmert sich allerdings kein Mensch mehr um die Erfüllung menschenrechtlicher Vereinbarungen. Da die Weltbank nicht wie bei jedem privaten Kredit eine Sicherheit bekommt, besteht keine Möglichkeit mehr, Druck auszuüben, und schließlich vertritt die Weltbank auch nur die normalen Interessen einer Bank.

1987, im Herbst, gingen Sie auf Tretbootfahrt über den Atlantik, um dem brasilianischen Präsidenten Sarney eine Bittschrift der Gesellschaft für bedrohte Völker Göttingen zu überreichen. Den Medienrummel hatten Sie. Aber den Indianern nützte auch das wenig.

Jaja, Cervantes hat nicht nur den Don Quichote berühmt gemacht, sondern auch die Windmühlenflügel. Die Resignation dauerte nicht lange. Ich kann nicht anders, und ich will nicht anders – bin ich eben der kleine Tropfen im riesigen Meer. Steter Tropfen nervt die Nerven. Mich schockiert, daß die zivilisierte Welt seit ein paar Jahrhunderten völlig unbehelligt versuchen darf, ein ganzes Volk auf diesem Planeten auszulöschen und die Staaten der freiheitlichen Ordnungen von dieser stillen Exekution nichts wissen wollen. Allein jede US-amerikanische Regierung, die von so vielen Leuten immer bewundert und auf ehrerbietig rutschenden Knien gepriesen wird, jedes US-amerikanische Regierungsprogramm hat indianisches Volk systematisch seines Lebens, seiner Freiheit und seines Anspruchs auf Glück beraubt – während diese gleichen Politiker der Welt die Ohren volljammern, daß Amerika an nichts anderes glaubt als an Leben in Würde, an Freiheit und eben an Anspruch des einzelnen auf Glück. Und was nicht militärisch gegen Indianer durchgesetzt werden konnte, wurde erledigt mit Dokumenten und Versprechungen. In den Geschichts- und Schulbüchern wird dieser Völkermord mit zwei, drei Absätzen abgetan. Mir kommt es angesichts dessen wie eine Obszönität vor, wenn ich morgens aufstehe, meine Kreditkarte einstecke und wieder einen Tag verbringe, als gäbe es diese Dinge nicht.

Das ist ein grundsätzliches Problem auf dem Kontinent Amerika. US-Präsident Carter sprach zum ersten Mal das Wort Indianer aus und zwar als man ihm eine Frage zur Einschleusung von Mexikanern, sogenannten Einwanderern, in die USA stellte. Da sagte er: »Nun, außer ein paar wenigen Indianern sind wir alle Einwanderer.« Daraus läßt sich doch schließen, daß er gut auf die Indianer verzichten konnte, weil sie zahlenmäßig kaum der Rede wert und daher völlig unerheblich sind. Tatsache ist doch aber, daß es ungefähr vierzig Millionen Indianer in Nord- und Südamerika gibt. In Kanada leben etwa eine Million, und Mexiko ist in erster Linie eine indianische Nation. Die Indianer waren im Besitz großartiger Kulturen, aber von den fünf Volksgruppen in der Welt sind sie die einzigen, die meines Wissens nicht in der UNO repräsentiert sind.

Das hat mit der Anmaßung des Menschen zu tun. Lutzenberger hat mal gesagt: Vor vier- oder fünftausend Jahren ist etwas ganz Schlimmes passiert; es wurde ein metaphysisches Konzept in die Welt gesetzt, das es vorher nicht gab: das Konzept des Schöpfers, der über und außerhalb der Natur steht.

Ein transzendentaler Schöpfer.

Na bitte, wenn Ihnen das Fremdwort lieber ist ... In dem Moment, da sich der Mensch über alles stellt, wird ja die Natur entweiht. Für die sogenannten Primitiven, wie Naturvölker in unserem Sprachgebrauch bezeichnenderweise oft genannt werden, ist die Natur ein Heiligtum. Wenn man sich mit Indianern unterhält, etwa mit dem Häuptling Davi von den Yanomamis – diese Indianer verteidigen eine perfekte Welt! Und wir wollen sie kaputtmachen.

Für die Juden, die Christen, die Moslems ist die Welt eingeteilt in Gott oder Messias, Mensch und Erde. Die Menschen stehen zwischen Natur und Gott oder Erlöser – aber über der Natur. Die Erde als Objekt. In der Genesis heißt es ja auch: »Macht euch die Erde untertan.«

Ich weiß nicht, ob man das so eins zu eins übersetzen kann. Ich wäre da vorsichtiger. Im übrigen ist auch die Bibel Menschenwerk, da darf man nicht jedes Wort als Heiligtum betrachten. Aber um auch das von Ihnen angeführte Zitat positiv zu interpretieren: Das zielt wohl eher auf die Einordnung alles Irdischen und damit Endlichen in eine höhere Gesetzlichkeit, der das Leben verpflichtet ist. Erde ist nicht mit Natur gleichzusetzen, und sie sich untertan zu machen, bedeutet nicht Umweltzerstörung oder andersartig gewaltsame Beherrschung der Naturressourcen. Letzteres aber ist das Schreckliche: Die moderne Industriegesellschaft ist nämlich selbst eine fanatische Religion und eine schrecklich messianische Bewegung. Die hat den gesamten Planeten schon im Griff. Die Leute machen sich doch keine Gedanken, daß die Bierbüchse, die sie da wegschmeißen, Teil einer Religion ist. Sie nennt sich nicht Religion, die moderne Industriegesellschaft, aber sie ist es, und sie ist zutiefst ideologisch. Sie hat sogar eine Überzeugungs- und Suggestivkraft wie keine Bewegung zuvor, und sie belohnt ihre Priester gut. Alle bisherigen Religionen und messianischen Bewegungen erwarten von ihren Anhängern Opferbereitschaft, Fleiß, Sparsamkeit, Genügsamkeit. Aber die moderne Industriegesellschaft verlangt ein geradezu orgiastisches Verhalten von uns, sie hat eine umgekehrte Skala von Tugenden. Wir werden dauernd angeheizt, mehr zu verbrauchen. Es ist also eine teuflische Religion. Was früher Laster waren, das gilt heute als Tugend. Die tropischen Regenwälder zum Beispiel sind ja die komplexesten Ökosysteme der Erde. Sie sind gewissermaßen die Gen-Banken unseres Planeten. Rund 70 Prozent aller Lebensformen finden sich hier. Wenn wir die Regenwälder beseitigen, beseitigen wir Millionen von Pflanzen, Tieren, Lebensformen, von denen wir nicht einmal wissen, daß sie überhaupt existieren. Aber die Regenwälder zu zerstören, bedeutet nicht nur, den Reichtum des Lebens zu mildern, sondern auch, das Klima zu verändern. Fälschlicherweise wird immer behauptet, der Amazonaswald sei die Lunge der Erde. Das ist er nicht. Denn der Wald verbraucht keinen Sauerstoff wie unsere Lungen – noch produziert er mehr Sauerstoff, als er selber braucht. Nein, der tropische Regenwald in Amazonien erfüllt eine ganz andere globale Aufgabe – er ist eine gigantische Wärmepumpe. Der Amazonas ist sozusagen eine globale Air condition, die wesentlich die Temperatur der Erde regelt. Lutzenberger hat mal erzählt, die Regenfälle im Amazonasgebiet kreisen bis zu achtmal zwischen Himmel und Erde und setzen dabei eine Energie von zigtausend Wasserstoffbomben frei; die warmen Wassermassen Amazoniens seien eine Zentralheizung für die nördliche Hemisphäre. Aber die Technokraten interessiert das nicht.

Was unterscheidet den Technokraten vom Wissenschaftler?

Der Technokrat schaut sich, sagen wir mal, einen Wald an und fragt: Mensch, was kann ich damit möglichst schnell machen? Der Wissenschaftler, der Naturschützer kommt aus dem Sich-Wundern nicht mehr raus. Der Techniker will bloß wissen, was bei allem rauskommt. Wissenschaftler und Technokraten unterscheiden sich wie Kinder und Erwachsene. Kinder fragen »Warum?«, und Erwachsene fragen nur noch »Wozu?«

Sie erwähnten bereits mehrfach den Namen von José Lutzenberger – ehemaliger BASF-Manager, der in Brasilien für relativ kurze Zeit die Umweltpolitik verantwortete. Sie haben mit ihm gesprochen?

Ja, in seinem Büro in Porto Alegre. Er ist ein weltbekannter Umweltprophet. Aber er geriet schnell in Isolation; das Spiel der Politik durch-

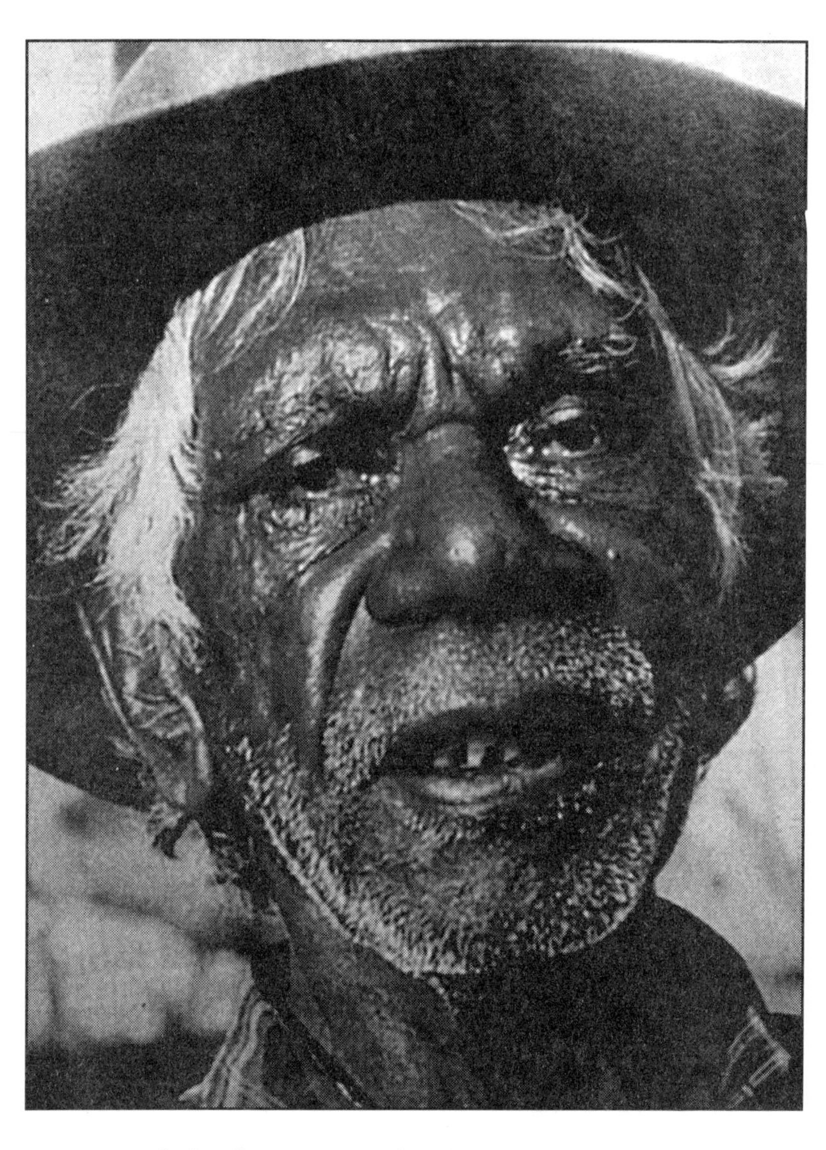

Seite 134: Jack, der Aborigine: »Wie alt ich bin, interessiert mich nicht.«
Seite 136, oben: Survival-Training in Rausdorf ... /
Unten: ... und der Ernstfall: Wildwasserfahrt auf dem Blauen Nil
Seite 137, oben: Mit Kamelen durch die Danakil-Wüste /
Unten: Kamel-Unfall: Schlammschlacht, nicht nur fürs tierische Überleben
Doppelseite 138/39: Der Konditor als Künstler: Marzipan-Modelle
Seite 140, oben: Die List, ein Schwein zu fangen /

schaute er nicht, da bewegte er sich hilflos wie eine Robbe auf Mallorca. Über seine absurd fremde Rolle in der Regierung meinte er selbst: »Einmal sagte ich dem Präsidenten: Stellen Sie sich vor, Sie führen als Chirurg eine Hirnoperation durch, der Schädel ist geöffnet, es geht um Leben und Tod – doch statt des Anästhesisten haben Sie einen Klempner und statt der Krankenschwester eine Putzfrau zur Seite.« Einmal sollte das Kabinett den Plan zur Agrarreform feierlich verabschieden – Lutzenberger kannte den Gesetzesentwurf nicht und verweigerte seine Unterschrift. Dann stellte er zu seiner Überraschung fest, daß seine eigene Behörde Blankoformulare zur Freigabe der Holzfällerei an die Sägewerksbesitzer verteilt hatte. Die Politprofis und Beamten, die Lobbyisten und Journalisten haben ihn alle belächelt, diesen Waldschrat und Romantiker der unbedingt in einer Waldhüterhütte wohnen wollte, wo ihm doch als Staatssekretär ganz andere Lebensumstände zugestanden hätten. »Lutz« zog sich, weitab von den Ministerien, in seine Wildnis zurück, ließ den Rasen wuchern, züchtete Schafe. Er machte aus einem Swimmingpool hinterm Haus ein Feuchtbiotop. Er mußte an den Realitäten scheitern, das war nahezu zwangsläufig. Er hat einmal geschrieben: »Wir leben im Zeitalter der Beliebigkeit. Alles scheint möglich, erreichbar, vorstellbar, das heißt auch: Nichts scheint mehr wert zu sein, festgehalten zu werden. Die Menschheit hat sich gegen ferne Ziele, gegen lebenslange Entwürfe dauerhafte Bindungen, gegen unwandelbare Identitäten verschworen. Keiner kann langfristig auf seinen Arbeitsplatz, also auch auf seine kommunikativen Fähigkeiten bauen. So verharren die Menschen ängstlich in ihrer Alltäglichkeit, mißtrauen ihr gleichzeitig, und die Seele wird fiebrig.«

Unten: Hindernisse: kein Hindernis (Survival-Training)
Seite 141, oben: Unter Goldwäschern in Amazonien /
Unten: Australien: Krokodil kontra Schlafsack
Doppelseiten 142/43: Rote Rosen und eine Bittschrift für »Papa«:
Die Rosen fliegen auf einen Landrover, die Bittschrift bringt ein müdes Lächeln
Seite 146, oben: Yanomami-Gala: Anlegen der Festbemalung /
Unten: Rüdiger Nehberg, Häuptling Davi Kopenawa, Christina Haverkamp

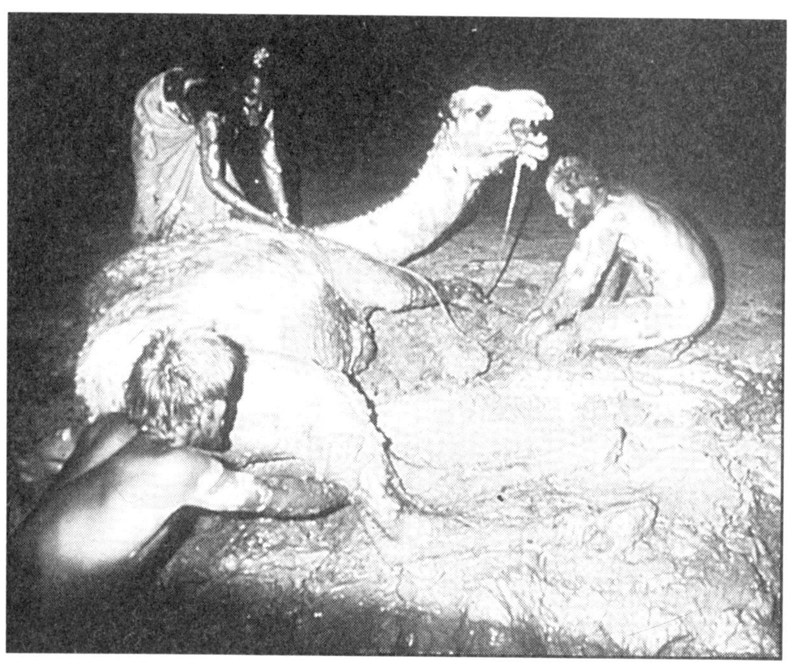

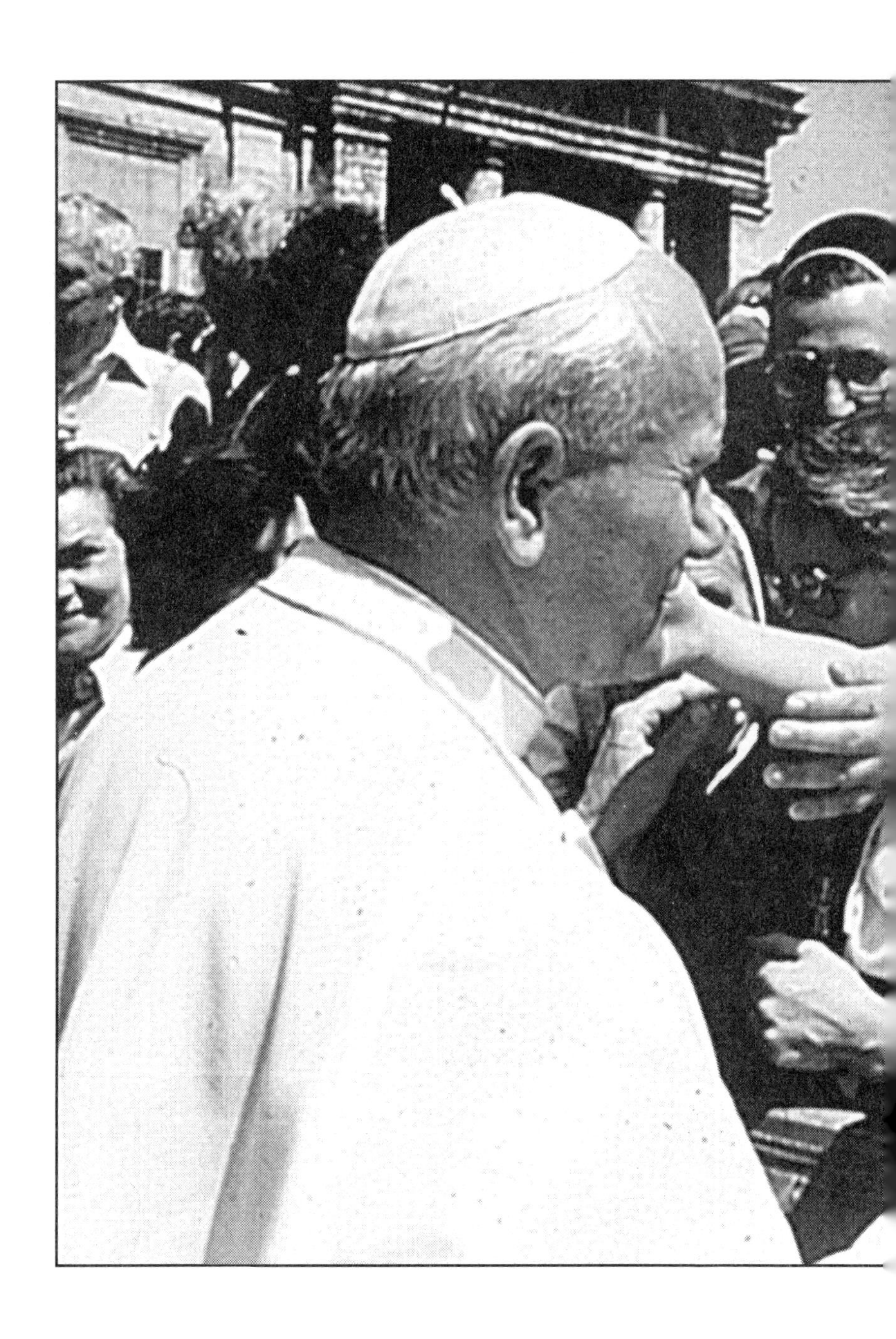

WENN DU TOT BIST, ESSE ICH DEINE ASCHE

Lebensmotto

Abenteuerlich leben.
Dem Abenteuer Sinn
geben. Dem Restrisiko
eine Chance lassen.

Rüdiger [illegible]
Dezember 1993

Sir Vival
... es gibt schlechtere!

DAS DRITTE GESPRÄCH

Filmproduzenten in Marzipan • Ana und die Schule im Wald • Sterben ohne weinende Menschen • Das Evangelium der Daheimgebliebenen • Die Schutzlosigkeit der Erschöpften • Humor des Alters • Wechsel von Euphorie und Depression • Busch-Pläne für Botswana

Rüdiger Nehberg, Sie verkauften Ende der achtziger Jahre Ihre Hamburger Bäckerei. Immerhin: 50 Mitarbeiter, drei Geschäfte. Alles, was Sie produzierten, ging über den eigenen Ladentisch. Sie hatten Mitarbeiter, die zum Teil mit am Geschäft beteiligt waren. Mich interessiert noch einmal diese Zeit des Backens und Törtchenbastelns. Was waren denn so Spezialitäten im Hause Nehberg?

Kuchen mit viel Obst, wenig Teig. Oder da war unsere berühmte Nougat-Sahne-Torte mit so einem schmackhaften Schokoladen-Eigelb-Boden. Oder Sonderbestellungen, originell, aber unrentabel: Wir modellierten je nach Kundenwunsch, sogar nach eingeschickten Zeichnungen, kleine Gestalten oder Gegenstände aus Marzipan.

Was sagte denn die Kundschaft zu Ihren Verrücktheiten?

Die einen blieben fern, weil sie sich nicht mehr überwinden konnten, bei diesem Insektenvertilgungsmittel Nehberg Kuchen zu kaufen, aber andere, und es war die Mehrheit, fühlte sich geradezu angelockt. Als Kunden weggeblieben waren, habe ich die Backstube zu einem Aquarium gemacht, alles mit Glas, damit die Kunden Einsicht hatten. Sie konnten feststellen: alles blitzsauber, wie im Operationssaal. Und dann habe ich propagiert, daß bei mir kein Insekt, kein Silberfischchen eine Chance hat, daß ich selber das umweltfreundlichste Insektenvertilgungsmittel bin – und somit die sauberste Backstube habe.

Essen Sie selbst gern Süßigkeiten?

Ja, leider. Ansonsten Steak mit gemischtem Salat.

Ihre Konditoren-Produkte sollen ja mitunter regelrechten Kunstwerken geglichen haben.

Das ist sicher übertrieben. Bizarre Schaufenster gestalteten wir, die dem Thema Umweltschutz oder dem Thema Frieden gewidmet waren. Auf einem langen Tortenstreifen verwandelte sich zum Beispiel eine Waffe in mehreren Phasen in eine Taube. Das stellten wir mit Teig oder Marzipan dar. Wenn einer zum Geburtstag seinen Vater in Marzipan und Lebensgröße haben wollte, wie er stehend, das Manuskript in der Hand, eine Rede hält – kriegte er! Mit Rednerpult ganz aus Pralinen. Der Sohn des Filmproduzenten Gyula Trebitsch wollte so ein Geschenk für seinen alten Herrn. Er gab mir ein Foto von Trebitsch, und das Ganze sollte von heute auf morgen modelliert werden. Das macht Marzipan eigentlich gar nicht mit, Marzipan muß trocknen. Mit einem Gestell innen, einer Stütze, schaffte ich es. Oder: Mit der Verbraucherzentrale und Ärzten organisierten wir eine Kampagne zum Thema: Nicht Kuchen macht die Zähne schlecht, sondern mangelnde Pflege. Und so verschenkten wir in der Konditorei, zum verkauften Kuchen, 6 000 Qualitätszahnbürsten, mit einem Merkblatt versehen. Ich modellierte alles: Urkunden, Blinddarmdurchbrüche; einer hatte mit seinem Auto ein Huhn überfahren, auch diese Szene modellierten wir. Übrigens: Weil ich den Trebitsch so modelliert hatte, daß der alte Herr fast ausflippte, vor Freude, durfte ich später an einem seiner Lehrgänge für Drehbuchschreiber teilnehmen, da waren sehr viele Bewerber aber ich hatte sozusagen den Marzipan-Bonus, und dieser Kurs erwies sich für meine Filmarbeit auf den Reisen als äußerst wertvoll.

Sie haben die Freiheit gesucht. Auch in jeder Freiheit ist man gleichzeitig Gefangener.

Vielleicht. Aber lieber in etwas gefangen sein, was man aktiv tut, als in ewiger Grübelei zu verharren, was man denn tun könne. Am Ende muß man dann Leben definieren als die Zeit, die über dem Träumen davon vergeht, was man mit seinem Leben anstellen könnte. Das will ich nicht. Außerdem: Ich muß meinen Körper spüren; Körper und Geist sind ja nicht voneinander zu trennen. Dem Menschen fehlt die Phantasie, um allein durch Denken zu Erkenntnissen zu gelangen. Er begreift nur, was er erlebt hat.

Was kosten so Ihre Expeditionen?

Das geht von 6 000 DM bis zu 70 000 DM. Am billigsten waren die ersten Reisen, Blauer Nil und Danakil-Wüste. Am bislang teuersten kam mich die Tretboot-Fahrt, auch, weil ich in dem Jahr ja überhaupt keine Einkünfte hatte.

1987, im Oktober, haben Sie den Atlantik mit dem Tretboot überquert. Von Dakar aus ging es los. Können Sie nochmal den allerersten Tag auf See beschreiben, die ersten Stunden, Minuten dieses Schritts nach der Entscheidung: Jetzt gibt's kein Zurück mehr...

Ich verabschiedete mich von meinen Freunden – und heulte. Aus allen Gründen, die es gibt auf der Welt. Am östlichen Horizont die Lichterketten von Dakar, am westlichen Horizont die untergehende Sonne. Da war schon ein Gefühl von Freiheit. Ich weiß noch, ich ordnete meine Sachen in der Kabine und redete mit mir selbst. Das ist gut gegen die Einsamkeit. Ziemlich oft schaute ich nach, daß das Funkgerät gegen unerwartete Spritzer mit der Plastikfolie abgedeckt war, daß immer alle Kanister verschlossen waren. Sollte ich unerwartet kentern, durfte so wenig wie möglich verlorengehen. Lange hielt ich es in der Kabine nicht aus. Wenn ich vor mich hinschaute und mit irgendetwas beschäftigt war, wenn ich also dadurch keinen Horizont sah, aber das Schaukeln wahrnahm, wurde mir hundeelend. Überall um mich herum das Leuchten von Schiffen – Sie hatten ja nach dem ersten Tag gefragt. Also, die Schiffe zogen vorüber oder lagen vor Anker. Darunter sehr viele russische Fischer. »Als nächstes werde ich das Nachschleppseil ausbringen«, sagte ich dann laut zu mir. Dieses Seil war selbstschwimmend, 50 Meter lang und hatte zwei rote Auftriebskörper. »In Zukunft sollte ich die doch leuchtend machen«, sagte ich mir. Denn nachts konnte ich sie nicht sehen, und abgesehen von der Tatsache, daß ich nachts ungern ins Wasser gefallen wäre – 50 Meter sind schnell an einem vorbeigerauscht. Dieser Horrorgedanke beschäftigte mich von Anfang an, also hämmerte ich mir ein: Nie unangeseilt an Deck gehen! Auch nicht bei stiller See und am Tage und auch nicht nach gewisser Gewöhnung! Selbst einen Tag vor Brasilien, so schwor ich mir, darf ich nicht gleichgültig werden! Dann war da noch, ich erinnere mich, ein Flugzeug, das in Dakar aufgestiegen war, und mir fiel schlagartig ein, daß ich lediglich eine Flugminute vor Dakar dahindümpelte – und eigentlich alles noch zu ändern gewesen wäre ... Wie gesagt: Nach der Tretbootfahrt hatte ich mir eigentlich geschworen, nie mehr mit so einem Vehikel über den Atlantik zu gondeln. Das Meer ist zwar nicht leblos, aber man sieht nicht, was sich drin abspielt. Das stört mich. Und Fische sind keine Schmusetiere. Ich möchte lieber einen Nasenbären sehen, einen Jaguar oder eine Schlange.

Nie wieder Weltmeer?

Im Keller liegt noch ein spezieller Baumstamm, auch ein Segel. Ein Modell. Also: Wer weiß ... Das Abenteuer spar ich mir auf, wenn ich mal Krebs haben sollte. Die letzte Fahrt, bei der es auf nicht mehr allzu viel ankommt. Vor allem nicht auf die Rückreise.

Hat man nachts auf dem Wasser besonders viel Angst?

Nein, hatte ich nicht. Am Anfang vielleicht, als ich noch in Küstennähe war – wegen Piraten. Aber mitten auf dem Ozean? Nein, keine Angst.

Man muß doch den Umgang mit der Zeit völlig neu antrainieren.

Es ist nicht so einfach, derartig viel Zeit kleinzukriegen. 80 Tage: Die Sonne geht auf, die Sonne geht unter – Ende des Kriminalfilms. Ich habe meine Mühle in Rausdorf ausgebaut, im Kopf, auf Papier, und ich habe Tagebuch geschrieben. Viel Zeit verging auch mit Kochen. Einmal wollte ich eine Goldmakrele angeln – und hatte am Haken einen Hai. Der hatte zwei Haken von mir in seinem Maul. Erst wollte ich ihn freilassen, aber ich brauchte die Haken. Er verbiß sich im Steuerseil. Ich erzählte davon zu Hause, per Funk. Kurz darauf schrieb die »Bild«-Zeitung: »Rüdiger Nehberg erschlug Hai mit Paddel – zehn Stunden wehrte sich die Bestie!«

Rüdiger Nehberg, Sie leben getrennt von Ihrer Frau?

Ja. Früher fuhr sie des öfteren mit, in arabische Wüsten etwa. Sie war auch schon mit in Brasilien. Sie war zum Beispiel mal ein ganz wichtiger »Lockvogel«, um einen Mann vor die Kamera zu kriegen, der lebt seit 25 Jahren als Häuptling eines imaginären Indianerstamms in Brasilien. Angeblich der Sohn eines Häuptlings und einer verschleppten Deutschen. Aber es ist ein Maurer aus Nürnberg! Er wurde in Deutschland wegen Mordes gesucht, mit der Armee nahm er in Brasilien an der Vernichtung von Yanomami-Indianern teil. Daher schützt ihn die brasilianische Justiz. Anfragen vom Bundeskriminalamt Wiesbaden verschwanden regelmäßig.

Was macht Ihre Frau jetzt?

Ihre Interessen entwickelten sich in Richtung Altenfürsorge und Krankenhilfe, sie unterrichtet Krankengymnasten, da blüht sie voll auf; momentan hat sie ein wunderschönes Projekt in Israel; mit einem arabischen Freund, der hier Medizin studierte und nun dort ein Krankenhaus betreibt, bildet sie arabische Krankenpfleger aus. Wir sind über 30 Jahre verheiratet, da beruhigt sich einiges, inzwischen geht jeder seinen eigenen Neigungen nach.

Sie haben aber noch freundschaftlichen Kontakt zu Ihrer Frau.

Ja, absolut. Ich habe meiner Frau viel zu verdanken. Sie hat mich auf meine Reisen ziehen lassen, oft auch gegen ihre eigenen Interessen und Empfindungen. Das vergesse ich ihr nicht, und das verbindet uns auch heute noch, da wir getrennt voneinander leben. Auf jeden Fall ist meine Frau gesichert im Alter, das ist notariell besiegelt. Ohne sie hätte ich mein Leben nicht führen können, wie ich es wollte, also ist sie auch mit an dem beteiligt, was dieses Leben mir einbringt.

Meistens sind Sie über Weihnachten auf Reisen. Diesmal, Jahresende 1997/98, waren Sie zu Hause. Feiern Sie Weihnachten?

Ich bin kein Feiertyp. Weihnachten war meine Frau hier, sie hatte, wie ich auch, nichts Besseres zu tun.

Heiligabend mit Weihnachtsbaum?

Nein. Ich brauche bloß rauszugucken, da habe ich Tannenbäume genug – und die Sterne sind meine Kerzen.

Wie würden Sie die Beziehung zu Christina Haverkamp charakterisieren? Wenn man gemeinsam auf Reisen geht, auf Reisen, die Distanzlosigkeit voraussetzen, dann bleibt private Nähe nicht aus.

Wenn man so wie ich lebt, über Jahrzehnte hinweg, dann wehrt man sich gegen jegliche Dominanz in einer Beziehung. Ich bin inzwischen zu eigenbrötlerisch für eine wirkliche Lebensgemeinschaft. Deshalb haben Christina und ich Privates und Reisen etwas getrennt. Das nimmt nichts von unserem Miteinander. Ohne sie wäre ich nie mit dem Floß über den Ozean.

Was denken Sie über den Zeitpunkt nach einer Expedition?

Jedes bestandene Abenteuer ist immer auch ein verlorenes Abenteuer. Der Weg ist Verschleiß, die Ankunft auch. Sobald ich etwas Unbekanntes, Lockendes und zugleich Unheimliches entdecke, es mir aneigne, so zerstöre ich es gleichzeitig als Objekt der Begierde. Was vertraut wird, wird weniger begehrenswert. Die »unberührte Natur« wird berührt, eine Beziehung verliert ihre Unschuld. Und trotzdem suche ich diese Beziehung immer wieder: Man erlebt endlich nur noch sich selber. Während der Tour erlebe ich Hochgefühle nur selten, die Anspannung ist oft zu groß. Erst danach, mit sicherem Boden unter den Füßen, stellt sich die Euphorie ein: das Wissen um die überwundenen Schwierigkeiten, die Freundschaft, der Stolz, die Müdigkeit und die Landschaften – all das verschmilzt zu einem weiten und tiefen Gefühl. Nur höchste Anspannung läßt totale Entspannung zu.

Gibt es, bevor man eine Reise beginnt, die Angst vor der großen Enttäuschung?

Ja, die ist berechtigt. Nach mehrmonatiger Expedition, langer Vorbereitungszeit und beträchtlichem finanziellem Engagement erfolglos und klar gescheitert zurückzukehren, hinterläßt ein brutales Gefühl der Enttäuschung und des Geschlagenseins.

Gibt es eine Kränkung auf Ihren Reisen, dies Sie nie vergessen werden?

Ich habe es vorhin angedeutet: Ich dachte, daß uns im Columbus-Jahr, in Washington, Präsident Bush empfangen würde. Er empfing uns nicht. Das empfand ich als Kränkung, ja.

Wenn man Ihre Vorträge hört, machen Sie den Eindruck eines sehr geselligen Menschen, der Leute bestens unterhalten kann.

Ja, im Rahmen meines Themas und meiner Sparte und ihrer Anforderungen. Aber ich bin kein Party- und Smalltalk-Typ. Ich hasse dieses »Sehen und gesehen werden«, bei dem nur sinnloses Zeug gequatscht wird und sich eigentlich keiner für den anderen wirklich interessiert.

Vorträge sind das Brot des Abenteurers. Wohin muß man sich wenden, wenn man Rüdiger Nehberg hören will?

Man rufe Frau Ludwig in Hamburg an: 040-6934847 (auch Fax).

Welches Verhältnis haben Sie zu Niederlagen?

Schlimmer als Niederlagen ist Nichtstun. Ich sage das, weil Niederlagen bei mir immer Aktivität hervorrufen. Sie wecken meinen Erfindungsgeist.

Würden Sie sich selbst als guten Mitmenschen bezeichnen?

Ich hoffe doch, daß ich es bin. Aber ich möchte nicht abhängig sein von christlicher Nächstenliebe.

Worin würde Ihrer Meinung nach Gerechtigkeit bestehen?

Darin, daß selbstloses Handeln Bewunderung hervorruft und Nachahmer findet, während grausames Handeln auch als solches gesehen wird. Vielleicht empfindet derjenige, der gut handelt, Freude darüber, während der andere traurig ist bei dem Gedanken, nicht so zu handeln, wie er fühlt, daß er es sollte. Das ist möglich. Das nennt man Gewissen. Es ist nicht jedem gegeben, und man hat es nicht immer.

Sind Sie schon einmal jemandem gegenüber ungerecht gewesen?

Sicher. Ich habe wohl Ungerechtigkeiten begangen, aber ich habe es nie bewußt getan, um zu schaden. Sondern aus schlechter Laune heraus, unbedacht im Hinblick auf die Folgen meines Handelns.

Was machen Sie in einem solchen Falle?

Ich versuche, meine Ungerechtigkeit wiedergutzumachen. Und wenn das nicht möglich ist, fühle ich mich eine Weile unglücklich. Für mich ist die schlimmste Ungerechtigkeit die Demütigung. Wenn ich sehe, wie jemand gedemütigt wird, verspüre ich das Bedürfnis, zu protestieren und einzugreifen. Einen Menschen oder ein Volk zu demütigen, ist Mangel an Kultur. Womit wir wieder bei den Yanomamis wären.

Zum Abschluß noch einmal zu den Yanomamis. Es gibt jetzt eine Schule, eine Krankenstation, dort, wo Sie immer hingefahren sind. Die Mühen haben sich gelohnt. Die Geschichte dieser Schule erzählen Sie in Ihrem jüngsten Buch »Das Yanomami-Massaker«.

Ja. Wir hatten den Padre Flávio im Büro der Inspetoria Salasiana in Manaus gefragt, ob er nicht ein finanziell überschaubares und für uns zwei Normalbürger durchführbares Projekt wisse. Natürlich, sagte der Padre. »Häuptling Tomzinho von Ixima am oberen Rio Marauiá wünscht sich unbedingt eine Krankenstation und eine Schule. Sie würde ein paar zehntausend Doller kosten.« Das entsprach genau dem, was wir wollten.

Weil es ohne staatliche Subventionen machbar wäre.

Das Teuerste würde der Transport der Baustoffe zum Bauplatz sein. Aber viele Dinge, sagte der Padre, fänden wir vor Ort, und die Indianer wollten auf jeden Fall mit Hand anlegen. Ich nahm Flávios Angebot an und fuhr nach Ixima; ich wollte mich davon überzeugen, ob die Indianer die Station wirklich wollten, wie die Transportwege dorthin wären, ob es in der Nähe zuverlässige und baukundige Brasilianer gäbe und natürlich, wie hoch die Kosten wären. Die Maloca der Leute von Ixima, Ixima-teri, liegt direkt am Fluß. Nur ein Bananenfeld trennt die Einwohner vom Wasser. Das 150 Meter große Runddorf besteht aus etwa 20 »Häusern« und beherbergt 125 Menschen. Dazu kommen Besucher aus Dörfern, die weiter im Inneren liegen. Ixima ist also in gewisser Weise eine kleine Gemeinde. Als ich ankam, begrüßte mich der Häuptling wie einen alten Freund. Die Mission hatte ihm schon per Buschfunk mitgeteilt, daß ich käme, um mitzuhelfen, seine Idee zu verwirklichen.

Ist es nicht erstaunlich, daß die Indianer selbst auf eine solche Öffnung ihrer Lebensformen drängten?

Das hat mir der Häuptling erklärt. »Wir wollen Portugiesisch lernen, damit wir mehr Rechte in Brasilien haben.« Solange die Indianer die Sprache nicht sprechen, gelten sie nach dem Gesetz als Unmündige. Außerdem wollten sie ihre Wünsche und Beschwerden künftig selbst vortragen und nicht immer nur auf fremde Hilfe angewiesen sein. Dolmetscher, so die Erfahrung der Indianer, übersetzen oft falsch.

Und die Krankenstation, so Häuptling Tomzinho wörtlich, »die brauchen wir, weil wir einfach nicht fertig werden mit den *weißen* Krankheiten.« War die Entschlossenheit der Indianer frappierend und geradezu beglückend, so ereignete sich noch ein absoluter Höhepunkt, als plötzlich Ana vor mir auftauchte, Ana Ballester. Sie sah aus wie eine Yanomami-Frau, milchkaffeebraune Haut, dunkle Augen, schwarzes kräftiges und kurzes Haar – als gehörte sie zum Stamm. Allerdings war sie größer als die Frauen des Dorfes und auch schlanker. Später stellten wir fest, daß Ana noch mehr mit den Indianern verband: Sie rauchte wie sie, fluchte wie sie und hatte Läuse wie sie. Und: Sie war besitzlos wie alle im Dorf. Sie beherrschte perfekt die Sprache der Yanomamis, liebte diese Menschen und wurde von ihnen wiedergeliebt. Der Häuptling erzählte mir sofort, er würde sie am liebsten heiraten. Nun ja, das ginge nicht, aber sein Sohn würde Ana auf jeden Fall zur Frau nehmen. An Ana gab es eigentlich nur einen einzigen Unterschied zu den Indianern: Sie hatte einen Augenbrauen-Stift, mit dem sie sich immer einen verrucht-verrußen Strich unter den Augen zog. Ihr einziges Kosmetikum war dieser Stift, ihr Markenzeichen sozusagen. Wenn man in anderen Dörfern nach Ana fragte, dann kam als Antwort der Indianer immer ein bestätigendes Lächeln und eine Handbewegung: ein Wischer unter den Augen. Das hieß: »Die mit dem schwarzen Stift.«

Wie war sie zu den Indianern gekommen?

Ana war vor vier Jahren zufällig hierher gekommen, hatte die Yanomamis kennengelernt, auch rein zufällig, und sie sagte, es sei ihr vorgekommen, als habe sie damals zum ersten Male in einen Spiegel geschaut, der sie wirklich gezeigt habe. In den Yanomamis habe sie sich erkannt – auf der Stelle gab sie ihr bürgerliches Leben auf und blieb bei den Indianern in Ixima. Die Salesianer, die Missionare, nahmen sie auf, obwohl Ana keinesfalls eine Kirchenfrau war. Ausschlaggebend waren wohl ihr Engagement, ihr Sprachtalent, ihre Beständigkeit und ihre Anspruchslosigkeit. Die Indianer liebten Ana auch deshalb, weil sie von der Welt der Weißen nie mit dem Hintergedanken sprach, die Yanomamis von ihrer eigenen Kultur zu entfremden. Im Gegenteil. Sie machte den Indianern klar, daß ihre Lebensweise einen ebensolchen Wert besaß wie die der Weißen. Daß ihre Sprache bedeutend war, daß ihre Handarbeiten einen respektablen Handelswert besaßen und ihre Religion genauso beachtlich sei wie jede andere. Um bei den Indianern ein solches Bewußtsein zu stärken, hatte diese Frau in Ixima eine Schule eröffnet. Der Häuptling hatte ihr ein »Haus« im großen Dorfrund abgetreten. Es war etwa 30 Quadratmeter groß. Zur Hälfte wurde es ihr Wohnbereich, die andere Hälfte war die Schule. Die Zwischenwand bestand aus einfachen trockenen Palmblättern. Es war eine Schule wie im Bilderbuch. Drei Bänke und drei Tische aus je zwei halbierten Palmstämmen. Rundherum, an den Wänden, etwa 50 bunte Zeichnungen – Motive der Umgebung mit den dazugehörigen portugiesischen Vokabeln und den Entsprechungen in der Sprache der Indianer. Ana hatte fünf Klassen mit jeweils maximal acht Kindern. Es sei ihr wichtig, so sagte sie, daß sich jeder beachtet fühle. Das Papier und die Plastikmappen sowie Buntstifte und Radiergummi stellte die Mission zur Verfügung.

Wie läuft der Unterricht ab?

Nach nur einer Stunde ist die Schule aus. Dann gibt es einen Becher Kakaotrunk, und die nächste Klasse stürmt die Bude. Ana benutzt eine Fibel des Franzosen Henry Ramirez; sie wurde von den Salesianern gedruckt und ist sehr gut zu verstehen.

Und die Krankenstation leitet Ana auch.

Parallel zum Unterricht und rund um die Uhr kamen auch die Kranken zu Ana. Ihre Erste-Hilfe-Station bestand aus zwei schäbigen Kartons mit Medikamenten, einer Taschenlampe und einer Kerze. Hatte jemand Malaria, dann nahm sie ihm für die Analyse Blut ab. Aber ehe das Resultat nach Wochen vorlag, mußte sie längst nach Gefühl behandeln. Man lernt, sagt Ana, die Malaria falciparum von der vivax anhand der Symptome zu unterscheiden. Eine andere Möglichkeit gebe es nicht. Irgendwann, so träumt sie voller Zuversicht, werde sie ein Mikroskop haben, ein Funkgerät, einen kleinen Außenborder für das Holzkanu – dann so Ana, könne sie eine effektive Station aufbauen. Eine Freundin Anas schreibt gerade eine medizinische Fibel, um Indianern die Entstehung von Krankheiten auf einfache Weise zu erklären. Die Yanomamis wissen, daß böse Geister durch offene Wunden in den Körper eindringen können, um ihn zu töten. In der Fibel, so Ana, zeigen wir mit vielen kleinen Zeichnungen, wie die böse Geister, nämlich die Bakterien, das machen. Wie sie sich im Schmutz verstecken und darauf warten, daß die Blutung aufhört, gegen die sie nicht anschwimmen können. »Dann hoffen sie auf eine Hand, die sie in die Wunde einreibt, um jetzt im Körper das tödliche Werk zu beginnen. Und die Zeichnungen zeigen auch, wie die bösen Geister Sauberkeit hassen, weil Sauberkeit ihnen ihre Verstecke zerstört. Die Bakterien werden natürlich übergroß mit grimmigen Gesichtern gezeichnet und mit scharfen, gefährlichen Messern.« Diese Fibel soll also indianische und »weiße« Medizin zu einer hilfreichen Symbiose verbinden.

Bedeutet Ana nicht eine Gefahr für den Einfluß der Medizinmänner?

Die Patienten vertrauen sowohl den Medizinmännern als auch Anas Medizin. Das ist natürlich eine Sache, die nicht frei von Konflikten abgeht. Ich habe erlebt, wie eine Frau im Dorf schwer erkrankte: hohes Fieber, starke Bauchschmerzen, harte Verdickungen im Darmbereich. Anas Vermutung: Würmer. Auch die Medizinmänner waren überzeugt, daß böse Geister Besitz von der Patientin ergriffen hatten, und sie beschlossen, einzugreifen. Mit Hilfe ihrer Rauschdroge Espená versetzten sie sich in die nötige Stimmung und begannen mit der Krankheitsaustreibung. Unter schauerlichem Gebrüll, bei dem selbst der unerschrockenste böse Geist vor Panik fliehen mußte, reinigten sie mit beschwörenden Armbewegungen das Umfeld der Patientin. Dann massierten sie etwaige noch im Körper verbliebene Geister mit den Händen vom Körper zum Ende der Gliedmaßen, ergriffen die Geister dort und warfen sie unter Getöse zurück in den Wald. Die Schamanen wirken in solchen Momenten unberechenbar. Man denkt, sie seien geistig total entrückt und nicht mehr reaktions- und zurechnungsfähig. Ähnlich wie bei uns ein Betrunkener. Aber die Männer waren sehr wohl bei Verstand, und es wäre ihnen keinesfalls entgangen, wenn man womöglich ein Foto geschossen hätte, ohne ihre vorherige Zustimmung eingeholt zu haben. Ana, die das alles zur Genüge durchhatte und kannte und in bestem Einvernehmen mit den Schamanen arbeitet – sie wartete geduldig neben der Patientin, bis die Zeremonie beendet war. Die Männer gaben ihr ein Zeichen, und dann begann ihr Part an der Heilung. Verglichen mit dem vorangegangenen Spektakel war er leicht und unspektakulär. Sie löste zwei Vermox-Tabletten in Wasser auf, hob den Kopf der Frau und flößte ihr das Getränk ein. Sie tupfte ihr den Schweiß vom Gesicht und legte ihr einen kühlenden Umschlag auf die Stirn, um das Fieber zu senken. Einige Stunden später zeigte sich die Wirkung. Die Frau deutete an, sie müsse unbedingt auf die Toilette, also in den Wald. Man trug sie hinaus, und sie schaffte es erstmals wieder nach drei Tagen sich zu entleeren. Große Erleichterung sozusagen, und das nicht nur bei der Patientin, sondern auch bei Ana. Ich will jetzt nicht unbedingt auf den Anfang unsere Gesprächs zurückkommen, aber es gehört nunmal zu der Geschichte, die ich hier erzähle. Also: Die Frau schied zwei dicke Knäuel weißer Würmer aus, die sich putzmunter sofort

im Humus verkrochen. Die Frau atmete auf und ließ sich zurücktragen ins Dorf. Am nächsten Tag wollte ihr Ana die nächste Ration Tabletten geben, da weigerte sich die Patientin, und zwar mit Händen und Füßen. Vergeblich versuchte ihr Ana klar zu machen, daß die Tabletten wichtig seien, um den Rest der Würmer aus dem Körper zu jagen. Die Patientin ließ sich überhaupt nicht erschüttern, sie blieb stur und sagte zu Ana: »Daß ich die Würmer verlor, waren nicht deine Tabletten. Es war die Kunst der Medizinmänner. Hätten deine Tabletten geholfen, wären die Würmer tot gewesen. Aber die lebten. Und das lag an der Massage der Schamanen.«
Natürlich fand Ana Wege und Mittel, der Frau doch noch die Tabletten zu verabreichen. Aber das Beispiel zeigt, daß man zweigleisig arbeiten muß. Auch später, warnte Ana, in der Krankenstation; sonst hätte diese Station keine Chance. Auftrumpfende zivilisatorische Gewißheit findet nicht automatisch den Weg zu den Herzen der Indianer.

Wer bezahlt Ana?

Niemand. Sie arbeitet ohne Lohn, nur für Kost und Taschengeld seit einigen Jahren in Ixima. Und: Sie fühlt sich wohl. Ein Glücksgriff! Ich habe sie mal gefragt: Vermißt du nicht manchmal einen Freund? Interessiert einen ja schließlich. Nein, nicht unbedingt, hat sie geantwortet. Mit Männern habe sie einige schmerzliche Erfahrungen gemacht, nun käme sie ganz gut allein zurecht. Später hat sie uns mehr erzählt. Es waren bei Ana nicht nur Freundschaften, die irgendwie in die Brüche gegangen waren. Schon der erste Mann in ihrem Leben war ein Flop. Und das war ihr Vater in Frankreich. Der war rabiat und prügelte das Mädchen. Sie war das schwarze Schaf in der Familie, paßte nicht ins Bürger- und Kleinbürgermilieu der absoluten Ordnung und Regelhaftigkeit. Mit siebzehn hatte sie die Nase voll und lief von Zuhause fort. Sie haute ab nach Kanada und schlug sich zunächst als Serviererin durchs Leben. Später leitete sie eine Künstlergalerie, wo zum Beispiel angehende Maler und andere Künstler ihre ersten Auftritte kriegten. Anläßlich eines Besuches in Brasilien lernte sie ihren Landsmann Henry Ramirez kennen, jenen Yanomami-Sprachforscher und Fibel-Autoren. Er brachte sie, es war eine Frage des Schicksals, mit den Yanomamis zusammen.

Ein wunderbarer Zufall.

Nein, eine glückliche, fällige Fügung! Ana ist der einzige ideale Mensch für unser Projekt – das kann nicht nur Zufall sein. Als wir wieder in Deutschland waren, begannen wir sofort und total begeistert mit der Beschaffung des Geldes.

Wieviel?

Wir brauchten etwa 100 000 DM. Christina und ich hatten 35 000 DM zur Verfügung – Honorare von Vorträgen. Die fehlende Summe ließ aber nicht lange auf sich warten. Wir hatten einen Informationszettel entworfen und vor allem diejenigen unserer Bekannten angeschrieben, die immer gesagt hatten, jaja, sie würden schon helfen, wenn denn mal ein konkretes Projekt vorläge. Nun lag ein sehr konkretes Projekt vor! Innerhalb von nur vier Monaten hatten wir die Restsumme beisammen. Es geht also auch ohne Vater Staats Subventionen, wenn man sich nicht in seinen eigenen Möglichkeiten vergreift und nicht gleich goldene Paläste bauen will.

Wer half besonders?

Den Löwenanteil beschaffte uns Bertel Bühring, Chef von Radio GONG in Würzburg. Er zählt wohl zu den rührigsten Hintermännern, die wir haben. Wenn es nach ihm ginge, müßte jeder Europäer

Yanomami-Steuern bezahlen, um den Regenwald zu retten. Aber es gibt noch andere, und diese Namen sind ein kleiner Beweis dafür, daß die Menschen nicht so abgebrüht und gleichgültig sind, wie viele behaupten.

Sie haben einige in deinem jüngsten Buch »Das Yanomami-Massaker« genannt, das wir bereits erwähnten.

Ja, da sind zum Beispiel die Jugendlichen, die mit bewundernswerter Energie Spenden zusammengetrieben haben. Ob mit Open-Air-Konzerten (wie die Süddeutschen Andreas Arnold und Harald Bach, die 14 000 DM zusammenbrachten) oder mit Kaffeeausschank, Ausstellungen und Vorträgen (wie Tillman Konrad und Teresa Gößl, Schüler eines Gymnasiums in Wertheim). Ob mit Flohmärkten unter der Regie ihrer Lehrerin Barbara Sehusen die jungen Schülerinnen des Alten Gymnasiums in Flensburg (»Mutti, laß uns doch das Aquarium mit den Goldfischen auch noch für die Yanomamis verkaufen!«) oder wie die Vollblut-Lehrerin Ute Rappmund, die mir mehr als ein Dutzend Vorträge an Baden-Württembergischen Schulen vermittelte. Oder wie der Fabrikant Dieter Mennekes und der Berliner Günther Schwarz, die nur fragten: »Wieviel brauchst du noch?« – da ist man natürlich geneigt zu sagen »Soundsovieltausend«, aber man soll's ja nicht gleich übertreiben. Und da ist noch die Schweizerin, die ihren hohen Betrag anonym überwies. Ich konnte mich nicht einmal bedanken. Als unsere Pläne bekannt wurden, war die meistgehörte spontane Frage: Habt ihr keine Hemmungen, die Station zu bauen? Das ist doch ein radikaler und unverantwortlicher Eingriff in die traditionelle Lebensweise der Indianer?

Die Frage ist berechtigt, ich habe Sie ja auch schon gefragt: Erhält man das Leben der Indianer, indem man es verändert?

Natürlich wollen wir das Leben der Indianer erhalten. Warum sonst hätten wir uns all die Jahre mit so viel persönlichem Aufwand und Risiko für sie eingesetzt? Wir haben das Thema ausführlich mit unseren Freunden und Beratern – sowohl in Deutschland als auch vor Ort – durchgesprochen. Eine bessere oder gar eine Ideallösung konnte uns niemand anbieten. Die Station ist allenfalls das kleinste Übel. Ausschlaggebend war schließlich Davi Kopenawas Erklärung. Er sagte, die Yanomamis könnten nicht so weiterleben wie bisher. Wenn ja, dann würden sie ausgerottet. Dann sagte er: »Deshalb müssen wir diese Chance, daß noch viele von uns leben, nutzen, und uns bestmöglich auf die Zukunft vorbereiten. Gleichzeitig soll uns die Schreibkunst helfen, unsere Sprache und Kultur für alle Zeiten festzuhalten – und sie anderen, auch Weißen, zugänglich zu machen. Vielleicht ist es uns Yanomamis vergönnt, in der letzten Phase der Existenz freier Indianer-Völker Amerikas zum beiderseitigen Nutzen in Harmonie und gegenseitiger Achtung miteinander zu leben.«

Wenn wir Weißen schon die Verursacher bestimmter Leiden und Tode sind, so haben wir die Pflicht, dagegen etwas zu tun. Und das geht nicht nur mit guten Worten und Gebeten. Das bedarf handfesten Einsatzes. Wer das nicht einsehen will, macht sich in meinen Augen zum Mittäter. Man steht ja letztlich vor der Alternative »toter Indianer« oder »tablettenbehandelter Indianer«, »toter Indianer« oder »portugiesisch sprechender Indianer«. Dazwischen liegt wenig. Langfristig kann der Yanomamis seine traditionelle Lebensweise nur erhalten durch gemäßigte Anpassung an seine Bedroher und durch Wissenserweiterung unter gleichzeitiger Wahrung und Stabilisierung der eigenen Werte. Unter das Motto der Koexistenz möchten wir unsere Station stellen. Das ist unser Beitrag zum Jahrzehnt der Indigenen Völker, von der UNO festgelegt auf die Jahre 1994 bis 2004. Das ist unsere Geste der Wiedergutmachung nach 500 Jahren Unterdrückung und Vernichtung.

Wie groß ist der Einfluß der Missionare auf die Indianer?

Ana paßt regelrecht eifersüchtig auf, daß niemand Katholik wird oder Protestant. Die Missionsbewegung, die im Gebiet das Missionsrecht hat, ist eine katholische.

Was ist, wenn Ana mal ausfällt?

Drei Yanomamis hat sie bereits ausgebildet, die von heute auf morgen ihre Arbeit übernehmen könnten. Sie beherrschen das Funkgerät, sie können mit der Uhr umgehen.

Besteht Gefahr für die Schule? Liegt sie im Krisengebiet?

Nein. Dort, wo die Schule liegt, gibt es im Umkreis von 50 Kilometern keine Goldgräber.

Das letzte Kapitel Ihres Buches »Das Yanomami-Massaker« heißt: »Der aktuelle Stand«. Wie lautet der?

Ja, da muß man vielleicht so anfangen: 1994 trat Henrique Cardoso das Amt des Staatspräsidenten an. Sein Justizminister wurde Nelson Jobim. Ein famoses Duo, ein Schlag ins Gesicht für jeden ehrbaren Brasilianer. Gegen die eigene (ideale!) Verfassung und gegen die in 500 Jahren mühsam errungenen Indianerrechte erließen die beiden Anfang Januar 1996 ein Gesetz (Decreto 1775), das die Ansprüche der Indianer auf eigene Schutzgebiete gewissermaßen annullierte. Dem Dekret zufolge darf nun jeder Brasilianer – damit sind natürlich vor allem die einflußreichen gemeint, also Gouverneure und Konzerne ... – Einspruch erheben gegen die Gründung weiterer Reservate, obwohl die Verfassung deren Gründung zwingend vorschreibt. Indianerland, das seit allen Zeiten von diesen bewohnt und genutzt wurde, ist deren Eigentum. Da kann es niemanden geben, der ältere Ansprüche hätte als die Ureinwohner. Dekret 1775 jedoch sieht das anders. Und Präsident Cardoso feierte dieses Gesetz sogar als besonders verfassungstreu: Brasilien sei eine Demokratie, da müsse einfach jeder das Recht haben, angehört zu werden. Journalisten wollten vom Präsidenten wissen, ob nun irrsinnige Ansprüche von jedermann angemeldet würden, es zu Prozeßlawinen kommen könnte und damit konstruktiver Indianerschutz nicht mehr gewährleistet sei.

Und?

Nein, sagte der. Es sei ja ausdrücklich eine Frist festgelegt worden, innerhalb derer diese Ansprüche anzumelden seien. Argumente, gegen deren Scheinheiligkeit nichts mehr gesagt werden muß. Für die Menschenrechtsorganisationen aus aller Welt ist klar: Die noch zu demarkierenden 344 Indianergebiete sind aufs Äußerste gefährdet. Aber auch die bereits 200 existierenden sind nicht mehr sicher. Eine wahre Flut von Einsprüchen hat eingesetzt. Justizminister Jobim war das noch zu wenig. Er ermutigte befreundetet Gouverneure in Pará, Roraima und Amazonas, dringend von ihrem »Recht« des Einspruchs Gebrauch zu machen und nannte ihnen sogar die 77 Gebiete, die er in ihren Bundesländern für anfechtbar hielt. Daß Brasilien nur auf dem Papier eine Demokratie ist, weiß jeder, der mit dem Land zu tun hatte. Menschenrecht genießt nur die Elite. Wer arm ist, krank, Indianer oder Frau oder Tier – der ist Freiwild. Polizeijagden auf Kinder, Sklavenhaltung Mindestlöhne unter dem Existenzminimum, Kinderprostitution, Jagd auf Organspender und dazu noch unüberwindbare Korruption – das sind die Synonyme für Brasilien. Daß es sich seine Willkür dennoch ungestraft erlauben kann, liegt an seiner wirtschaftlichen Bedeutung für uns Raffis in Europa. Wenn Geschäft winken, sind Menschenrechte nichts weiter als geduldiges Papier.

»Es sähe trostlos aus, wenn es nicht auch andere Brasilianer gebe.« Ein Satz des Rüdiger Nehberg.

Natürlich, und diesen Menschen gehört meine große Hochachtung! Zum Beispiel ist da der Verband der Rechtsanwälte, der schon oft und deutlich gegen solcherart Willkür Front gemacht hat. Da wären die Bundesrichterin Selene Almeida, der Generalstaatsanwalt Geraldo Brindeiro und der Bundesanwalt Dr. Alvaro Augusto Ribeiro Costa. Sie sagten öffentlich: »Wir halten das Dekret für verfassungswidrig. Außerdem hat sich der Justizminister einer schlechten Amtsführung schuldig gemacht. Weil er befreundeten Gouverneuren geraten hat, wie sie von dem Dekret Gebrauch machen sollten. Er hat sein Amt zum Nutzen seiner Freunde und Verbündeten mißbraucht.« Aber eine Amtszeit ist ja schnell vorüber. Also heißt es, die Zeit zu nutzen und abzuräumen, was absahnbar ist. Schon Ludwig XIV. erkannte: Die Kunst der Politik besteht darin, sich der Zeitumstände richtig zu bedienen. Parallel zu den Machenschaften wechselte Cardoso zum dritten Mal während seiner Amtsperiode den FUNAI-Präsidenten. Wer nicht spurte, wurde entlassen. Erwähnen muß ich in dem Zusammenhang immer wieder den Abgeordneten der Grünen im Europaparlament, Wolfgang Kreissl-Dörfler. Er erreichte, daß die Europäische Gemeinschaft geschlossen gegen das Dekret protestierte. Die Antwort Brasiliens: Die Europäer sollten sich erstmal ums Bosnienproblem kümmern, ehe sie sich ums andere Angelegenheiten kümmern. Bei solcher Argumentation fällt einem glatt der Hut von der Gabel. Sie zeigt aber auch, wie sicher sich diese Gauner sind.

Haben die Indianer selbst auch etwas getan?

Die Indianer Brasiliens blieben auch nicht passiv. 300 Vertreter verschiedener Indianervölker (CAPOIB) protestierten Ende März 1996 vor dem Justizministerium in Brasilien. Was Davi Kopenawa schon vorher beim Treffen der Yanomami-Chefs in Catrimani beschlossen hat, das verkündeten jetzt auch die Protestierenden vorm Justizministerium: »Wir werden bis zum Tode für unser Land kämpfen, und die Regierung wird die Verantwortung für jeden Tropfen vergossenen Blutes tragen müssen.« Mein eigener Beitrag gegen diesen Skandal war eine Demonstration Ende März 1996 vor dem Gebäude von Inter Nationes in der Kennedy-Allee in Bonn. Dort war gerade der brasilianische Justizminister Jobim zu Gesprächen mit deutschen Regierungsvertretern. Zusammen mit Freunden von der Gesellschaft für bedrohte Völker hatten wir eine Goldwäscher-Szene mit Urwald und Zerstörung und große Transparente gegen das Dekret aufgebaut.

Mit mäßiger Resonanz, oder?

Ja, die Medienresonanz war mäßig. Brasilien liegt eben weit weg. Erst wenn der Schaden in Europa fühlbar wird, dürfte sich das ändern. Die Katastrophe als Lehrmeister! Aber dann ist es vielleicht zu spät ...

Ich habe noch ein paar Fragen zu Ihrem Abenteuer-Alltag. Wie gehen Sie zum Beispiel mit Krankheiten um? Sie neigen ja rein körperlich mehr zum Übersehenwerden als zu einem Schwarzenegger?

Eine schwere Malaria hatte ich, und den Blinddarm ließ ich mir prophylaktisch rausnehmen. Auch Krampfadern habe ich mir rausrupfen lassen. Da drüben steht ein großes Glas. In Formalin liegen da alle Teile von mir, die mir abhanden kamen. Symbolisch schwimmt schon ein Plastik-Ohr drin, weil ich ja schwerhörig bin. Lesen kann ich auch nur noch mit Brille. Also, es wird immer voller, das Glas, und ich werde immer leerer.

Sie merken, daß Sie älter werden.

Die Gelenke machen mir Schwierigkeiten, vor allem im kalten Wasser. Früher bin ich in jedes Gewässer gegangen, habe gebadet, auch im Eiswasser. Das mache ich heute nicht mehr.

Wehrt sich Ihre Eitelkeit gegen die Frage: Herr Nehberg, wie alt sind Sie?

Nein. Diese Art von Eitelkeit ist mir fremd. Für mich ist Intensität das Wichtige am Leben, nichts anderes. Ich gehöre nicht zu denen die jünger scheinen wollen als sie sind. In der Jugend erwartete ich was vom Leben. Das Leben schien mir gegenüber in der Pflicht zu sein. Jetzt aber muß ich sagen: Jetzt erwarte ich nur noch etwas von mir. Und wenn ich nichts mehr von mir erwarte, dann werde ich tot sein, selbst dann, wenn ich noch leben sollte. Im übrigen: Wir fragen einander immer nur: Wie alt bist du? Sollten wir nicht vielmehr fragen: Bist du unterwegs?

Können Sie Schmerz aushalten?

In gewissem Grade. Was unterwegs mit geistiger Ablenkung gegen den Schmerz zu bewerkstelligen ist, schaffe ich. Aber Folter würde ich nicht durchstehen.

Sie haben was gegen christliche Nächstenliebe.

Nein, ich habe gesagt: Ich habe was gegen Abhängigkeit von ihr.

Aber diese Abhängigkeit kann passieren.

Das passiert bei mir nicht.

Wieso? Halten Sie sich für unverwüstlich?

Nein, aber mein Ende zum Beispiel, das werde ich bewußt erleben. Ich werde nicht angewiesen sein auf Mitleid. Ich besitze, Sie wissen ja, so ein Päckchen für den Selbstmord.

Sogar das Sterben noch als Abenteuer ...

Nein. Aber vielleicht der letzte Willensakt.

Wann kam denn bei Ihnen trotz großer Abenteuer die große Krise, die heftige Traurigkeit über das eigene Leben?

Als ich vierzig wurde. Nun bin ich über sechzig, und ich kann mit dem Gedanken an ein Ende ganz gut leben, weil es alle betrifft. Sogar den Papst erwischt es, diesen Burschen! Und zudem habe ich ein erfülltes Dasein. Das einzige, was ich eben nicht möchte: unter Qualen sterben, an Schläuchen hängen zu müssen.

Wie lange werden Sie denn noch auf Reisen gehen?

Diese Frage ist am leichtesten zu beantworten: solange es geht. Es versteht sich von selbst, daß man die Ziele tiefer hält, wenn eines Tages die Elastizität nachläßt. Ich muß halt lernen, die Langsamkeit zu verstehen und zu genießen. Daß ich allerdings besonders alt werde, glaube ich kaum. Glück läßt sich nicht verpflichten. Irgendwann läßt es sich nicht mehr strapazieren und versagt einem seine Gunst. Schließlich sind da noch die »Gesetze der Wahrscheinlichkeit«, die beachtet werden wollen. Laut Lebensversicherungstabelle hat ein Konditor 68 Jahre alt zu werden. Natürlich kann ich nicht sagen, wann nun meine Zeit abgelaufen sein wird. Nur eines scheint mir fast sicher: 68 Jahre schaffe ich nicht. Jedenfalls dann, wenn die alte Regel stimmt, daß der Mensch so stirbt, wie er gelebt hat. Die Lebensversicherung muß bei mir also schon vorher zahlen. Es ist übrigens auch die einzige Art Risiko-Versicherung, die ich habe. Kulanterweise hat man nie meine Normbeiträge erhöht.

Begründung?

»Weil Sie Ihre Versicherung schon vor vielen Jahren bei uns abgeschlossen haben und nicht im Hinblick auf diese Extremreisen.« Wirklich kulant.

Wo werden Sie sich denn beerdigen lassen?

Nirgends. Ich will kein Grab, ich will keine weinenden Menschen, keinen Blumenzwang.

Sie wollen kein Grab?

Ich will meiner Tochter und anderen nicht zumuten, sonntags, ausgerechnet dann, wenn sie eigentlich Mittagsschlaf halten wollen, zum Friedhof dackeln zu müssen. Grabpflege verpflichtet zu einer gewissen Ortsansässigkeit. Und ich will auch nicht, daß noch irgend jemand an meiner Beerdigung verdient. Soll man mit dem, was von mir übrigbleibt, ein paar lernwillige Medizinstudenten versorgen. Noch im Tode gibt es Chancen, sich nützlich zu machen und anderen nicht zur Last zu fallen: In meinem Personalausweis befindet sich die Karte der Universität, der ich meine Organe sozusagen vererbt habe.

Haben Sie Angst vorm Tod?

Die ist mit den Jahren gewichen. Die Natur hat das gut eingerichtet, daß die Gelassenheit steigt, während die Furcht, etwas zu versäumen auf dieser Welt, mehr und mehr abnimmt. Aber klar: Ungerecht ist der Tod dennoch. Eigentlich ist er eine Frechheit.

Wo werden Sie denn sterben?

Hoffentlich im Wald, im fernsten Wald. Dort erledigen Termiten an nur einem einzigen Tag alle notwendigen Aufräumungsarbeiten. Oder die Yanomamis essen mich.

Mann!

Wieder nicht, was Sie denken. Bei den Indianern aß ich Bananensuppe, vermengt mit der Asche der Toten. Das ist ein Zeichen der Liebe. So wird die Seele weitergegeben. Das Vorgefühl, auf diese Weise verspeist zu werden, gibt einem Sterbenden Frieden.

Wie verläuft denn eine solche Totenfeier bei den Yanomamis?

Mit kleinen hölzernen Schaufeln rühren die Frauen in dem dicken Brei. Der ist gelblich-weiß, und er duftet nach Frische und Leben. Bananenbrei. Ein Mann tritt hinzu. Er ist nackt. Aus einem ausgehöhlten Kürbis schüttet er ein dunkles Pulver in den Brei. Die Frauen rühren in stoischer Ruhe. Hinter den hölzernen Schaufeln bilden sich graue Kreise. Andere Kürbisse werden entleert. Der Brei ist dann aschgrau. Als uns die ersten Löffel gereicht wurden, schaute ich meine Kameraden an, deren Gesichter waren auch aschgrau. Was wir aßen, war eben diese Asche von Toten. Ich schaute in die Gesichter der Indianer. Mit Gier und Verzückung schaufelten die den Totenbrei in sich hinein. Der Häuptling schaute mich voller Erwartung an. Langsam führte ich den Löffel zum Mund. Mir wurde mulmig.

Knochen, auch gemahlene, sind Kalzium!

Na, Sie nun wieder! Obwohl Sie recht haben! Als ich den Brei kaue, knirscht es. Meine Zunge ertastete kleine Splitter. Ja, ist doch nur

Kalzium, redete ich mir wirklich ein. Und: Mein Körper braucht diese Stoffe, denn drei Monate lang gab es im Urwald kein Körnchen Salz. Aber es kostete mich ziemliche Überwindung. Der Häuptling schaute mich wohlwollend an. »Wenn du tot bist, dann esse ich deine Asche«, sagt er auch noch. Dieser Satz ist der höchste Vertrauensbeweis unter Yanomami-Indianern.

Sie haben geschrieben, so eine Totenfeier sei aber keine Veranstaltung in sich versunkener, trauriger Leute.

So ein Fest wird nach und nach lebhafter. Es wird Epéna gereicht. Epéna ist eine Droge des Urwalds, ein Pulver aus getrockneten Blättern, Lianen und Wurzeln. Es ist der Stoff, der die Indianer den Geistern näherbringt. »Nimm«, sagt der Indianer, »du wirst groß wie ein Riese, und du entschwebst zu den Göttern.« Ich nahm ein Prise, denn ich hatte gelesen, daß diese Droge nicht süchtig macht.

Und die Wirkung?

Ich blieb auf dem Boden. Wahrscheinlich arbeitete der Verstand gegen die Wirkung. Doch dann merkte auch ich etwas: Meine Turnschuhe hatten plötzlich hohe Absätze. Wie auf Stelzen lief ich über den Platz, stand über den Menschen, die um mich herum tanzten und sangen. Dann sah ich zwei Kinder, vielleicht sechs Jahre alt. Sie krümmten sich, als hätten sie Schmerzen. Auch sie standen unter Drogen. Ein großer Junge hatte sie ihnen durch ein langes Rohr in die Nasen geblasen. »Warum?« fragte ich den Jungen. »Auch sie sollen das Hochgefühl kennenlernen«, sagt er. Die Kleinen lagen flach auf dem Boden und sahen ziemlich gequält aus.

Mögen Sie eigentlich Kinder?

Wir Erwachsenen leben oft vom Schein, von falschen Vorstellungen über den Menschen. Da helfen Kinder sehr: Sie haben immer wieder diese Augenblicke der Wahrheit, und diese Wahrheit, finde ich, ist leicht zugänglich. Wenn man Kinder kennengelernt hat, die schneller als die Ratten sein müssen, um sich etwas Nahrung zu besorgen; oder Kinder in Bergwerken, die mit blutigen Händen schuften – und wenn man dann hier hört, daß sich ein Sechsjähriger unbedingt adidas-Turnschuhe wünscht, dann kann man schon ins Grübeln kommen über unsere Maßstäbe.

Was haben Sie Ihrer Tochter mit auf den Lebensweg gegeben?

Daß sie sich nicht unterbuttern lassen soll. Sie soll zu dem stehen, was sie für richtig hält, und sie soll keine Angst vor Einsamkeiten haben. Geradlinigkeit halte ich für eine wichtige Eigenschaft. Ich habe ihr jedenfalls nie die Frage gestellt, ob sie meinen Laden mal übernehmen würde.

Waren Sie denn ein guter Vater?

Nein, ich habe mir zu wenig Zeit genommen. Ich weiß noch, sie wollte wie ich immer Abenteuer erleben, und als sie zwölf Jahre alt war, kam ich auf die Idee, sie in Madrid auszusetzen, sie sollte sich allein bis nach Hause durchschlagen.

Herr Nehberg, das ist geschmacklos!

Wieso denn, ich hätte mich verkleidet und sie verfolgt, ich hätte das schon überwacht. Aber meine Frau legte ein entschiedenes Veto ein, wir ließen diesen Versuch. Wenigstens machten wir zusammen eine Radtour nach Schweden, meine Tochter war ABBA-Fan, und sie wollte unbedingt auch dorthin, wo die wohnen. Nirgends trieben wir die Adresse auf, nicht mal vor Ort. Schließlich fanden wir einen Taxifahrer, an den trat meine Tochter heran, holte eine kleine Münze heraus und fragte den Chauffeur, ob der Betrag reichen würde, um zu Björn von den ABBAs zu kommen. Das klang, als wisse sie, wo der wohnt, aber eben nur nicht, wieviel die Taxifahrt kostet. Ich hielt mich abseits, mir kam die Sache blöd vor, ich schämte mich ein bißchen -jedenfalls griff der Fahrer aus dem Fenster, schloß meiner Tochter liebevoll die Hand und wies über eine Wiese, der Star wohnte ganz in der Nähe. Björn war zu Hause, meine Tochter durfte Fotos machen, er spielte auf dem Klavier – und später ist sie nochmal mit einer Freundin hin. Sie kauften sich eine Harke und fegten im Garten das Laub zusammen, bis die ABBAs kamen, verwundert dreinschauten und die Mädchen zum Kaffee einluden.

Das sind ja Tricks à la Rüdiger Nehberg. Die geborene Schauspielerin.

Ja, sie ist sogar Schauspielerin geworden. Früher, zu Anfang, fehlte ihr der Trick, wie man zu einer Rolle kommt. Aber jetzt läuft es ganz gut.

Was gaben Sie denn Ihrer Tochter mit, wenn sie selbst auf Fahrradtouren ging?

Ein Notamulett für die größte Patsche, da steckte ich einen Hundert-Dollar-Schein und eine »Stimmungspille« in ein ledernes Röhrchen sowie einen sehr lieben Brief und Minifotos der besten Freunde.

Herr Nehberg, welches war denn Ihre letzte Überlebensaktion inmitten der Zivilisation?

Dänemark. Vor langer Zeit ein stinknormaler Urlaub. Überlebt habe ich das nur, weil ich nebenbei an einem neuen Buch arbeitete.

So, nun sind wir ja nicht im Urwald, wir sind hier bei Hamburg, in nieseligem Europa, ein gewöhnlicher Tag im Zeitalter der genormten Eurogurke. Nicht sehr aufregend. Nennen Sie doch mal ein paar Überlebenstips für diesen stinklangweiligen Alltag. Was macht ein Survivor?

Er kauft nichts an der Wohnungstür. Er sitzt weder vorn noch hinten in der Eisenbahn, weil diese Zonen bei Zusammenstößen die gefährdetsten sind. Er gafft bei Verkehrsunfällen nicht untätig und versperrt den Helfern den Weg, sondern hilft helfen. Er fährt mit seinem Wagen in den rush-hours nicht durch die verstopften Hauptstraßen, sondern schleust sich durch Nebenstraßen. Er kauft den Schneeschieber nicht erst, wenn es schneit, und die neuen Schnürsenkel, wenn die alten gerissen sind. Er weiß, wo die Taschenlampe liegt, wenn der Strom ausfällt. Er hat seine Kinder ehrlich und verständlich aufgeklärt. Seine Wohnung hat eine deutlich sichtbare Hausnummer für Unfallwagen und Feuerwehr. Er hat immer drei Notgroschen fürs Telefon und eine Anschrift in der Tasche. – So, darf jetzt ich Ihnen eine Frage stellen: Reisen Sie eigentlich gern?

Eigentlich nicht so sehr, wenn ich mir Sie zum Maßstab nehmen würde.

Und sicher haben die Nichtreiser ebenso ihre Philosophen wie die Abenteurer.

Die erste Anmerkung in Immanuel Kants »Anthropologie in pragmatischer Hinsicht« ist das Evangelium aller leidenschaftlichen Daheimbleiber. Eine Stadt wie Königsberg »kann schon für einen schicklichen Platz zur Erweiterung sowohl der Menschenkenntnis als auch der Weltkenntnis genommen werden, wo diese, auch ohne zu reisen, erworben werden kann«: In dieser kleingedruckten Fußnote wird die Ortsfestigkeit hochgelobt und großgeschrieben. Später im Text heißt es im

Kapitel »Der Wechsel«, daß die Vielreisenden von ihrer sinnlosen Herumzieherei die »Atonie«, ein ärgeres Leiden als die Monotonie, bekommen. So bringt der ausgeprägte Stubenhocker den Pathologieverdacht auf die Ruhelosen. Die Mobilitätspartei hat sich inzwischen längst gerächt, den Königsberger psychiatriert und jede Menge Phobien und Neurosen, wenn nicht eine Psychose diagnostiziert.

Kant muß krank gewesen sein, sagen sie.

Was von einem, der gestorben ist, kein Kunststück ist. Die Gedanken sind frei, und so erinnere ich im Gegenzug daran, daß der Dichter Erich Fried über den jetzigen Papst, den sogenannten Eiligen Vater, geschrieben hat: Der Papst muß krank sein. Aber definiert sich der Mensch ohnehin nur als das leidende Mängelwesen? Er ist krank, ob ihn nun das Reisefieber ergriffen hat oder ob er jede Ortsveränderung krankhaft vermeidet.

Fragt sich nur, wer der Glücklichere ist.

Für Sie natürlich der Reisende.

Man begegnet immer öfter Menschen, besonders in Asien, die alles zurücklassen, sie haben nur ein paar tausend Mark und leben monatelang davon. Indem man sich fremden Ländern ganz ausliefert, kommt man zu einer essentiellen Erfahrung über das Leben der anderen und damit auch über das eigene. Das Reisen ist eine Lernschule, eine eigene Erziehung.

Der Glücklichere ist in meinen Augen der, der nicht reisen muß, sondern daheimbleiben darf. Was meine Hochachtung für Leute wie Sie nicht im Geringsten mindert. Abenteurer sind notwendig.

Der moderne Abenteurer ist ein Kind unserer Zeit. Genau genommen eine Dekadenzerscheinung.

Eine Dekadenzerscheinung?

Nachdem alle wesentlichen Bedürfnisse unseres Lebens befriedigt sind – wir haben zu essen, ein Haus, ein Auto –, ist das Abenteuer eine Möglichkeit, sich auszudrücken. Darüber haben wir uns jetzt stundenlang unterhalten.

Einige Clevere haben das durchschaut und soweit organisiert, daß sich diese Spiele selbst tragen.

Das Abenteuer kann den Abenteurer ernähren, ja.

Es geht ja auch nicht kurzschlüssig darum, daß man nun die gleichen Reisen unternimmt wie Sie. Wichtig ist nur, was das Beispiel an kritischem Bewußtsein auslöst: Wir leben in einer Nonstopgesellschaft, deren Programm die Entrhythmisierung ist, die Enteignung von Zeit und das Außerkraftsetzen der ökologischen Zeitparameter. Durch Automatisierung, Tag- und Nachtarbeit, Computer und schnelle, weltumspannende Verkehrs- und Kommunikationssysteme hat sich der Mensch in die Zwangsmühle eines 24-Stunden-Takts begeben, dem er physisch und psychisch gar nicht gewachsen ist.

Ich finde, man muß alles propagieren, was dem Menschen hilft, sich dem zu entziehen. Das Fazit unseres Gesprächs kommt seinem Ausgangspunkt sehr nahe. Heute ist es ja so, daß sogar Pausen als unrentable Zeiten gelten, denen der Kampf angesagt werden muß. So werden Arbeitszeitgesetze flexibilisiert, die noch mehr gesundheitsschädigende Nachtarbeit ermöglichen; Ladenschlußzeiten dereguliert, um das Einkaufen rund um die Uhr zu fördern; Mobilitätsoptionen erweitert, die das Weekend-Shopping quer durch alle Zeitzonen propagieren. Fernsehprogramme laufen rund um die Uhr, der Bancomat ist jederzeit erreichbar, der Straßenverkehr in Großstädten ebbt nicht ab, Jahreszeiten sind in den Obst- und Gemüseständen kaum noch erkennbar, im Fast-food-Restaurant kann man essen, wann man will. Dazu gibt es folgende Geschichte: Ein Zen-Meister wird nach dem Weg zu wahrer Meisterschaft gefragt. Er antwortet: Wenn ich stehe, stehe ich, wenn ich gehe, gehe ich, wenn ich sitze, sitze ich. Das tun wir auch, unterbrechen ihn die Fragesteller. Nein, sagt der Meister, wenn ihr sitzt, dann steht ihr schon wieder, wenn ihr steht, dann lauft ihr schon, und wenn ihr lauft, dann seid ihr schon am Ziel.

Die Verwandlung aller Zeit in disponible Zeit für die kapitale Verwertung zerstört die soziale Bedeutung der Freizeit; zerstört wird der »Gezeitenwechsel« von Ruhe und Aktivität, Spannung und Entspannung. Kürzlich las ich von einer Ausstellung im Amsterdamer Stedelijk-Museum; sie zeigte Chillout-Rooms. Chillout wird in der Szene einerseits die Zeit nach einem Rave genannt, also die Zeit, um sich auszuruhen und abzukühlen, andererseits die Phase des Ausklingens einer Drogenwirkung. Schillum steht als Begriff für die Pause nach den Exerzitien. Die Stimmung sei nachher, so die Beteiligten, sehr friedlich. Man ist beisammen, mehr nicht. Solche Chillout-Räume sind die Kathedralen der Neuzeit. Innerhalb weniger Wochen wurden diese Räume in dem Amsterdamer Museum zu einem Treffpunkt der Geschäftsleute der umliegenden Viertel, die sich mit ihren Eßpaketen in einem Raum kompletter Dunkelheit niederließen, dort schweigend saßen und aßen – um danach wieder in die Hektik des Arbeitstages zurückzukehren. Diese Nonstop-Beschleunigten und Dauer-Mobilisierten, diese Putzmunteren und Aufgeputschten.

Die genossen die Schutzlosigkeit der Erschöpfung. Wenn der fehlgeleitete Erlebnishunger dieser Leistungsbewußten gesättigt und ihr

Wille nach Mehr befriedigt ist, vielleicht kann dann wieder Gelassenheit entstehen – Gelassenheit als sinnliche Offenheit für die Welt und die Vielfalt ihrer Rhythmen, jenseits des gesellschaftlichen Taktschlages und des Selbstzwanges.

Freizeit als natürlichster Gegensatz von Freiheit, so der Schriftsteller Werner Schneyder, ist die tragische Bilanz des Jahrhundertendes, und er fragt: Wie kann der Mensch die echte Freizeit nützen? Antwort: Wenn ihm nichts einfällt, macht er Urlaub. Das heißt, er nimmt Streß auf sich, für den er nichts bekommt, der nicht einmal kostenneutral ist, sondern nur teuer. Nun gäbe es streßfreien, idyllischen Urlaub. Jeder Städter hätte nicht allzuweit in ein Dorf, mit Hauptplatz, Brunnen, einer Kirche mit einem bemerkenswerten Seitenaltar, zwei ausgezeichneten, miteinander rivalisierenden Gasthäusern mit Gärten, Wanderwegen in der Umgebung, gepflegten Tennisplätzen, einem großdimensionierten Schwimmbad. Dort könnte der von der Lohnarbeit Zerrüttete die Seele baumeln lassen. Aber nein! Eine mit der Massenidiotie geschickt spielende Fernwehwerbung verkauft ihm »Ferienarrangements«. Deren erstes Verbrechen ist die terminierte Rückreise. Man kann den Urlaub im Falle des Gefallens selten verlängern, man kann ihn aber schon gar nicht verkürzen, abbrechen, es sei denn, man schmisse Geld weg. So also zwängen sich durch Freizeitkleidung entstellte Menschen in Flughäfen, lassen sich von Chartergesellschaften abschleppen, deren Personal sie im günstigsten Falle nicht anspuckt, kommen wo an, werden eingewiesen und machen dann »Urlaub«. Zwölf Stunden fliegen Menschen, eingepfercht und mißhandelt, um sich an Stränden grillen und mit Kaufhauskettennahrung ernähren zu lassen. Schneyder weiter: Im Zuge dessen käme es zu einer Freizeitzerstörung, zu einer Freizeitzwangsarbeit. Man nennt das »Animation«. Man wird aufgefordert, bei irgendwas »mitzumachen«. Man muß ja nicht, könnte der Verteidiger des Pauschalarrangements sagen. Er weiß eben nichts von gruppendynamischen Zwängen. Wagen wir einen Ausblick, wagen wir das Erdenken einer neuen (Freizeit)-Gesellschaft, dann werden an den Stränden der veralgten Adria, des verseuchten Thailand, der zugebauten Algarve dereinst endlose Ketten von Hotelruinen verwittern, denen der Charme mittelalterlicher Burgen allerdings gänzlich fehlen wird.

Und dann noch die Trimmgeräte-Industrie. Diese Geräte lassen den Bauch verschwinden, vergrößern den Brustumfang, verbessern die Kondition, verringern das Gewicht. Alle Übungen sind gut und sinnvoll. Es ist nur das eine: Sie sind ohne diese Geräte ebenso gut durchzuführen. Aber das ließe sich nicht so gut verkaufen.

Was ist Camping in Ihren Augen?

Der schnellste Weg aus dem Bett zum Blick in den Himmel.

Der moderne Mensch erfreut sich nicht am satten Gefühl, ausgefüllt zu leben. Er leidet an einer inneren Leere, an schwer erfüllbaren Bedürfnissen. Er leidet an dem Bedürfnis zu verdienen, das nicht immer ergänzt wird durch die Möglichkeit zu arbeiten. Er leidet an dem Bedürfnis, seine Meinung zu sagen, was er zwar darf, was aber dennoch schwierig ist, wenn er keine hat. Er leidet an dem Bedürfnis zu reden und an der Abwesenheit von Zuhörern. Redner gibt es genug in dieser Gesellschaft, aber es fehlt an Zuhörern. Junge Leute wollen Claims abstecken, Pflöcke einschlagen in einer verwalteten Welt – auch dort, wo schon andere sitzen.

Es gibt ein geflügeltes Wort, darin heißt es von einem, daß er, wenn Gott ihm die Wahl zwischen der Kenntnis aller Wahrheit und dem Trieb nach Wahrheit unter der Bedingung ständigen Irrtums lasse, er sich für die zweite Alternative entscheiden werde.

Genau genommen ergibt Abenteuer keinen Sinn. Es ist risikoreich, nutzlos, oft enttäuschend – und doch unendlich faszinierend. Wetter und Natur unmittelbar ausgesetzt, in einer Umgebung der Urtümlichkeit, das ist der verlockende Gegensatz zum zivilisierten Alltag. Aus einer Mischung von Furcht und Neugierde fühle ich mich unwiderstehlich vom Abenteuer angezogen. Man wird Gefangener der eigenen Ideen. Das ist ein Zustand höchster Spannung, je näher das Vorhaben im Bereich persönlicher Leistungsgrenzen liegt. Unwichtig ist, wie schwierig eine geplante Tour objektiv ist. Nur der persönliche Maßstab zählt, die Frage, wie nahe man voraussichtlich an die eigenen Grenzen vordringen kann. Wenn Erfolg und Mißerfolg ganz dicht beieinander liegen, verlockt die Hoffnung auf das intensive und gleichzeitig erlösende Glücksgefühl dazu, alles, oder fast alles, in die Waagschale zu werfen.

Die Welt der Abenteuer ist übersichtlich. Das Leben sonst ist komplexer, Ziele sind meistens nicht so eindeutig zu definieren, alles ist miteinander verknüpft, Erfolg und Mißerfolg sind normalerweise nur relativ und je nach Interpretation und Gewichtung Beurteiler. Allerdings scheuen viele Menschen instinktiv, sich auf eine Situation einzulassen, die dann nach einem enormen Einsatz knallhart bilanziert wird.

Natürlich zum Schluß, Rüdiger Nehberg, die Frage, wohin es als nächstes gehen wird. Wann heißt es wieder: Raus aus Rausdorf?

Eine weitere Yanomami-Expedition ist auf jeden Fall geplant. Jetzt hat die Regierung versucht, das Reservat der Indianer aufzulösen – da es im Grenzgebiet liegt. Wir werden uns einfliegen lassen, vielleicht sogar mit Fallschirm landen, getarnt als Malariahelfer, im Rücken der Goldgräber. Denn noch ist uns die offizielle Einreise verboten. Ich muß mit wenig Gepäck gehen, nur zwei kleine Kameras und mein Survival-Gürtel. Und meine Australien-Karre würde ich am liebsten auch wieder mitnehmen, sie hat mir so gute Dienste geleistet, ein geradezu maßgeschneidertes Gerät – es gereicht eben zum Vorteil, wenn der Nachbar Metallarbeiter ist. Aber das Ganze wird noch eine Weile dauern, wegen der notwendigen präzisen Vorbereitungen. Im Sommer 1998 werde ich wohl erstmal nach Botswana fahren. Der Busch in Australien hat mir gut gefallen, nur zu tierlos war er mir. Das ist in Botswana, wo auch Busch ist, anders. Dort, wo ich hin will, werden Buschleute umgesiedelt, wegen eines Naturschutzgebietes. Das möchte ich recherchieren.

Was ist an einem Abenteuer nicht erlernbar, was bleibt unbeherrschbar?

Am schlimmsten und vielleicht auch am gefährlichsten sind die Wechsel von Depression und Euphorie. Das ist die größte Belastung des seelischen Haushaltes. Da läßt sich nichts vorausberechnen.

Entsteht Humor aus Resignation?

Nein, aus Liebe oder aus Distanz.

Verhindert sich im Alter der Humor?

Er wird stärker, weil man selbst immer lustiger wird. Mit zunehmendem Alter wird man immer mehr zur Komödie. Man wird weniger verbissen.

Gibt es etwas in Ihrem Leben, das Sie bereuen?

Ich bereue, daß ich nicht eher mit meinen Abenteuern begonnen und mich erst auf diesen harten Pfennigkampf in der Bäckerei eingelassen habe. Ich hatte früh den Ehrgeiz, etwas ganz anderes zu machen. Aber meine Verschuldung verzögerte den Weg in die mir gemäße Freiheit.

Was ist für Sie Schönheit?

Schönheit ist vor allem Selbstbewußtsein, ein gesundes Bekenntnis zum eigenen Ich.

Rüdiger Nehberg, Danke!

Seiten 186/187: Christina Haverkamp bei den Yanomamis
Seiten 192/193: Nehberg & Haverkamp: Yanomami-Impressionen

DIE BALANCE VON TRAUM UND LEBEN

Aus Briefen an Rüdiger Nehberg

»Diese Briefe, die ich bekomme, Tag für Tag und in beträchtlicher Menge, sind für mich Teil meiner Tätigkeit. Es kommen lustige, traurige, gedankenreiche Briefe; die Menschen erzählen von sich, von ihren Sorgen und Wünschen, von ihren Plänen – und mit Kritik oder Zweifel an dem, was ich so treibe, wird auch nicht gespart. Manchmal erschrickt mich das Vertrauen, das mir entgegengebracht wird. Denn es ist ein seltsames Gefühl, in fremdes Leben einbezogen zu werden.«

Rüdiger Nehberg

Dezember 1992

Ich bin 17 Jahre alt, und ich finde es empörend und unmenschlich, wie das letzte Naturvolk auf dieser wunderbaren Erde, die es uns ermöglicht zu leben, ausgerottet wird. Ja, ausgerottet wird. Der Mensch ist intelligent? Ach was! Wir sind das Dümmste, was es überhaupt gibt. Schließlich haben wir es ja schon so weit gebracht, Tausende von Menschen mit einer einzigen Bombe zu töten. Das ökologische System wäre ohne uns besser dran. Aber was können ein paar Möchtegern-Weltverbesserer schon an der gegenwärtigen Situation ändern! Ich bin ziemlich traurig.

Mal was Persönliches: Ich habe es satt, mich nur an einem Fleck, in einer Gegend zu bewegen, nur den blöden, von Autos verpesteten Alltag zu »genießen«. Naja, und da sind dann noch meine Eltern. Sie wollen immer mehr Geld, um ihr Vermögen zu erweitern, dabei leben wir echt schon mehr als luxuriös. In der Schule werde ich eh schon als »Bonze« bezeichnet, und ich hasse das einfach! Dazu kommt noch, daß ich einen Stiefvater habe, der meine Mutter angesteckt hat, daß das Kind (also ich) nur mit Schlägen aufwachsen kann, nur weil dieses Kind ab und zu mal »Scheiße« baut. Ich sage das in dem Brief ganz offen, denn ich finde Dich echt sympathisch.

Knoten machen, Fallen stellen, Wassergewinnung, Unterkünfte für die Nacht bauen, ohne ein Zelt dabei zu haben, kochen, klettern, fischen und konservieren kann ich übrigens selbst auch schon, jedenfalls teilweise. Ich habe mir fest vorgenommen, von zu Hause wegzugehen, wenn ich meine drei Lehrjahre als Hotelfachmann hinter mir habe.

N. A. aus Bauern

*

September 1992

Sehr geehrter Herr Nehberg,
die moralische Untermauerung des Abenteuerurlaubs Ihrer 500-Jahr-Völkermordstour hat mich nachdenklich gestimmt und mich zu einem Leserbrief an eine Zeitung veranlaßt, den ich Ihnen natürlich nicht vorenthalten will.

»Zum Thema: Ihre Redaktion berichtet über die *Abenteuer* von Herrn Nehberg und Frau Haverkamp, die mit einem Boot 8000 Kilometer zurücklegten. So weit, so gut. Zwei Menschen beschließen einmal in ihrem Leben, etwas Außergewöhnliches zu machen, ein Abenteuer zu bestehen, vielleicht ins Guinness-Buch der Rekorde aufgenommen zu werden, sie bauen ein Floß, rufen die Presse an und sagen: Schaut her, hier sind wir!

Aber da fehlt noch etwas, denn schließlich könnte man sich fragen, wen interessiert schon, ob ich am Wochenende zum Free-Climbing in die Alpen fahre, einen Segeltörn durch die Karibik mache und dabei mein Leben riskiere?

Keinen! Gut, dann fehlt einfach ein Motto.

Gegen die Vernichtung der Wale! (Nicht schlecht, aber nicht spektakulär genug.)

Gegen die Wohnungsnot in der Bundesrepublik! (Fehlt vielleicht etwas der Bezug, also auch verworfen.)

Gegen die Unterdrückung der Frauen! (Sehr gut, aber das war schon das Motto der letzten Fahrt.)

Gegen den Angriff der Japaner auf Pearl Harbour! (Nein, zu lange her.)

Stop ... Japaner, Amerikaner, Indianer ... das ist es! 500 Jahre, daraus läßt sich doch schnell ein Motto basteln: 500 Jahre brutale Folter der Indianer am Totempfahl sind genug! Schlecht. Mag zwar stimmen, paßt aber nicht ins Weltbild.

Also: 500 Jahre Völkermord!

Das Motto stimmt, die Urlaubsreise hat einen höheren Sinn, die Segel sind gespannt, das Fünf-Personen-Beiboot ist aufgetankt. Die Presse stimmt auch, es kann losgehen auf die brutale *500-Jahre Völkermordstour.*

Aber nun Spaß beiseite, stimmt denn das wirklich? Verherrlichen wir da nicht etwas, romantisch verklärt wie zu Zeiten Rousseaus, als schon einmal der *Wilde* als der allein gute Mensch gepriesen wurde? Mich stimmt diese Betrachtungsweise nachdenklich, sie ist einfach zu naiv und erhebt den moralischen Anspruch, im Recht zu sein; dies macht diesen Standpunkt unangreifbar, er wird tabuisiert. Meine Fragen zu den Indianern: Waren es wirklich Heilige, war der weiße Mann wirklich der Böse? Was ist mit den bestialischen Foltermethoden der Indianer? Sind die Totempfähle eine Erfindung des weißen Mannes, oder gab es sie wirklich, und dies lange vor ihm? Viele offene Fragen. Sie berichten in Ihrem Artikel über einen Häuptling, der *das Land beansprucht, auf dem die US-amerikanische Hauptstadt gebaut ist.* Meine Frage: Ist dieser Häuptling ein Immobilienspekulant oder ein Spinner, der den Anspruch auf den Besitz und die Wohnung von zwölf Millionen Menschen erhebt? Wären dies zwölf Millionen Amerikaner, die in der Bundesrepublik Asyl suchen dürften? Würde dieser Häuptling zwölf Millionen Menschen vertreiben? Wieso berichten Sie eigentlich über so einen Unsinn, wieso stellen Sie keine kritischen Fragen, hinterfragen nicht die Dinge; fehlt Ihnen die Zeit dazu?

Wer sagt uns denn, daß die Indianer, wenn ihnen heute zum Beispiel New York gehören würde, nicht fürchterliche Greueltaten an anderen Völkern begehen würden, an den Juden, den Polen, den Asiaten, den Deutschen, den Iren, den Spaniern; ich denke wieder nur an den schönen Brauch, Gefangene am Pfahl zu foltern.

Ein kleiner Vergleich mit einem anderen Land, mit dem Iran. Ich war bei den Demonstrationen in den Siebzigern dabei, als es hieß: *Raus mit dem Schah!, Schluß mit der westlichen Überfremdung des Iran durch den Westen!* Was war das Ergebnis: Rückfall ins Mittelalter. Menschlichkeit, Menschenleben spielten seitdem keine Rolle mehr in diesem Land. Unsere westlichen Werte wie Menschlichkeit galten nicht mehr. Was hat die Linke daraus gelernt? Ich glaube, nichts. Noch immer fahren Menschen durch die Welt und idealisieren andere Kulturen, andere Völker.

Vielleicht sollten Frau Haverkamp und Herr Nehberg einmal die Elbe befahren unter dem Motto *40 Jahre Demokratie und Wohlstand in der Bundesrepublik finden wir gut;* aber dazu fehlt den beiden die menschliche Größe und der Weitblick. Außerdem bestünde die Gefahr, daß die beiden einen alten Hunnenhäuptling finden würden, der Anspruch auf halb Europa erheben würde – nicht auszumalen, welche Konsequenzen dies haben könnte, also lieber nicht.

Und nun zu mir, ich möchte auch einmal in meinem Leben auf etwas aufmerksam machen, Betroffenheit wecken, Sie alle aufrütteln, nicht tatenlos zuzuschauen, wie Unrecht geschieht; deshalb habe ich mir vorgenommen, vor Ihrem Verlagsgebäude 30 Liegestütze zu machen, unter dem Motto: *Gegen die Unterdrückung des Tibetanischen Tippelbruders.*

Ob es den gibt, fragen Sie? Weiß ich nicht, aber schaden kann es doch nicht, oder?«

C. P. aus Hamburg

*

Februar 1992

Es ist unzweifelhaft so: Sie leben die Träume, die unsereins als junger Bursche mit Jack London träumte. Ich bin in der DDR durch das mir damals zugängliche Europa getrampt, ich wollte zur See fahren, was ich nicht durfte, ich bin mit dem Fallschirm gesprungen und war beim Bungee Jumping – aber irgendwie stand immer ein Schreibtisch dazwischen und das Bedürfnis nach einem »bürgerlichen« Erfolg, das mich zum Journalisten machte. Das ist wohl auch das Geheimnis Ihres Erfolges: Sie tun, wovon wir nur träumen.

Henry G., Erfurt

*

Juli 1991

Lieber Herr Nehberg,

vielleicht werden Sie sagen, puh, ein Brief aus dem Osten! Aber ich muß Ihnen schreiben, im Namen meines Mannes und meiner drei Kinder. Was uns an diversen Wessis hier begegnet, läßt einen schier verzweifeln – weißes Hemd, Bindfaden drum, und dann dieses kluge Gerede. Ich las einige Tage lang Ihre »Letzte Jagd«, und von da an lief zu Hause nicht viel. Ich war begeistert, aber irgendwie lähmte diese Begeisterung auch. Da wir nicht zu den Halleluja-Schreiern über diese Wohlstandsgesellschaft gehören, ließ mich Ihr Buch nicht wieder los. Verhätschelte Europäer sind die meisten auch schon hier; da werden Kinder mit dem Auto zur Schule gefahren oder auf einem Zehn-Minuten-Weg zum Kindergarten, oder man benutzt den »Wagen« für 500 Meter in die Kaufhalle. Das Ganze nennt sich dann: Jetzt holen wir nach, was uns 40 Jahre lang gefehlt hat.

Unsere drei Kinder und wir zwei Erwachsenen haben andere Vorstellungen vom Leben. In zwanzig Jahren wollen wir auch noch Luft und Natur haben und nicht nur irgendwelche Biosphären-Reservate. Muß aber nicht auch Deutschland mit seiner »Währmacht« endlich begreifen, daß anders gelebt werden muß? Was soll diese ganze Werbung, die Reklame, alles Grelle und Aufdringliche, das zum Kaufen anreizen will? Diese Energieverschwendung! Da wird im Ruhrgebiet ein Betrieb geschlossen – und in Mexiko wieder aufgebaut, nur, weil's dort billiger ist. Wir Menschen sind am Ende. Die Worte »Seele« und »Liebe« gelten nur noch in kleinen, engen, persönlichen Bereichen; so vieles aber im größeren Maßstab ist lieblos und seelenlos. Vor einigen Tagen wurde der Goldene Benzintropfen für ein neues, in Eisenach gebautes Auto vergeben. Wahnsinn! Kürzlich las ich von einer Frau, die mit ihrem 16jährigen drogenabhängigen Sohn zum Psychologen geht. Auf die Frage nach dem Vater antwortet diese Mutter: »Mein Mann muß viel arbeiten.« Und, gleichsam als Beweis fügt sie hinzu, er habe schon seinen ersten Herzinfarkt! Da dreht sich uns die Galle um! Ich könnte mir nicht vorstellen, daß unsere beiden Ältesten und unser Vati plötzlich auf den Musizierkreis, auf Flöte- und Posaunespiel, verzichten. Oder daß wir keine Arbeitseinsätze zur Rettung der Sächsischen Schweiz mehr machen; und nebenbei klettern wir ein wenig. Der Sinn des Lebens kann doch nur sein, der eigenen Selbstzerstörung als Gattung entgegenzuwirken. Es darf doch nie so weit kommen, daß das passiert, was mal die Dichterin Eva Strittmatter über die Kinder geschrieben hat: »Wir unterwerfen sie der Dressur/ Und bequemen sie den Verhältnissen an./ Manchmal erschreckt uns ihre Natur:/ Die Unschuld, der man nicht antworten kann ...«

E. M. aus Berlin-Friedrichshain

*

Mai 1993

Ich kannte Dich von Deinem Engagement für die Yanomami, da ich damals selbst in einer Jugend-Naturschutzorganisation tätig war. Ja, ich hatte zwar meine Naturschutzarbeit – aber ich war eben doch ein

Kind dieser Gesellschaft. Gegen Ende meiner Schulzeit erfüllte mich diese No-Future-Weltsicht, und da war ein enormer Haufen an Desinteresse für Berufe jeder Art.

So faßte meine Mutter den Entschluß: »Der Junge wird Schlosser!« Unser Nachbar, hohes Tier bei einer Maschinenbaufirma, ließ seine Beziehungen spielen, und ehe ich mich versah, stand ich in einer stinkenden Fabrik mit einer Feile in der Hand und hobelte auf einem Stück Eisen herum. Dazu kam noch, es war Winter, die Tage waren kurz, will sagen: Ich fuhr im Dunklen zur Arbeit und kam im Dunklen wieder zu Hause an.

Ich wußte überhaupt nicht mehr, ob ich noch lebe. So saß ich in meiner Bude und las mich von »No future« über »Pro future« bis zu »Oh future« durch.

Zum Glück besaß ich die Gabe, mich kritisch zu hinterfragen. Mit einem Male, es war Pfingsten, brach ich ab! Das ist jetzt so ziemlich genau zwei Jahre her. Meine Mutter geriet nahe an den Rand des Herzinfarkts.

Ich mache nun seit etwa anderthalb Jahren eine Berufsausbildung zum Artisten, mit den Schwerpunkten Jonglieren, Akrobatik und Tanz. Leider ist es ein zeitaufwendiger Beruf, so daß meine Naturschutzarbeit größtenteils auf Eis liegt. Aber auch die Tatsache, daß ich eine eigene Wohnung habe, ist mir sehr wichtig. Ich mußte von Köln nach Berlin umziehen, um die Schule zu besuchen. Auf eigenen Füßen zu stehen, ist sehr lehrreich. Das war das Dominierende, was mit mir passiert ist, seit ich Dein Survival-Programm las. Vielleicht ist das so ähnlich, wie wenn jemand in jungen Jahren Marx liest und sich zum Marxisten entwickelt (mein Gott, ich weiß natürlich, daß das nicht zu vergleichen ist!).

Von einer Begegnung will ich noch erzählen: Mit Robin Wood Köln besetzte ich letztes Jahr am Flughafen Köln ein Stück Wald, welches der Flughafen zu Ausbauzwecken roden wollte. Insgesamt lebte unser Protestlager mehr oder weniger gut von meinem/Deinem Wissen. So baute ich Donnerbalken, Wasser- und Waschstelle, und gerüstet mit meinen/Deinen Klettererfahrungen legte ich in sieben Meter Höhe ein Netz von Seilbrücken zwischen den Bäumen an. An einem Baum konnte man über eine Strickleiter in die Höhe kommen. Idee war es, daß im Falle einer Polizeiräumung einige die Leiter hochgehen, sie einholen und die Polizei so mit Klettern beschäftigen – bis über Telefonketten Demonstranten und Reporter aus den umliegenden Dörfern und aus Köln eintreffen würden. Um das Waldstück herum, wo wir auch bei frostigstem Frost zelteten, hatte ich in ausreichender Entfernung die Mausefalle-Alarmanlagen aus Deinem Buch installiert. Sollten wir doch nicht durch unsere Spitzel von dem bevorstehenden Polizeieinsatz informiert werden und bei Eintreffen noch im Schlafsack schlummern, so würden uns die Ordnungshüter eben selber wecken. Leider hatte ich die Konstruktionen auf die Schnelle gemacht, und sie stellten sich als zu empfindlich heraus. Zweimal geschah es, daß sich die Fallen nachts selber auslösten oder durch Insekten losknallten und unsere gesamte Gruppe plötzlich auf den Beinen war, weil eine Invasion befürchtet wurde.

Die Rodung konnten wir vorerst verhindern. So daß die Seilkonstruktion nicht gebraucht wurde. Leider fing im letzten Winter das gleiche Dilemma wieder an. Ich selber war nur als Besucher über Silvester dort. Als im Februar dann die Polizei anrollte, wurde der Wald grün wie nie: Die 35 Besetzer aus dem Lager sahen sich innerhalb weniger Minuten 600 Polizisten gegenüber. Darunter auch eine Antiterror-Einheit!!

Danach wurde der Wald tot wie nie. Die Bäume sind gefällt. Ich schreibe Dir das, weil eben die Beschäftigung mit Deinen Survival-Tips auch gut und nützlich sein kann für sinnvolle politische, alternative Protestformen. Und ich muß sagen, ich fühlte mich durchaus bestätigt, wenn ich als einziger nach einem Wolkenbruch das Feuer wieder zum Brennen brachte und ich damit die Wärme wieder zurück in die Gruppe holte...

M. B. aus Berlin

März 1996

Es gibt Momente, da denkst du, du kannst die Welt verändern (nicht so groß, wie es sich anhört, du kannst aber zumindest in deiner nächsten Umgebung etwas beeinflussen) – und im nächsten Moment bringt sich eine Kleinigkeit, etwas prinzipiell Unerhebliches, aus dem guten Gleichgewicht. Du fühlst dich kraftlos, klein, ohne jeglichen Antrieb; nichts unterscheidet dich mehr von denen, von denen du dich doch abheben möchtest. Leben, denkst du, Leben kann doch nicht nur aus Geldverdienen bestehen, aus möglichst perfekter Absicherung, aus Risikolosigkeit. Erfüllung, Selbstverwirklichung – das sind so Worte, die dir durch den Kopf gehen. Alltag – es ist ein furchtbares Wort, und es geht mir wie ein Schmerz durch den Kopf, seit ich bei einem Vortrag von Dir war. Aber nach einem Tag im Büro fehlt Kraft, etwas wirklich Entscheidendes gegen die Normalität zu tun, die das Leben auffrißt. Ein Freund von mir hat ein Lied geschrieben, darin kommt das Wort »Lebensunterlassungstäter« vor. Ich fühle mich gemeint.

R. aus Rimbach

*

Januar 1996

Ich werde Skandinavien zu Fuß durchqueren und dabei seine höchsten Gipfel im Winter besteigen. Ob mit oder ohne Ihre Unterstützung. Mein Name ist zwar nicht Messner, Fuchs oder eben Nehberg, aber ich bin mindestens genau so gut. Vielleicht sollte ich mich Mike Hunter nennen oder so ähnlich, das klingt besser und läßt sich besser verkaufen als Günter K.

G. K. aus Gering

*

Januar 1996

Leider konnte ich vor der letzten Saison weder meinen Tierwagen noch meine Krokodile und Riesenschlangen verkaufen. Jetzt aber stehe ich in Berlin-Hoppegarten, im Winterquartier des ehemaligen DDR-Staatszirkus (der Kreis hat sich geschlossen – hier habe ich vor 18 Jahren angefangen). Mein Tierwagen wird mit fast allen Tieren vom Circus Aeros aufgekauft. Restliche Tiere gehen in von mir begutachtete Privathaltungen. Ich könnte heulen. Ich heule. Ich konnte die Tiere, welche mir so viele Jahre gute Partner waren, aber nicht einfach irgendwohin verhökern; ich will sie in möglichst guten Händen wissen. Darüber ist allerdings fast ein Jahr vergangen. Nun arbeite ich die neuen Besitzer bei den Krokodilen ein. Danach werde ich die Schritte zu einem Neubeginn wagen. Meine erste Fahrt wird mich nach Brasilien führen, Manaus. Ich hoffe, geeignetes Land für einen kleinen Reptilienzoo und später für eine kleine Lodge für Abenteuerurlaub zu finden. Ich bin am Ende eines recht langen Lebensabschnittes angekommen, nun wartet etwas Neues. Es wird wohl wieder eine Entscheidung für lange sein, wahrscheinlich für den Rest meines Lebens. Da ich mit meinen Mitteln vorsichtig umgehen muß, kann ich nicht viele Reisen unternehmen, um mich erstmal umzusehen. Ich muß mich gleich auf das mir richtig Erscheinende konzentrieren. Ich schreibe Dir, weil ich Dir und Deinem Rat vertraue.

F. B. aus Warnemünde

*

Dezember 1997

Arbeitskreis Radionik und Schwingungsmedizin
Bad Sch.

Sehr geehrter Herr Nehberg!

In Ihrem Fax schreiben Sie, daß Sie ein Honorar von 1700,—DM erwarten.

Es ist in unseren Kreisen (Non-Profit-Organisation) weder möglich noch üblich, Honorare in solcher Höhe zu zahlen, die weit über dem fünffachen Satz eines Nobelpreisträgers liegen.

Vielleicht sollten Sie eher bei Kongressen der Pharma-Industrie referieren, die Ihren Honorarforderungen vielleicht gerecht werden können. Ich meine, daß Sie Ihrem Einsatz für bedrohte Völker mit derartigen Honorarforderungen einen schlechten Dienst erweisen.

W. V., Vorsitzender

Antwort von Rüdiger Nehberg:

Sie haben recht: Ich erweise den bedrohten Völkern einen schlechten Dienst. Es ist vielmehr das Verdienst Ihrer radioästhetisch-bioenergetischen Forschungsarbeit, daß die Yanomami weltweit bekannt geworden sind und noch existieren.

Sollte ich wider alle Gerechtigkeit jemals einen Nobelpreis verliehen bekommen, bin also auch ich so wohlhabend, dann werde ich nicht davor zurückschrecken, Ihnen einen Gratisvortrag zuzumuten und Sie medizinisch-multiplikatorisch in Therapeutos-Schwingungen zu bringen.

Aber bis ich das erreicht habe, nehme ich weiterhin den Ihnen bekannten Betrag (von Pharma-Konzernen natürlich weit mehr), um auch in Zukunft mit selbstverdientem Geld und ohne Sponsoren und Angeblich-Multiplikatoren unabhängig im Yanomami-Gebiet arbeiten zu können. In diesem Jahr habe ich dort, zusammen mit einer Freundin, eine Krankenstation und eine Schule gebaut (Foto anbei).

Das haben wir nicht nur ehrenamtlich gemacht, sondern auch selbst, über Vorträge, finanziert.

Vielleicht kann ich in Ihrem Radionik-Kreis eines Tages eine Praktikantenstelle offerieren, weil ich glaube, daß wir von den Naturvölkern viel lernen können, von Esoterikern weniger. Höchstens, wie man mit dem Leiden der Menschen, über Pseudo-Praktiken, viel Geld verdient.

*

Dezember 1997

Ich lebe nun seit neun Jahren hier in Australien, sieben Jahre in Sydney und seit zwei Jahren in Byron Bay. Vor einiger Zeit sah ich auf dem ABC TV Deine Kimberley Tour. Die Dokumentation hat mich begeistert. Am liebsten mochte ich die Szene, wie Du am Ende auf der Farm eintriffst und die Schweizer Familie Dir mit Kind und Kegel entgegenkommt. Das war wunderschön. Es ist allerdings ein Wunder, daß die Badewannenszene nicht rauszensiert wurde. Die sind hier eigentlich sehr prüde.

Später sagtest Du, bewundern würdest Du Leute, die einfach auswandern und ein neues Leben beginnen. Naja, so goldig ist das alles nicht, und die Familie, die Du da getroffen hast, ist nicht die berühmte Durchschnittsfamilie »Otto Normalverbraucher«, oder »Joe Blow«, wie man hier sagt. Der Durchschnitt lebt in den Städten, wo man eher Arbeit bekommt als in den umweltfreundlichen schönen Landschaften. Aber was heißt hier schon umweltfreundlich?! Australien hat gerade in Tokio erreicht, daß es seine Emissionswerte heraufsetzen darf. Das zieht einem doch glatt die Schuhe aus! Hier hat keiner Angst vor internationalem Druck, weil er nicht stattfindet.

Ich bin gerade beim Revidieren, was meine Australien-Hoffnungen betrifft, in puncto Menschlichkeit. Gut, ich bin ausgewandert, ich hatte die Nase voll von Deutschland – aber es ist schon ein Problem, wenn Du was hast, wogegen Du bist, aber nichts, wofür Du sein kannst. Seit zwei Jahren übrigens arbeite ich, als Counsellor/Berater, mit arbeitslosen Erwachsenen: Seminare zur Selbsterfahrung. Wir müssen nur aufpassen, daß wir bei aller Bemühung, die Lage der Menschen erträglich zu machen, nicht vergessen, daß es vor allem darum geht, diese Lage zu ändern.

P. K aus Byron Bay

*

Dezember 1997

Für mich stellt sich die Frage, ob die Yanomami ohne Hilfe von außen eine Überlebenschance haben. Wenn ja, dann ist ein weiterer Eingriff in ihr Leben nicht gerechtfertigt. Wenn die Yanomami dagegen fremde Hilfe benötigen um überleben zu können – dann sollten wir helfen, und zwar in einer Weise, die ihr Leben dabei möglichst wenig beeinflußt. Schließlich sollten wir auch berücksichtigen, ob eine Hilfe überhaupt gewünscht wird von den Indios. Wenn ja: Ich verhehle nicht, daß ein guter Schuß Abenteuerlust mitspielt, aber auch botanische und ethnobotanische Interessen könnten sich neben der unmittelbaren Arbeit befriedigen lassen. Ich würde mir zunächst einen Aufenthalt von ca. drei Monaten vorstellen. Meine Arztpraxis, die seit ein paar Jahren als Gemeinschaftspraxis geführt wird, erlaubt mir diese Möglichkeit. Die Finanzierung würde selbstverständlich aus eigener Tasche erfolgen. Meine Frau würde sich für ein Jahr aus dem Schuldienst beurlauben lassen. Es wäre für mich kein Problem, über die Organisation »Ärzte für die Dritte Welt« in Südamerika oder anderswo tätig zu sein. Es gibt aber keine andere Herausforderung, die ich einem Aufenthalt in einem Yanomami-Dorf vorziehen würde. Aber ich würde es nur tun, wenn es dem Wohle der Indianer dienen würde. Dies zu beurteilen und mir einen Rat zu geben, überlasse ich Dir, lieber Rüdiger Nehberg.

W. T. aus Gerolzhofen

November 1997

Ich bin 34 Jahre alt und von Beruf Biologe. Vor über einem Jahr habe ich in Panama eine Aktiengesellschaft gegründet, in der ich selbst Präsident bin. Die Gesellschaft, mit Sitz Panama City, hat eine Insel im Archipel erworben. Sie ist zu Fuß von der Großinsel Isla del Rey zu erreichen und ungefähr acht Kilometer von San Miguel entfernt. Die Insel trägt den Namen Buena Vista. Sie hat einen schönen Sandstrand und ist komplett mit Regenwald bedeckt. Die Gesellschaft ist nach Satzung im Bereich Tourismus tätig. In letzter Zeit hat sich in diesem Punkt meine Haltung erheblich geändert: Eine Tourismusanlage hat auf dieser Insel nichts zu suchen!! Das Gelände eignet sich sich viel besser für ein Naturprojekt, für ein Projekt der Harmonie zwischen Mensch, Pflanze und Tier. Das Leben der Menschen dort ist auf Dauer ebenso bedroht; es müßte daher gelingen, die Menschen unbedingt in das Projekt mit einzubeziehen. Es handelt sich um die schwarzen Afrikaner, die von den Spaniern versklavt und zum Tauchen nach der schwarzen Perle gezwungen wurden. Der gesamte Archipel, der einst aufgespürt wurde vom Entdecker des Pacific, Balboa, gehört behandelt wie Galapagos – und ich habe begriffen, daß Geschäftssinn nicht das einzige sein darf, wenn man sich in die schöne Fremde begibt.

G. W. aus Neckartenzlingen

*

Mai 1993

Ich habe deine Vorträge gehört, ich war selber in Venezuela, ich muß sagen, ich bin ein Gefangener des Regenwaldes. Das Gefühl, das mich mehr und mehr überkommt, ist nicht zu erklären. Auf der einen Seite Faszination über die Einmaligkeit der Natur, auf der anderen Seite auch Haß, Trauer und, ja, ich weiß nicht, wie ich es beschreiben soll, das Gefühl der Beklommenheit, wenn ich sehe, wie die geldgierigen und machtsüchtigen Weißen dieses unbegreiflich schöne Paradies zerstören.

Ich will kein Tourist sein; dem Begriff des Urlaubs werde ich auch künftig eine ganz andere Bedeutung zumessen.

Nun möchte ich mich aber erst einmal vorstellen: Ich bin 26 Jahre alt und gelernter Schreiner. Aus dieser Zeit stammt wohl auch meine Abneigung gegen jegliche Art von Tropenholz. Meine Naturverbundenheit resultiert aus dem Verwurzeltsein in der ländlichen Umgebung meiner Kindheit. Nach der Ausbildung bin ich aber zur Polizei. Warum? Ich kann es nicht hundertprozentig sagen. Vielleicht aus wirtschaftlichen Gründen. Vielleicht eine völlig falsche Lebensentscheidung! Aber wie man bei dir sieht, lieber Rüdiger: Man kann sein Leben täglich ändern ...

T. R. aus Vohl-Asel

*

April 1997

Ich bin ein 31jähriger Österreicher, der vor kurzem traurige Berühmtheit erlangte. Meine Liebe zur Natur endete in einer 26tägigen Gefangenschaft bei den kolumbianischen Guerillas – wobei mein Bruder und ein deutscher Freund erschossen wurden. Ich empfinde keinen Haß, weder auf Kolumbien noch auf die Guerillas. So merkwürdig es klingen mag: Meine Naturverbundenheit, meine Hochachtung für die Völker der sogenannten Dritten Welt wurden nur noch gesteigert. Ich glaube, durch das tragische Erlebnis bin ich zu einem nachdenklichen, in Bescheidenheit zufriedenen Menschen geworden. Wir drängen uns in touristisch anmaßender Weise in fremdes Leben und sind blind für die eigentlichen Probleme der Menschen. Jeder Tourist ist eigentlich einer, der mitwirkt an der Manipulation des Bildes, wie es in bestimmten Ländern wirklich aussieht. Ein Freund aus Liberia sagte mir: Alles ist ganz einfach – die Reichen mögen die Armen nicht, das ist der einzig wirkliche Konflikt dieser Welt. Ich füge hinzu: Jeder, der auch nur einen kleine Hebel der Macht bedient, müßte ein weit höheres Sozialempfinden haben als die Allgemeinheit. Leider ist es nicht so, das soziale Denken verflüchtigt sich, je höher man die politischen Hierarchien hinaufsteigt.

In den 26 Tagen unserer Gefangenschaft wanderten wir durch wunderschöne Natur, schliefen unter sternenklarem Himmel, im Herzen des Waldes, sahen die Schmetterlinge tanzen, tranken klares Wasser – und das alles vor dem Lauf einer geladenen Kalaschnikow. Manchmal dachte ich: Die Welt ist pervers – eine Kalaschnikow als eine Art Naturschutzmittel! Denn sie schützt, in der Hand der Guerillas, auf grausame Art Lebensinteressen, die zu schützen die normale Politik aufgegeben hat. Muß es wirklich so weit kommen?

M. K. aus Linz

*

Januar 1998

Ich bin elf Jahre alt und campe, klettere und wandere in freier Natur. Ich wäre längst schon mal bei dir gewesen, aber das geht ja nicht, ich wohne ja hier. Deine Bücher finde ich toll und nutzbar. Deine Ekelsuppe habe ich zwar schon gekocht, aber gegessen habe ich sie nicht (mein großer Bruder, 15, hat sie probiert). Mein Bruder und ich sind bei den Pfadfindern. Als ich mein erstes Camp hatte, wäre ich fast gestorben, es war kalt, regnerisch, ich hatte nicht die richtige Ausrüstung, war deshalb bis auf die Haut naß. Doch man gewöhnt sich daran. Meine Freundinnen halten nichts von Camping oder Wandern, sie haben Angst, daß ihre Fingernägel krachen.

A. T. aus Altensteig

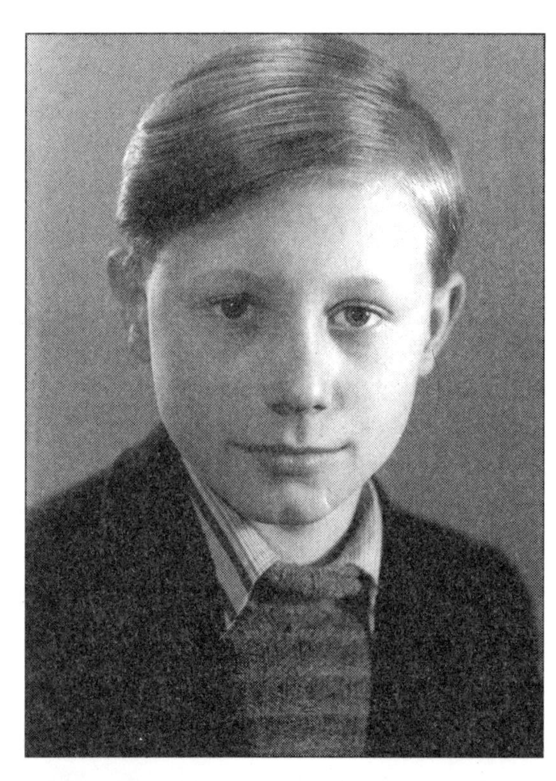

Der junge hoffnungsvolle Bäckerlehrling – und Jahrzehnte später nach dem Deutschland-Marsch 1981: 1000 km ohne Ausrüstung und Geld

DER ÜBERLEBENS-GÜRTEL

Auf seinen Extrem-Reisen schnallt sich Rüdiger Nehberg seinen wichtigsten Ausrüstungsteil um: den Überlebensgürtel. Der selbstgebastelte Leinengürtel ist Wunderladen, Flohmarkt und Apotheke in einem; und Nehberg rät, »ihn am besten nie abzulegen«.

INHALT:

- Bleistift
- Rasierklinge
- Papier
- Schere
- Perlonschnur (Gardinenschnur)
- Zwei-Komponenten-Kleber
- 5 Angelhaken, klein (um Köderfische, Eidechsen etc. zu fangen)
- 5 Angelhaken, mittel (alle fertig mit Stahlvorfach oder an einer Kette)
- Schlauch, 1 m, 1 mm Durchmesser, aus Zoohandlungen, zum Aussaugen kleinster Pfützen, zum Atmen beim Verstecken unter der Wasseroberfläche
- Metallspiegel mit Zentrumsloch zum Anblinken von Helfern
- Blumendraht
- 10 Leder-Nieten für schnelle Reparaturen (etwa am Rucksack, Schuh, Gürtel)
- Sicherheitsnadeln
- Nähnadeln

- Zwirn
- Foto eines netten Menschen
- Mundharmonika (für die absolut trostlosen Stunden, außerdem: Musik hilft Kontakte knüpfen)
- Raketen
- Raketen-Signalgerät
- Kompass
- Landkarte
- Sturmstreichhölzer in wasserdichten Plastikfläschchen oder Agfa-Filmdose
- Gasfeuerzeug
- Plexi-Brennglas (leicht, unzerbrechlich)
- Malaria-Tabletten
- Micropur zum Wasserentgiften
- Schlafmittel für die eigene Ruhe und gegen böse Menschen
- Antibiotica
- medizinische Nähnadel mit Garn in steriler Verpackung
- Spritzen, Nadeln
- Antibioticum in Ampulle
- Narkoticum für lokale Betäubung
- Mullverband
- Dreiecktücher
- Pflaster
- Pinzette
- Sonnenbrille
- elektronische Insektenvertilger (hilft freilich nicht gegen alle Plagegeister)
- Säge (Stahlband)
- Mini-Dosenöffner (um das Messer zu schonen)
- Mini-Taschenlampe (Größe eines Kugelschreibers)
- Kerze (Teelicht in Metallhülse)
- Schmerztabletten

- Captagon (Schmerz- und seelisches Aufheiterungspräparat, sog.
- »Psychotonicum«)
- Pervitin für ein letztes Aufputschen
- Zyankali für den letzten Ausweg (luftdichtes Mini-Schraubgefäß, Beschaffung schwierig)

In einem Leibgürtel aus Nylon, weitgehend wasserdicht, befinden sich:

- Paß
- Teil des Geldes
- Tickets
- Empfehlungsschreiben
- Impfausweis
- Universal-Aluminium-Folie.

Rüdiger Nehberg diktiert mir die gesamte Utensilien-Reihung und meint: »So, was soll jetzt noch schiefgehen?!«

»SAG DOCH EINFACH MAL NEIN!«

Texte aus Büchern von Rüdiger Nehberg

WAS IST ABENTEUER?

Wenn du jetzt denkst, ich packe hier die große Definitionskiste aus und erzähle dir, was ein Abenteuer ist und was nicht, dann hast du dich geschnitten. Denn erstens ist es doch piepe für dich, wenn ich meine, es ist ein Abenteuer, wenn einer nur mit Badehose bekleidet und mit Zahnbürste und Zahnpasta ausgerüstet, nach Amerika schwimmt – und zweitens ist es genauso piepe für dich, wenn ich der Meinung bin, daß der Typ mit Badehose, Zahnbürste und Zahnpasta schlichtweg einen Hammer hat. Wenn ich hier tatsächlich mit dem Herumdefinieren anfinge und du es gar von mir erwarten würdest, dann brächten wir beide ganz schrecklich was durcheinander. Ich will nämlich nicht irgendein Abenteuer-Guru sein, und du solltest es nicht von mir erwarten.

Mir geht es nur darum, dir ein wenig zu helfen, autark und selbständig zu sein; Fähigkeiten, die du in dir hast, herauszulocken und zu aktivieren. Denn eigentlich bist du neugierig und willst leben, nur Elternhaus, Schule und Gesellschaft versuchen dich mit ihren Regeln und Konventionen zu lähmen, dich einzupassen. Nun ist das allerdings nicht so schlecht, wie du meinst, denn Gemeinschaften brauchen Regeln, sonst kann das Miteinander nicht funktionieren – allerdings sollte man es mit dem Einpassen nicht so doll treiben, denn auch eine Gemeinschaft braucht lebende Mitglieder. Allerdings kann sie auch »tote« gebrauchen, die geben nämlich das Reservoir der »nützlichen Idioten« ab. Es sind aber die Lebenden in einer Gemeinschaft, die sie weiterentwickeln, freilich, und das ist damit vermacht, in eine Richtung, die ihnen wichtig ist. Kurzum: Leben, aktiv sein kann man lernen. Und Survival ist ein Weg dahin, davon bin ich felsenfest überzeugt. Es gibt dir nämlich die Möglichkeit, Ungewöhnliches zu lernen und Ungewöhnliches zu ertragen, damit kommst du aus den Konventionen raus und beginnst, dich auf dich selbst zu verlassen, dir selbst etwas zuzutrauen.

Indem dich Elternhaus, Schule und Gesellschaft auf die eingefahrenen und bewährten Schienen setzen – du weißt schon, es sind die Schienen, auf denen die meisten fahren –, kaufen sie dir den Schneid ab. Und wenn ich »kaufen« sage, dann meine ich das auch so, denn natürlich bezahlen sie dich: Sie geben dir Sicherheit dafür. Diese Sicherheit ist ein angenehmes Gift, denn es ermöglicht, daß du wenig auszuhalten hast. Du stehst nicht allein, denn mit dir sind viele der gleichen Meinung, du erkennst dich in den anderen wieder, denn sie haben das gleiche Schicksal, du weißt, wo du hingehörst, dahin nämlich, wo die anderen schon stehen. Aber diese Sicherheit ist sterbenslangweilig, denn du hast nicht das Gefühl, etwas zu bewegen, sondern nur das Gefühl, daß du bewegt wirst. Und dein Mut, dich auf dich selbst zu verlassen, dir selbst zu vertrauen, schwindet und schwindet und schwindet. Da ist dann schon bald keine Kraft mehr vorhanden, Entscheidungen zu treffen, und irgendwann ist der Punkt erreicht, wo es einem lieber ist, wenn die anderen die Entscheidungen für einen selbst treffen...

Aus diesem Kreis kannst du raus – du brauchst nur ein wenig Mut. Vergreise nicht, bevor du das entsprechende Alter erreicht hast. Du schläfst immer in einem Bett, versuche es doch einmal mit einem Wochenende in einem Wald. Du bist sehr darauf bedacht, möglichst nicht anzuecken, dann eck doch einmal an. Du bist leicht geneigt, anderen nachzugeben, sag doch einfach mal NEIN. Schon bei solchen (kleinen?) Aktionen wirst du für dich selbst ungeahnte Wirkungen erleben, denn dir wird auf einmal bewußt, daß nicht immer alles gleich und genormt verlaufen muß, sondern genausogut auch anders verlaufen kann. Bei solcherart Erfahrungen beginnen die Abenteuer und nicht erst in der Wüste, auf einem Achttausender oder 10 000 Meilen unter dem Meeresspiegel.

Also erwarte nicht von mir, daß ich hier für dich katalogisiere, was ein Abenteuer ist und was nicht. Dein Leben kann ein Abenteuer sein, wenn du willst – wichtig ist, daß du endlich anfängst, die Dinge anzupacken, die du wirklich fühlst. Die Abenteuer beginnen in deinem Kopf, mit deiner Einstellung zu der Welt, in der du lebst, in die du dich in deinem unverwechselbaren Stil hineinlebst. Darauf zu warten, daß die Welt sich ändert, damit du leben kannst, das ist vergebliche Liebesmüh und garantiert kein Abenteuer. Denn woran willst du dich messen, wenn alles so ist, wie du es haben willst? Erst wenn du gefordert wirst, dann bringst du Leistungen – und wenn du für dich selbst Leistungen vollbringst, dann spürst du dich, dann merkst du, daß du lebst. Du lebst heute, hier und jetzt, und nicht morgen. Wer nur in der Zukunft lebt, weil er meint, daß dann alles so ist, wie er es haben muß, um leben zu können – der wartet vergebens. So viele »Morgen« hat keiner.

Und denk bloß nicht immer, die Gesellschaft hätte Schuld. Denn auch das ist langweilig und ödet nur an. Es wird zu leicht und zu schnell als Entschuldigung für alles herangezogen. Die Gesellschaft hat ihre Gesetze, und die sind – im Gegensatz zu den Naturgesetzen zwar schon veränderbar, nur muß das jemand tun. Durch Nichtstun entsteht nichts. Aber durch Bewegung wird durchaus etwas bewegt.

Also: Beweg dich, lerne zu leben, besinn dich auf dich selbst. Trainiere dir Fähigkeiten an, die dich selbstbewußt machen. Lerne zurechtzukommen, auch wenn du allein bist. Entziehe dir das angenehme Gift der Abhängigkeit.

(aus »Let's fetz – Abenteuer vor der Haustür«)

WO REICHTUM ZUM VERHÄNGNIS WIRD

1983: Der unberührte Urwald und riesige Erzlager locken Siedler und Prospektoren in die Heimat der Yanomami

Fast schien das Unternehmen zu Ende zu sein, bevor es noch recht begonnen hatte. Mein erstes Lager allein. Die beiden brasilianischen Schiffer, die mich hier an den südlichsten Ausläufern der Serra Curupira am Rio Araca absetzten, hatten mir das Filet von einem Pakka zurückgelassen. Ich zerlegte das Fleisch, als ich das Grollen zum ersten Mal vernahm. Ein Brüllaffe, taxierte ich und sammelte Brennholz, solange es noch hell war.

Das Grollen wiederholte sich. Ich wunderte mich, daß keine anderen Brüllaffen in den Ruf einfielen, denn Brüllaffen leben in Trupps. Plötzlich schoß es mir wie ein Stromstoß durch den Körper: Ein Jaguar! Das kann nur ein Jaguar sein! Ich floh auf einen Baum und nahm meinen Fotokanister und den selbstgebastelten Überlebensgürtel mit hinauf. Es wurde dunkel. Der Lichtkegel meiner kleinen Dynamo-Taschenlampe erreichte knapp den Boden. Zur Sicherheit hatte ich ein Messer und einen 32er Revolver, den ich jedoch nie einzusetzen hoffte, schon gar nicht gegen Katzen und erst recht nicht gegen gefährdete Arten.

Dann war er zu sehen: Lautlos räumte er mein Abendbrot ab, während ich im Kampf mit Blenden und Blitzen versuchte, das Bild einzufangen. Das Mahl hätte kaum für mich gereicht – für den Jaguar war es nur ein mickriger Happen. Dennoch schien er satt und also zufrieden zu sein. Ich interessierte ihn gar nicht. Er streckte alle Viere von sich und schlief ein. Mir blieb nichts anderes übrig, als mich am Baum festzubinden und den Morgen herbeizusehnen. Als ich erwachte, war er weitergezogen. Einer meiner vier Plastikkanister war zerbissen – einer jener vier Schwimmkörper, mit denen, zu einem Floß zusammengebunden, ich aus dem Wald heimzukehren gedachte …

Ich war allein im streckenweise brusthoch überschwemmten Regenwald. Dennoch konnte ich, wo es trocken war, einen Indianerpfad erkennen. Das war der Handelsweg zwischen den 60 Kilometer entfernt lebenden ersten Yanomami und Euricos Laden. Über diesen Weg bringen die Indianer Bananen und Pfeile, um sie gegen Messer, Salz, Patronen und Tabak einzutauschen.

Obwohl ich glaubte, nur ein Minimum an Gepäck zu haben, zwang mich langsam, aber sicher die 30-Kilo-Last in die Knie. Der glitschige Boden, der federnde Humus, Haarwurzeln und feine Lianen, die wie Fußangeln über den Weg wuchsen, taten ein übriges. Bald wurde mir klar, daß ich irgendwo ein Depot anlegen mußte, um Gewicht zu sparen und beweglicher zu werden.

Nachdem der Jaguar mein Filet genascht hatte, waren mir nur noch ein paar Bolachas, eine Art Cracker, geblieben. Aus Gewichtsgründen hatte ich auf die Mitnahme weiterer Lebensmittel verzichtet. Ich wollte mehrere Wochen lang nur vom Sammeln, Fischen und Jagen leben. Der kulinarische Höhepunkt während der Reise waren zwei Schildkröten. Nur selten fand ich schmackhafte Früchte. Auch als Fischer war ich nicht glücklich. Da die Flüsse Hochwasser führten und bis weit in die Wälder vorgedrungen waren, hatten sich die Fische dorthin verteilt. Sie genossen das reiche Angebot an Insekten, die ständig von den Bäumen fielen und hatten an meinen Ködern selten Interesse.

Was die Jagd angeht, so setzte mir der Revolver Grenzen. Man kann sich mit ihm zwar auf kurze Distanz wehren, aber zum Jagen ist er ungeeignet. Ideal wäre eine Flinte gewesen, doch hatte ich auf Langwaffen verzichtet. Da ich nicht wußte, wann ich wo auf welchen Stamm des Yanomami-Volkes stoßen würde und wie er Weißen gegenüber eingestellt war, wollte ich jede Provokation vermeiden. Ein

Revolver ist in diesem Zusammenhang keine sonderlich bedrohliche Waffe. Der waldgewandte Indianer fühlt sich ihr mit Pfeil und Bogen überlegen. Ganz unbewaffnet zu gehen sei, so hatte mir ein Missionar gesagt, »idiotisch«, denn: »Es ist nicht wegen der Indianer. Es ist wegen der Tiere. Und außerdem gilt bei den Yanomami jeder Mann ohne Waffe als ein Mann ohne Ehre.«

Mein Marschgepäck war bescheiden. In den verbliebenen drei wasserdichten Weithals-Schraubkanistern, die ich als Rucksack trug, hatte ich Medikamente und einige Messer als Geschenke, zwei Kameras, Filme, einen Schlafsack und eine Hängematte verstaut. Am Körper trug ich eine Badehose, Turnschuhe, den »Überlebensgürtel«.

Am dritten Tag riefen mich zwei Männer an und kamen mir lachend entgegen. Sie nahmen mich wie einen Freund in ihre Mitte, halfen das Gepäck tragen und brachten mich ins Dorf der Surara. Mit Hilfe von Portugiesisch und einer Yanomami-Wörterliste klappte die Verständigung ganz gut.

Die Männer waren auf der Jagd gewesen, erfolglos, wie ich sah. In der Richtung, aus der ich gekommen war, sagten sie, sei nicht mehr viel zu holen. Kein Wunder: Allein am Rio Deminizinho hatte ich 41 Siedler gezählt. 41 Menschen an einem kleinen Fluß im Stammesgebiet der Yanomami; 41 Mägen, die täglich ihr Fleisch forderten, weil die Palmfaser-, die Kautschuk- oder die Paranuß-Ernte nie zum Leben der kinderreichen Familien ausreichten. Diese Siedler haben indianisches Territorium nicht aus Habgier okkupiert, sondern aus Not. Es sind die Ärmsten und Schwächsten, die aus den übervölkerten Städten Brasiliens und von den Ländereien der Großgrundbesitzer weichen – mit der Hoffnung auf ein eigenes Stück Boden. Sie fliehen in den Urwald, dorthin, wo noch »niemand« siedelt – eben Indianergebiet. Und die Indianer weichen aus, weiter ins Innere des Landes. Aber dort leben seit Generationen bereits andere Yanomami-Stämme, die ihr Gebiet vehement verteidigen. Blutige Fehden sind die Folge.

Meine beiden Wegbegleiter wußten nichts von den Ursachen ihres Jagdpechs. »Morgen werden wir im Norden Schweine suchen. Da gibt es mehr davon«, sagten sie. Gegen Abend trafen wir im Dorf ein. Indianische Gastfreundschaft, aber auch die Musik machten mir den Zugang leicht, freilich: Häuptling Arakeen wollte mein Instrument nun auch unbedingt besitzen: »Für mich, für mein ganzes Dorf«. Es blieb nicht bei der einen von meinen beiden Mundharmonikas. Fünf Macheten folgten, die als Geschenke für die Häuptlinge anderer Dörfer gedacht waren. Solange man etwas doppelt hat und ein anderer davon noch nichts besitzt, lernt man das indianische Verständnis von sozialer Gerechtigkeit kennen: Freundlich, maulend, drohend oder gar mit Gewalt bedrängen sie dich so lange, bis du sozial gleich bist. Erst wenn man sagen und beweisen kann: »Dies ist mein letztes, mein persönliches Stück«, ist Ruhe. Im übrigen war Häuptling Arakeen ein aufmerksamer Gastgeber. Er wies mir einen Platz für die Hängematte zu und gab mir reichlich zu essen: Bananen und Fleisch. Da lag ich dann, von Insekten zerstochen, und beobachtete die Maloka, das runde Gemeinschaftshaus, eine Arena von rund 100 Meter Durchmesser, ein Ring von Baumstämmen, mit Lianen und Gras, und in der Mitte, über dem Tanzplatz, eine große Öffnung.

Jede Familie besitzt ein paar Quadratmeter dieses großen Rundes. Dort baumeln ihre Hängematten, dort sind ihre Feuerstellen. Frauen sind knapp. Wer keine hat, raubt sie dem Nachbarstamm oder nimmt die sexuellen Rechte wahr, die ein lediger Mann auf die Frau des Bruders hat. Selten hat eine Familie mehr als zwei Kinder. Die Kindersterblichkeit ist hoch. Wird eine Frau früher als drei Jahre nach ihrer letzten Geburt wieder schwanger, tötet sie ihr neues Kind, wie sie auch oft das schwächere einer Zwillingsgeburt töten würde. Sentiments unserer Denkweise sind den Yanomami fremd.

Arakeens Sohn nannte sich Mauricio. Kein Yanomami verrät Außenstehenden seinen wirklichen Namen, niemand spricht ihn laut aus –

denn das, so glauben die Indianer, würde jemandem Gewalt über den Träger des Namens verschaffen.

Mauricio hatte schon einmal den Ort Manaus besucht. Es hatte ihm nicht gefallen. Er fand sich nicht zurecht. »Es gab zu viele Pfade. Ich konnte mich nicht orientieren. Die Weißen haben dort viele Bäume abgeschlagen. Nun haben sie keinen Schatten mehr. Sie laufen mit Kleidern umher und leiden unter der Hitze. Sie haben Maschinen in ihren Häusern, die kalte Luft machen. Ich bin damals sehr krank geworden.«

Ob die Weißen freundlich zu ihm waren, wollte ich wissen. »Ja, das waren sie. Aber ich kam mir überflüssig vor. Alles, was ich kann, konnte ich dort nicht anwenden. Hier im Wald bin ich klug, aber dort war ich dumm. Außerdem sind die Menschen mir fremd geblieben. Sie haben einen anderen Glauben, und alle laufen aneinander vorbei, ohne sich zu kennen.«

Daß es in der Stadt »so viele Dinge zu kaufen« gab, reizte ihn nicht. »Was ich brauche, ist ein Messer und eine Flinte, und beides habe ich. Alles andere schenkt mir der Wald, weil der Wald mein Freund ist. Was man sonst noch bei den Weißen kaufen kann, brauchen wir nicht, aber sie brauchen es, weil sie ihren Wald getötet haben und nun anders nicht mehr leben können.«

Mauricios Vater dagegen, Häuptling Arakeen, beteuerte, er nehme gern Angelhaken, Nylon, Töpfe und Medizin, wenn er Gelegenheit habe, an diese Dinge zu kommen. Jeder Surara besitze auch irgendeinen Kleiderfetzen, um »anständig« in Euricos Laden erscheinen zu können. Im Wald jedoch liefen die Yanomami unbekleidet umher. Die Männer binden ihren Penis nach oben und befestigen dessen Spitze an der Hüftschnur – reine Glaubenssache. Aber mehr als einen Glauben können die Missionare, denen Hosen so wichtig sind, auch nicht bieten.

Nach vier Tagen Gastfreundschaft bei den Surara drängte es mich weiter. Ich wollte nach Norden über den Rio Demini, aber niemand wollte mich begleiten. »Es gibt dort keine Boote, und wir können nicht schwimmen«, sagten sie. Ich demonstrierte, wie ich ihnen mit meinen Kanistern einen Schwimmgürtel bauen würde, aber da war es die Angst vor Krokodilen und Piranhas, die sie daran hinderte, mit mir zu gehen.

Also wieder allein durch das nun pfadlose Dickicht, wieder Einsamkeit, Hunger und Beklemmung in der Weite des Waldes. Ich geriet in den Sog des Überlebenskampfes im Urwald. Ich wurde ein Kettenglied im großen Kreislauf der Natur. Ich aß Tiere, obwohl ich zu Hause zu den Tierschützern zähle. Um mein Gewissen zu beruhigen, kaufte ich später gefangene Jungtiere von Indianern und Siedlern, angeblich, um sie zu essen – und ließ sie frei. Je weiter ich nach Norden kam, desto intakter wirkte die Natur. Überall gab es Affen und Vögel und Unmengen Schweine. Rudel von 50 Tieren waren keine Seltenheit.

Nach einer Woche ein Runddorf – es war leer. In Panik verlassen, so erfuhr ich später von Missionaren, wegen einer von Weißen eingeschleppten, für die Indianer tödlichen Masern-Epidemie. Die Vegetation züngelte bereits durch die morschen Wände und kletterte am Dach empor. Myriaden von Flöhen sprangen an mir hoch. Ich floh nach Norden. Nach einer Woche war ich erschöpft. Die Fußgelenke waren geschwollen, der Körper blutig gekratzt. Sorgfältig schluckte ich meine Malariatabletten.

Dann stand ich wieder vor einem Dorf – ebenfalls, bis auf sieben Personen, leer. Die Bewohner waren irgendwo auf einem Totenfest. Die Maloka lag neben einer Missionsstation, zu der ein Airstrip gehörte. Den Missionaren zeigte ich ein gefälschtes Papier, denn wäre ich ohne Genehmigung erschienen, hätten sie mich, notfalls mit Gewalt, am Weitermarsch hindern müssen. Ich wäre ausgeflogen, vorher verhört, womöglich bestraft worden, und mit Sicherheit wären meine Kamera und meine Filme verloren gewesen.

Überall an den Pfosten des Indianerdorfes Hinweise auf das Wirken der Missionare: Zeichnungen von Gott auf goldenem Thron, dem Turmbau zu Babel, der Arche Noah. »Wer die schönsten Bilder malt, wird belohnt«, erzählte mir ein Junge. Also malten sie. Das alte Problem, von dem ich aus der Ferne viel gehört hatte, wurde mir hier jäh bewußt: der Druck der Weißen, die religiöse Bemühung der Missionare, die Gefährdung des Waldes – was wird aus den Indianern?

Meine als Abenteuer geplante Reise erhielt von Tag zu Tag mehr eine andere Bedeutung. Das Abenteuer wurde zur Bagatelle, das drohende Ende der Yanomami-Indianer zur Hauptsache. Der kleine Junge, der mir von der wunderbaren Bildmalerei erzählt hatte, wollte mich zum Totenfest führen. Wir tauchten nach Westen in den Wald ein. Die Höflichkeit der Kinder überraschte mich immer wieder. Mein kleiner Begleiter teilte den amselgroßen Vogel mit mir, den er erlegt und gegrillt hatte. Mit Enthusiasmus stichelten mir Kinder bei anderer Gelegenheit eingetretene Splitter mit einer Nadel aus dem Fuß, behandelten die von Gelegen der Sandflöhe hervorgerufenen Entzündungen und suchten mich nach Flöhen und Läusen ab. Ich revanchierte mich mit einem Lied auf der Mundharmonika, zeichnete ihnen kleine Bilder, schnitt Faxen und schlug Rad.

Zwei Tage lang war ich mit dem Jungen unterwegs, doch wir kamen zu spät. Das Totenfest war vorüber, die einzelnen Familien zogen wieder in ihre Dörfer zurück. Ich konnte mich einer Gruppe anschließen, die zurückwanderte in eine halbfertige Maloka an der venezolanischen Grenze. Ein neues Dorf wird gegründet, wenn das alte von Insekten zerstört ist, wenn es Streit mit Nachbarn gegeben oder eine Epidemie die Bewohner vertrieben hat.

Für einige Monate im Jahr aber verlassen die Indianer ihre feste Unterkunft. Dann ziehen sie in die Wälder, bauen »Tapiris«, leichte Unterkünfte für wenige Tage, und sie leben von der Jagd, vom Fischfang, vom Sammeln. Auf Jagdzügen im Gebirge bemühten sich die Männer des Grenzdorfes ziemlich vergebens, mir das Anschleichen und das Bogenschießen beizubringen. Zurück im Dorf, lauschte ich ihnen, wenn sie ihren Kindern gestenreich von allen Erlebnissen erzählten. Ich erhielt Unterricht im Knüpfen von Hängematten und im Flechten von Körben; ich war dabei, wenn Männer mit Stöcken aufeinander einschlugen, um eine Meinungsverschiedenheit auszutragen – und ich erlebte eine Geburt. Die Mutter, assistiert von einer anderen Frau, brachte das Kind auf einem Blätterteppich zur Welt und noch ehe die Nachgeburt ausgestoßen war, biß und band sie ihrem Säugling die Nabelschnur, stand auf, als ob nichts geschehen wäre, wusch den Sprößling im Fluß und trug ihn nach Hause.

Nach zehn Tagen beschloß ich, mich auf den Rückweg zu machen. Aus den verbliebenen zwei Plastikkanistern baute ich mir einen Schwimmgürtel und ließ mich den Demini hinuntertreiben. Das Wasser war hier, in Gebirgsnähe, kühl. Länger als drei bis vier Stunden hielt ich es nicht darin aus, dann kroch ich zum Aufwärmen in den Schlafsack. Häufig umkreisten mich neugierige Delphine, einmal kreuzte ein Fischotter meinen Weg. Am Ufer flogen Reiher auf, Papageienschwärme überflogen krächzend den Strom, und im Wald grunzten Schweinerudel.

Ich zog einen Angelhaken zehn Meter hinter mir her. Am vierten Tag biß ein Tambaqui an, etwa 70 Zentimeter lang und sechs Kilo schwer, und schleppte mich in seiner Angst kraftvoll wieder stromauf. Aber nach fünfzehn Minuten verfing er sich im Ufer-Dickicht und ich hatte für zwei Tage satt zu essen.

Zehn Tage später erreichte ich die Mündung des Toototobi. Von dort ging es zu Fuß weiter. Genau nach Süden führte ein Pfad zurück zu den Surara. Ein Indianer braucht höchstens drei Tage für die Strecke.

Nach vier Tagen war mir klar, daß ich mich verirrt haben mußte. Ich geriet in ein Rudel Schweine und konnte eines der Tiere erlegen. Unbeherrscht schlang ich das gebratene Fleisch in mich hinein. Da streikte mein Magen, mir wurde übel. Ich spürte Fieber und Schüttelfrost. Unter einem Baum, der schräg über einen Fluß ragte, spannte ich meine Hängematte – und schlief erschöpft ein. Als ich wach wurde, regnete es. Der dicke Stamm bot mir etwas Schutz. Ich spie von oben in den Fluß.

Nach zwei Tagen war der Anfall vorüber. Das restliche Fleisch war verfault und voller Ameisen. Nun schwamm ich wieder. Wo würde ich landen? Ich konnte es nur ahnen, abschätzen, aber ich fühlte, daß ich bald den Rio Araca erreicht haben mußte.

Schließlich traf ich eine leprakranke Frau. Sie lebte allein. Der Mann, der ihr von Zeit zu Zeit etwas zu Essen brachte, nahm mich zum Laden der Siedler mit, der knapp oberhalb der Einmündung des Deminizinho in den Rio Araca liegt. Eurico, der Pächter, verkaufte außer Konserven auch Bohnen, Maniok, Reis, Nudeln, Öl; bei ihm gab es Zucker, Salz, Seife, Messer, Pulver, Schrot -und, als Schlager, sogar eine Nähmaschine. Graca, Euricos Frau, zauberte Bohnensuppe auf den Tisch und backte Kuchen aus durchgedrehten Makkaroni. Im Garten bogen sich die Äste der Bäume unter der Last der Orangen; Hühner gackerten – ich war in Sicherheit, im Paradies.

In den zwei Monaten meiner Expedition in den Urwald hatte ich elf Kilo verloren. Ich fühlte mich schwach, der Kreislauf war labil. Ich stürzte hin, wenn ich zu schnell aufstand. Konzentration und Geistesgegenwart hatten arg gelitten, und als ich in die erste Spiegelscherbe schaute, starrte mich ein alter Mann an: ich, wie ich als 75jähriger Mann aussehen könnte.

In Manaus war gerade Wahlkampf. Alles wurde – wie überall besprochen. Das Yanomami-Problem hatte keine der Parteien im Programm.

(aus GEO, Heft 4/1983)

AISCHA

Ein Frauenschicksal aus Eritrea

Von ihrem Vater hatte sie nur eine undeutliche Vorstellung. Wenn sie versuchte, sich an ihn zu erinnern, dann erschien er ihr als ein ungemein kräftiger Mann, mit besonders breiten Schultern. Er war ein herrischer Mensch gewesen, der es verstand, seine Befehle und Anweisungen durchzusetzen; und dennoch konnte sie sich nicht erinnern, jemals von ihm geschlagen worden zu sein.

Aischa war sechs Jahre alt, als ihr Vater von einem Stammeskrieg gegen den Stamm der Gallas nicht mehr in sein Heimatdorf in ferner Umgebung der Stadt Gewani zurückkehrte. Die anderen Männer berichteten, daß ihm der Speer eines feindlichen Kriegers die Brust durchbohrt und ihn an eine hinter ihm stehende Akazie genagelt habe. Er war ein tapferer Mann gewesen, und er war so gestorben, wie es sich für einen tapferen Mann ziemte. Im Dorf selbst schien dies für niemanden ein besonders tragisches Schicksal zu sein, selbst für die nächsten Angehörigen nicht. Viele Männer fanden auf diese Weise den Tod, und das Ansehen eines im Kampfe Gefallenen übertrug sich auf dessen Familie.

Nach den festgelegten Tagen des Wehklagens und der Trauer ging das Leben seinen gewohnten Gang weiter. Für Aischa veränderte sich wenig. Die Geschicke der Familie wurden nun von ihren fünf Brüdern und dem ältesten Bruder des Getöteten bestimmt. Aischa war ein Mädchen, ihre Meinung zählte nicht, genauso wie die Meinung der Mutter meist ungehört blieb. Sie hatten zu arbeiten, das Vieh zu versorgen, die Felder zu bewirtschaften, den Haushalt zu erledigen, das Essen zu kochen, Wäsche zu waschen und zwischendurch ein paar Kinder zur Welt zu bringen – ein Tag sah aus wie der andere, die Wochen, Monate und Jahre waren graue, eintönige Zwillinge.

Aischa hatte eigentlich nur zwei Erinnerungen an ihre Kindheit, die sie mit Freude erfüllten. Das waren die Abende, an denen die Dorfbewohner sich am Feuer trafen, gemeinsam sangen, im Rhythmus klatschten und manchmal auch bis zur Erschöpfung tanzten. Und dann gab es da noch einen Onkel, der dem Mädchen sehr zugetan war. Jedesmal, wenn er zu Besuch kam, schenkte er Aischa aus einem Beutel, den er an seinem Rock trug, eine Handvoll Zucker. Das war eine ungeheure Kostbarkeit. Aischa ging denn auch sehr sorgsam mit dem süßen Geschenk um. Nur Krümel um Krümel naschte sie. Meist schleckte sie noch nach Tagen daran. Außerdem wußte der Onkel immer wunderschöne Märchen zu erzählen.

Schon als Kind war Aischa wohl ungewöhnlich schön und die Mutter stolz darauf. Manchmal streichelte sie ihrer Tochter verstohlen über das glänzende, schwarze Haar, und ganz selten sagte sie ihr auch, daß sie sehr schön sei. Aber das tat sie nur flüsternd und nachdem sie sich vergewissert hatte, daß niemand zuhörte. Denn der Teufel ergreift nur zu gern Besitz von hübschen Mädchen, und welche Mutter macht schon gern den Teufel auf ihr eigenes Kind aufmerksam?

Man fand es denn auch ganz in Ordnung, daß ihr fremde Besucher ins Gesicht spuckten, sobald sie in die Hütte traten. »Pfui, Teufel«, sagten sie dann geringschätzig, »was für ein häßliches Kind!« und die Mutter freute sich. Das war so Sitte beim Stamm der Afars, es sollte den allgegenwärtigen Teufel irritieren, es sollte das Kind seinem möglichen Interesse entziehen. Als Aischa noch kleiner war, hatten die Eltern ihr Gesicht sogar mit Asche geschwärzt, sie künstlich häßlich gemacht.

Die Brüder und der Onkel hatten schon sehr zeitig beschlossen, daß Aischa ihren Cousin Mahmud zu heiraten habe. Auch dieses war nicht ungewöhnlich, denn die Familien legten die Zukunft ihrer Kinder fest. Aber Mahmud war ein finsterer, langaufgeschossener Bursche, vier Jahre älter als Aischa und von so selbstsicherer Art, daß er abstoßend wirkte. Bei jeder möglichen Gelegenheit ließ er Aischa spüren, daß sie nur ein Mädchen war, wertlos; zum Arbeiten und Kinderkriegen. Er liebte es, sie zu demütigen, sie arbeiten zu lassen. Oft hatte er ihr befohlen, auch seine Ziegen zu hüten. Im gesamten Dorf galt Mahmud als einer, der mit dem Wort sehr schnell umzugehen verstand – schneller jedenfalls als mit der Gille, dem Kurzschwert.

Als Mahmud sechzehn oder siebzehn Jahre alt war, verlangte Aischas Familie von ihm die übliche Hochzeitsgabe: den Penis eines getöteten Feindes. Stolz und herausfordernd erklärte der Junge, er würde nicht nur eine einzige Trophäe vom nächsten Stammeskrieg heimbringen, sondern mindestens fünf. Er brüstete sich seiner Fertigkeiten mit dem Schwert und meinte angeberisch, daß ihm kein Feind gewachsen sei. Im übrigen lieh er sich für den Krieg ein Gewehr. Dann zog er mit einigen Freunden los, auf Trophäenjagd. Während andere heiratsfähige Mädchen dem Ende der Jagd entgegenfieberten, wartete Aischa mit gemischten Gefühlen. Als Mahmud nach zwei Tagen zurückkehrte, brachte er nicht fünf, sondern nur ein einziges Siegeszeichen mit. Und es war selbst für ein junges Mädchen leicht zu erkennen, daß es sich bei diesem Feind um ein Kind gehandelt haben mußte.

Spätestens von diesem Augenblick an verwandelte sich die Abneigung des Mädchens gegenüber ihrem zukünftigen Mann in Haß und Abscheu. Aber Aischa hütete sich, dieses Gefühl deutlich werden zu lassen. Auch ihrer Mutter gegenüber verschwieg sie es, sie hätte bei ihr wohl auch kaum Verständnis gefunden. Eine Frau hatte zu gehorchen, in dieser Tradition lebte man seit Jahrhunderten.

Aber es war die Zeit, da Aischa erstmalig an Flucht dachte. Man wird sich fragen, wie es möglich ist, daß ein junger Mensch wie Aischa, die doch ein Leben lang mit ihrem Stamm nomadisierte, auf den Gedanken der Flucht kommen konnte. Mit Sicherheit wurde ihr nie von einer anderen Welt berichtet. Und schon gar nicht konnte ihr erzählt worden sein, die fremde Welt außerhalb des eigenen Stamms würde ihr Vorteile bringen. Dennoch: Bei Aischa waren es zwei

Zufälle gewesen, die ihr tatsächlich einen Einblick in diese andere Welt ermöglicht hatten. Während der alljährlichen Wanderungen auf der Jagd nach Gras für das Vieh kreuzten ihre Familien den Weg einer Gruppe Missionare. Männer und Frauen, die ein wenig medizinische Hilfe brachten. Manchmal schenkten sie den Kindern auch ein einfaches Spielzeug: einen Ball, einen Spiegel, einen Farbstift, ein Malbuch. Wir haben diese Dinge bei zwei Familien selbst gesehen. Sie werden gehegt wie ein Augapfel und jedem Gast mit großem Stolz vorgezeigt. Im übrigen findet man bei den Afars kein Spielzeug. Nur ein einziges Mal beobachteten wir einen Vater mit seiner Tochter neben einer Wasserstelle. Aus dem Lehm modellierten sie ein Dorf! Ein Dorf mit Hütte, Sack und Pack und vielen Kamelen.

Diese zufällige Begegnung mit dem Trupp der Missionare verwirrte Aischa. Da hatte sie zwei Frauen gesehen, die von den Männern geachtet wurden, die mit den Männern aus einem Topf Essen zu sich nehmen durften, die Krankheiten heilen konnten, die die Afar-Sprache beherrschten und die genauso sicher mit Kamelen zu hantieren wußten wie die Afars. Man kam abends ins Gespräch, und Aischa hörte nicht nur von den Dingen aus dieser ihr völlig fremden Welt, sondern auch von anderen Göttern. Gerade das war ihr so unvorstellbar, daß sie es kaum glauben mochte. Nie, auch später nicht, kam ihr der Gedanke, dem Islam den Rücken zu kehren. Es hätte auch ihren sicheren Tod bedeutet. Abtrünnige müssen getötet werden...eisernes Gesetz in jeder Familie. Daß die Missionare überhaupt von solchen Dingen reden durften, verdankten sie einzig und allein ihrem guten Führer und der Tatsache, daß sie gute Medizinmänner waren.

Aischa erinnerte sich auch an Abu Taya, einen ihrer Onkel. Auf einem seiner Jagdstreifzüge fand er zwei Geparden-Babies. Da von der Mutter weit und breit nichts zu sehen war, nahm er sie einfach auf und wollte sie nach Hause tragen. In diesem Moment sah und fühlte er einen Schatten über sich hinwegschießen. Er war sich nicht einmal sicher, ob der Schatten ihn überhaupt berührt hatte. Doch nach wenigen Sekunden merkte er es sehr deutlich: Die Gepardenmutter hatte ihm im Vorüberfliegen den Skalp abgerissen! Er faßte sich an den Kopf, er hatte Blut an den Händen. Es sickerte nur langsam durch die Schädeldecke. Entsetzen packte ihn. Natürlich dachte er nun nicht mehr an die Babies. Irgendwie brachte er sich bis zu seinem Dorf durch. Die Familie allerdings gab Abu Taya keine Überlebenschance mehr. Sie schlossen ihm die Hautlücke mit frischem Kuhmist, was zumindest die Fliegen daran hinderte, ihm ihre Eier unter die Hautränder zu legen.

Abu Tayas Kopf schmerzte immer stärker. Die Familie fürchtete, sein Geist würde sich bald verwirren. Es wurde auf einmal aber in den Hütten von einem Hakim erzählt, der alles heilen könne. Da brachte die Familie Abu Taya zu Dr. Aebersold nach Gewani. Im Dorf glaubte niemand mehr an die Rückkehr des Onkels. Aber nach drei Monaten war Abu Taya wieder da. Seine Schädeldecke war von einer noch zarten, aber immerhin neuen Haut überzogen. Es wuchsen ihm sogar wieder Haare.

Seit dieser Zeit hat Aischa unerschütterliches Vertrauen in weiße Ärzte.

Unmittelbar nach Aischas elftem Geburtstag setzte die Familie den Beschneidungstermin fest.

Aischa hatte von anderen Frauen gehört, mit welchen entsetzlichen Schmerzen diese Operation verbunden war. Sie hatte fürchterliche Angst und wußte doch gleichzeitig, daß es für sie keine Ausnahme von dem Brauch geben konnte. Der Koran, so hieß es, schriebe dies vor, und wer wollte sich schon dem Willen Allahs widersetzen!? An dieser Einstellung änderte auch die Tatsache nichts, daß viele junge Mädchen die Folgen des Eingriffs nicht überstanden. Sie starben meist am Wundfieber. Beinahe noch schlimmer waren die anderen dran, die am Leben blieben, die aber der Schmerz in den Wahnsinn trieb.

Im Dorf gab es eine uralte Frau, die schon seit Menschengedenken als Hebamme und Medizin-»Mann« tätig war. Sie war es, die die

Beschneidungen durchführte. Man tuschelte unter den Mädchen, daß sie die Zeremonie immer besonders lang hinausziehen würde, angeblich, weil dies der Wunsch des Propheten gewesen sei. Aber offenbar weidete sie sich auch an den Qualen der jungen Frauen. Und vielleicht spielte sogar noch etwas anderes eine Rolle. Diese alte Frau hatte vor vielen Jahren selbst drei ihrer Töchter nach den Beschneidungen verloren. Sie waren jeweils wenige Tage später gestorben. Auf jeden Fall war in der Alten jegliches Mitgefühl für die leidenden Mädchen verschüttet. Während der Operation galt sie jedesmal als Mittelpunkt – und sie genoß diese Rolle. Auch heute noch wird ja die grausame Sitte der Beschneidung in vielen afrikanischen Ländern praktiziert. Man unterscheidet dabei zwischen der sogenannten Sunna-Beschneidung, bei der entweder die Spitze der Klitoris abgeschnitten oder aber die Klitoris radikal entfernt wird, und der Infibulation. Bei der Infibulation, der grausamsten Form der Beschneidung, wird nicht nur die Klitoris entfernt, sondern auch die inneren und äußeren Teile der Schamlippen. Darüber hinaus werden die Wundränder mit Dornen zugesteckt. Bei Aischas Stamm nun galt der Infibulations-Ritus.

Die Beschneidung war für Aischa keine Überraschung gewesen. Sie hatte gewußt, daß es geschehen würde, und sie hatte auch von dem Zeitpunkt gewußt. Und dennoch sprang der Schock sie an wie ein wildes Tier, als die schreckliche alte Frau und ihre Nachbarinnen die Hütte betraten. Verzweifelt sah sich das Mädchen nach seiner Mutter um – vergebens. Vermutlich hatte sie vorher die Hütte verlassen müssen, und jede der anderen Frauen dachte: »Warum soll es ihr besser gehen? Wir haben das auch ertragen müssen.«

Mit einigen barschen Befehlen ordnete die Alte an, daß sich das Mädchen auf den nackten Boden hinzulegen hatte. Aischa mußte Arme und Beine spreizen, und Frauen setzten sich darauf. Aischa konnte sich nicht mehr rühren. Eine weitere Frau setzte sich auf ihre Brust. Sie schob dem Mädchen einen Holzblock in den Mund und flüsterte ihr zu, daß sie darauf beißen solle, wenn der Schmerz einsetzt.

Aischa konnte nicht sehen, was die Alte tat, ihr war der Blick versperrt. Plötzlich spürte sie den rasenden Schmerz. Er kam mit solcher Wucht, daß der Schrei, der sich ihrem Mund entringen wollte, sofort in ein gurgelndes Stöhnen überging. Die Zähne gruben sich tiefer und tiefer ins Holz. Dann verlor Aischa das Bewußtsein.

Als sie wieder zu sich kam, saß die Mutter an ihrem Lager, auf das man sie nach dem Eingriff gelegt hatte. Die Schmerzen jagten wie Wellen einer herannahenden Flut durch den Körper, aber das Mädchen nahm sie nur im Unterbewußtsein wahr. Im Kopf brannte Fieber, manchmal phantasierte sie, dann wieder versuchte sie, sich die Lederriemen von den Schenkeln zu reißen, die ihre Beine vier Wochen in absoluter Unbeweglichkeit zusammenhalten sollten, bis die Wundränder miteinander verwachsen und geheilt waren. Die Mutter brauchte alle Kraft, um die wild um sich schlagende Tochter zu beruhigen.

Eine Woche lang kämpfte der Tod um das Mädchen. Fast schien es, als würde er siegen. Doch am Morgen des achten Tages nach dem Eingriff spürte Aischa, daß die Schmerzen erträglicher wurden. Das Fieber ließ nach, sie vermochte wieder klarer zu denken. Von nun an machte die Gesundung schnelle Fortschritte. Nach vier Wochen nahm man ihr die Lederriemen ab, und Aischa konnte wieder ihrer Arbeit nachgehen.

Geblieben freilich war der Abscheu vor dem, was man mit ihr gemacht hatte. In dieser Hinsicht unterschied sie sich von anderen Frauen des Dorfes. Und beinahe noch stärker geworden waren ihr Haß und ihr Ekel vor Mahmud, jenem Mann, den sie in nunmehr drei Jahren heiraten sollte.

Da waren noch zwei andere junge Mädchen, die zur gleichen Zeit verheiratet werden sollten. Aischa wußte, daß auch sie sich vor den Männern fürchteten, die ihre Familien für sie ausgesucht hatten.

Heimlich besprach sie sich mit ihnen. Sie erinnerten sich an den weißen Arzt in Gewani. In zwei bis drei Tagen könnte man ihn erreichen. Es hieß, er würde jedem Afar helfen, der zu ihm kommt. Aischa schlug vor, heimlich das Dorf zu verlassen. Sie wußten, daß sie immer nur nachts laufen konnten. Am Tage würden andere Afars sie sehen und der Familie verraten. So würden sie Zeit verlieren, und das Wasser würde nicht ausreichen. Dennoch: Die Hoffnung tilgte alle Zweifel. Sie bereiteten ihre Flucht vor. Einige Tage später war es soweit. Die Mädchen trafen sich, als alle anderen schliefen. Sie liefen los, in Richtung Gewani, so schnell es ging. Das verdorrte Gras glänzte silbrigkalt im Mondlicht.

Der erste Schreck fuhr den Mädchen in die Glieder, als plötzlich zehn Meter vor ihnen auf einem Fels ein großes Tier im Mondlicht stand. Es knurrte leise, zeigte aber keine Angst. Und das war verdächtig. Deutlich sahen sie die gesträubte Nackenmähne und den kurzen aufgerichteten Schwanz, das untrügliche Zeichen der Angriffsbereitschaft.

Es waren insgesamt drei Tiere. Aber wie schnell konnten es mehr werden! Es war den Mädchen klar, daß sie nicht mehr weitergehen durften. Sie wollten sich in aller Eile eine Keule aus dem Busch brechen. Dabei rissen sie sich die Hände blutig. Der Blutgeruch peitschte die Hyänen auf. Nun hatten die Mädchen zwar keine Keule, aber eine dornige Rückendeckung. Zwei von ihnen errichteten so etwas wie einen Steinwall. Dann warteten sie ab. Die drei Tiere hatten sich in zwanzig Metern Abstand um sie gruppiert. Eine Hyäne legte sich lang hin und robbte unmerklich näher. In ihrer Angst starteten die Mädchen ein erstes Stein-Bombardement. Die Tiere zogen sich zurück. Sie schlichen auf und ab und heulten laut in die Nacht hinein. Die Mädchen drängten sich dicht zusammen und beteten.

Endlich dämmerte der Morgen. Die Hyänen zogen sich tatsächlich zurück. Wegen der Raubtiere und der möglicherweise hier lebenden Afars blieben die Mädchen jedoch dort, wo sie waren. Sie verlagerten lediglich ihre Festung um zwanzig Meter weiter zwischen zwei Felsbrocken. In deren Schatten holten sie den versäumten Schlaf nach. Sie hatten kein Wasser mehr und nichts zu essen. Früh am Abend, es war noch hell, brachen sie auf. Wenn sie durchmarschierten, konnten sie am Mittag des nächsten Tages ihr Ziel erreicht haben. Hoffentlich würde sie der weiße Hakim auch wirklich aufnehmen und weiterleiten. Wegen des Hungers und des Durstes mußten sie es nun einfach riskieren, auch am Tage weiterzulaufen. Sie wollten, wenn man sie entdeckte, sagen, daß ihr Vater im Kampf schwer verwundet worden sei, und sie den Hakim holen wollten.

Nach zwei Stunden war die erste Hyäne wieder da. Jedes der Mädchen hatte einen Knüppel, und damit sprangen sie das Tier an. Es knurrte, wich zurück. Längst hatte sie auch ihren Signalruf ausgestoßen. Zum Glück fanden die drei Afars-Mädchen einen verlassenen Tierkral neben dem Weg und hatten so eine Dornenburg. Sie war nicht hoch, aber rundherum geschlossen, und sie bot Schutz.

Die Hyänen, diesmal vier, lagen im Kreis um die »Burg«. Die Augen funkelten. Von weitem meldeten sich andere Hyänen. Aber sie kamen nicht näher.

Die Mädchen waren erschöpft, sie schliefen ein.

Niemand vermochte hinterher zu sagen, wie lange sie geschlafen hatten.

Aischa wurde jäh wach durch einen stechenden Schmerz in der Taille. Ihr Kopf, die Hände und die Beine baumelten frei in der Luft. Dann war es ihr, als zöge man ihr die Haut in Streifen herunter. Eine Hyäne war in die Dornenburg eingebrochen, hatte Aischa angegriffen und sie über die Dornenhecke gezerrt. Aischa schrie. Jetzt erst wachten ihre Freundinnen auf. Ehe sie aus dem Dornengestrüpp herausfanden, war die Hyäne schon fünfzig Meter weit fort. Sie schrien aus Leibeskräften, vergaßen alle Vorsicht und Furcht und schwangen drohend die Keulen. Die übrigen Hyänen hatten vor Menschen offensichtlich noch immer Respekt, sie verzogen sich. Doch das Tier, das

Aischa erwischt hatte, ließ nicht ab. Endlich waren die Freundinnen heran und droschen auf die Hyäne ein.

In diesem Moment fiel ein Schuß. Aischa stürzte zu Boden. Sie war bewußtlos. Das Tier suchte das Weite. Die Retter in der Not waren zwei Afars, die in der Nähe ihre Burra aufgeschlagen und das Geschrei gehört hatten. Aischa wurde in die Hütte gebracht. Sie blutete stark. Ihre rechte Seite sah übel aus. Die beiden Männer klatschten ihr frischen Kuhmist auf die Wunde.

Die Mädchen logen geistesgegenwärtig. Wie vereinbart, erzählten sie die Geschichte vom verwundeten Vater, der auf ärztliche Hilfe wartete. Die Afars flochten am nächsten Morgen eine Bahre, legten Aischa darauf und trugen sie zu Dr. Aebersold ins Hospital des Roten Kreuzes bei Gewani.

Der Schweizer Arzt säuberte, nähte und verband das verletzte Mädchen, gab ihm eine Spritze gegen Wundstarrkrampf und Antibiotikum. Am nächsten Tag vertraute sich Aischa ihm an, erzählte von ihrer Flucht und bat ihn um Hilfe. Damit war der Arzt in einen Zwiespalt gestürzt. Zwar war er gern bereit, den drei Mädchen jede Unterstützung zu geben, andererseits wußte er, daß sein eigenes Leben gefährdet war, wenn die Familien der Flüchtlinge davon erfuhren.

Nun hatte sich leider die Geschichte des Hyänen-Überfalls wie ein Lauffeuer verbreitet. Auch Aischas Stamm erfuhr davon und entsandte eine Abordnung zu Aebersold. Sie forderte die Mädchen zurück. Aischas Freundinnen konnten sich nicht mehr verstecken, ihr aber gelang es, in eine große Truhe in Aebersolds Zimmer zu schlüpfen. Sie hörte die Männer aufgeregt reden und durch das Haus trampeln, doch niemand fand sie.

Stunden später, als die Afars abgezogen waren, stand Aischa wieder vor dem Arzt. Sein Mitgefühl behielt die Oberhand. Dr. Aebersold entschloß sich, dem Mädchen weiterzuhelfen. Allerdings durfte sie auf gar keinen Fall in seinem Haus bleiben.

Als es dunkel geworden war, versteckte er sie in einem Jutesack. Scheinbar achtlos warf er ihn mit anderem Gerümpel zusammen auf seinen Landcover, fuhr etwa einhundert Kilometer weit zu einem deutschen Straßenbau-Camp. Dort fand Aischa zunächst Unterschlupf. Doch auch hier arbeiteten Afars, und so erfuhr der Stamm über ein paar Umwege erneut von ihrem Aufenthaltsort. Aebersold saß derweil wieder ahnungslos in seinem Hospital.

Diesmal ließ sich die aufgebrachte Afar-Delegation erst gar nicht auf lange Verhandlungen ein, sie stellten ein Ultimatum. Entweder würde der Arzt dafür sorgen, daß das Mädchen innerhalb der drei Tage wieder zu seiner Familie zurückkehrte, oder er hätte sein Leben verspielt. Aebersold war lange genug im Lande, um die Drohungen so ernst zu nehmen, wie sie gemeint waren. In seiner Not fuhr er noch einmal zu den deutschen Arbeitern, und er hatte Glück. Aischa war noch bei der Gruppe. Er erzählte dem Mädchen von dem Ultimatum seiner Angehörigen, und er bat sie, wieder in das Dorf zurückzugehen.

Aischa sah keinen Ausweg mehr. Auf gar keinen Fall wollte sie das Leben des Mannes gefährden, der ihr als erster in ihrem Leben wirklich zu helfen versucht hatte. Und vielleicht war das harte Auftreten der Familie doch ein winziges Zeichen von Zuneigung und Sorge?

Schon am nächsten Morgen kehrte sie in ihr Dorf zurück. Beim nächsten Vollmond fand die Hochzeit mit Mahmud statt, um gewissermaßen unumkehrbare Ordnung in die Dinge zu bekommen. Für Aischa brachen üble Zeiten an. Wollte die junge Frau mit Mahmud sprechen, dann durfte sie ihn nicht anschauen; sie hatte sich so zu stellen, daß sie sein Gesicht nicht sah. Bei den Mahlzeiten bekam sie nur das, was er verschmähte. Natürlich mußte sie ihn von früh bis spät bedienen, mußte jede Arbeit verrichten, die ihr von ihm aufgetragen wurde. Er selbst tat nichts. Doch am schlimmsten war es nachts. Aischa war nicht in der Lage, die sexuellen Wünsche ihres Mannes zu erfüllen. Nicht nur, daß er ihr im höchsten Grade widerwärtig war, sie konnte es rein körperlich gar nicht. Nach der Beschneidung war ihre Scheide verengt, das »Zunähen« mit Dornen hatte Aischa geschlechtsunfähig gemacht. Mahmud reagierte auf cine für ihn typische Weise: Er versuchte, seine eigene Frau zum Gespött des Dorfes zu machen. Aischa fühlte sich mehr denn je als Ausgestoßene.

In ihrer Not sprach sie mit ihrer Mutter. Sie wußte Rat – aber genau den wollte Aischa nicht annehmen. »Geh zur Alten und laß dich öffnen«, hatte sie gesagt. Was das bedeutete, wußte Aischa nur zu genau. Schon mehrfach hatte sie erlebt, wie das vor sich ging. Nämlich immer dann, wenn die anderen Frauen ein Kind gebaren also mindestens einmal im Jahr – war es soweit. Nur fünfen von hundert war es vergönnt, die Kinder ohne Hilfe zur Welt zu bringen. Bei allen anderen war die Scheide zu eng. Zwar hatten sie, im Gegensatz zu Aischa, mit ihren Männern Verkehr haben können, aber spätestens dann, wenn die Geburt einsetzte, kam es auch bei ihnen zu Komplikationen. Der Schädel des Babys war bereits zu sehen, der Körper preßte – aber für das Kind war der Ausgang zu eng. Und so mußten sich die Frauen selbst öffnen oder sich öffnen lassen.

»Öffnen« – das hört sich so harmlos an, so nach Spritze, Narkose, Kaiserschnitt. Doch in Wirklichkeit bedeutete es, die Gille, das Kurzschwert, oder einen schmutzigen Dolch zu nehmen und sich selbst aufzuschneiden. Hier ist dann, auch für abgehärtete Afars-Frauen, die Grenze des Leidens erreicht. Der Schmerz macht ohnmächtig, sind hilfreiche Nachbarn nicht zur Stelle, verblutet die Mutter. Allzu häufig schneiden sie auch zu weit, oder sie verletzen das Baby. Sehr viele Afar-Frauen überleben die Geburt nicht. Hat eine Mutter die Geburt »glücklich« überstanden, dann wird sie wieder zugenäht, das heißt, erneut mit Dornen zugezwackt und zugenäht.

Nach jeder Geburt die gleiche Prozedur. Und dies war es also, was Aischa bevorstand, wenn sie dem Rat der Mutter folgen würde. Sich öffnen lassen, von einer Dorfhexe, vor der sie sich ängstigte, für einen Mann, den sie haßte.

Aischa folgte dem Rat der Mutter nicht. Ihr Leben wurde immer unerträglicher. Der Abgrund zwischen Aischa und Mahmud klaffte täglich weiter und tiefer auseinander.

Da kam eines Tages ein versprengter Trupp eritrerischer Freiheitskämpfer in die Burra. Die Soldaten befanden sich auf der Flucht vor Regierungstruppen. Unter ihnen befand sich auch eine Frau. Suleika war ihr Name. Aischa fühlte sofort so etwas wie Zuneigung zu der Frau aus Eritrea. Und diese merkte schnell, daß Aischa irgendwie Hilfe brauchte. Sie sprach mit ihr, erst zögernd, dann lange. Zum zweiten Mal in ihrem Leben hörte Aischa etwas von Gleichberechtigung, vom befreiten Leben der Frauen. Es war wiederum der Atem einer anderen Welt, der Aischa streifte. Suleika gab Aischa den Rat, ihren Mann so lange zu provozieren, bis er sie verstoßen würde. Später sollte sie dann zu ihr kommen, sollte sich der Befreiungsfront anschließen.

Das Ganze ging viel leichter und schneller, als Aischa erwartet hatte. Vielleicht hatte Mahmud selbst schon längst auf eine Gelegenheit gewartet, sich von Aischa zu trennen, diese unbefriedigende Ehe zu beenden. Als sie sich ihm mehrere Nächte später erneut verweigerte, verkündetet er am nächsten Tag öffentlich im Dorf, Aischa sei nicht mehr seine Frau. Schluß, basta! Trennung ist bei den Afars kein Problem, zumindest nicht für den Mann. Er verstößt seine Frau einfach.

Der Trupp E.L.F.-Soldaten zog weiter. In seinen Reihen zwei Frauen – Suleika und Aischa.

Als wir sie kennenlernten und ins lange, erzählende Gespräch kamen, lebte Aischa bereits über ein halbes Jahr bei den Soldaten. Geradezu hemmungslos stürzte sie sich ins Lernen von Sprachen: Arabisch, Tigrinya, Englisch. Einen Monat hatte es gedauert, bis sie sich endgültig an die neue Nahrung ihrer neuen Freunde gewöhnt hatte. Vorbei die Zeit, wo sie nur von Milch und Resten leben mußte. Jetzt gab es auch Tee, Zucker, Nudeln, Reis, Fleisch, Datteln und Kaffee. Es war eine paradiesische Zeit.

Ihren ersten Einsatz hatte Aischa in Massaue, einer Hafenstadt Äthiopiens. Für die Regierungstruppen war Massaue eine der wichtigsten Stützpunkte. Aischa und Suleika hatten den Auftrag, bei einem für die Eritreer arbeitenden Uhrmacher einige Uhren zur Reparatur abzugeben und und woanders Radio-Ersatzteile zu holen. Solcherart Aufträge wurden nur an Frauen vergeben, denn sie fielen am wenigstens auf. Massaue überwältigte das Kind aus der Wüste; Aischa wußte nicht, ob sie träumte oder wachte. Sie sah zum ersten Mal das Meer, Schiffe, Hubschrauber; am meisten aber staunte sie, daß es in den Häusern Wasserhähne gab, die man nur anzustellen brauchte, um daraus klares Wasser sprudeln zu lassen...

Nie in meinem Leben werde ich Aischa vergessen.

(aus: »Die Wüste Danakil«)

HÖLLE UND IDYLLE

Tagebuchnotizen querbeet

Die Nacht war schlimm. Die See schlug Purzelbäume. Die Brecher knallten fast quer vor die Bordwand. Um den Aufprall zu mildern, wollte ich die Richtung ändern.

Genau in dem Moment, als ich aus der Kabine aussteigen und zum Ruder gehen will, stürzt eine gewaltige Fontäne durch den geöffneten Lukendeckel 20 cm Wasser ins Cockpit. Alles schwimmt. Gut, daß ich die Speise- und Foto-Kanister stets kenterbereit verschlossen habe! Aber an Schlafen ist nicht mehr zu denken. Es sei denn, ich legte mich ins Wasser auf den schwimmenden Schlafsack. So bleibe ich an Deck und beobachte die Umgebung. Das Klarschiffmachen verschiebe ich auf den Tag. Wenn die Welt wieder anders aussieht.

Irgendwann muß ich eingenickt sein. Ich werde wach, nachdem mich ein achterlicher Überroller vom Sitz gerissen und längs über die Steuerbordkufe geschleudert hat. Beine und Unterleib hängen außenbords. Der Oberkörper wird wie von einer starken Faust gehalten. Dem Seil. Ich will die Reling greifen. Aber sie ist zu hoch. Aus meiner Parterre-Lage heraus erreiche ich sie nicht. Dafür kriege ich das Seil zu greifen, das von der Brust straff am Hals vorbei zur Laufleine mittschiffs führt. Es gibt mir in der Finsternis den nötigen Halt, um mich rauszuziehen.

Wie schnell kann man außenbords gehen, wenn man einmal einen einzigen Fehler begeht! Ich mag mir die Situation gar nicht ausmalen, wenn man im Meer aufwacht – und sieht das Schiff davontreiben. Ich glaube, daß es ein schneller Tod ist. Natürlich wird man aus vollster Kraft hinterherschwimmen, bis das Boot von der Schwärze der Nacht aufgesogen wird. Dann ist man sicher auch dermaßen »alle«, daß der Rest schnellgeht.

*

Heute habe ich fast meinen ganzen Kalender aufgegessen! Ursprünglich bestand er aus einem Beutel mit 100 dicken, entsteinten Backpflaumen.

Denn 100 Tage – das ist das Äußerste, das ich unterwegs sein wollte. Ich hatte vor, mir eine pro Tag zu Gemüte zu führen und so optisch und lukullisch eine Übersicht zu behalten.

Weil die Früchte mir aber so gut schmeckten und ich seit Tagen mit der anderen Nahrung Probleme habe, existieren nur noch die letzten 30 Tage meiner Reise!

Und da ich hoffentlich sowieso nur zwei Monate brauche, kann ich ja morgen die restlichen 30 essen. Oder soll ich damit einen neuen Kalender anfangen?

*

Es ist 23 Uhr und so merkwürdig still. Blick auf den Kompaß: Ost! Wieso hat das Boot gedreht? Ich will Südwest. Ich lege den Gurt an, klinke mich ins Laufseil und schwinge mich aus der Kabine aufs Deck.

Totale Flaute! Ich dümple. Die Fock flattert lustlos mal hin, mal her, wie eine Herz-Lungen-Maschine, kurz bevor der Patient ablebt. Es lohnt nicht, den Kurs zu korrigieren. Wind abwarten. Wie muß einem zumute sein, wenn man 14 Tage auf der Stelle tritt? Wie lange hatte Columbus Flauten? Ihm gegenüber habe ich vor allem den Vorteil, zu wissen, daß es Amerika gibt. Und ich habe Vitamin C mit.

*

Der Himmel ist eine Pracht. Alle Gestirne des Universums haben sich schön gemacht und strahlen, daß es eine Freude ist. Nur rund um den Horizont liegt ein Kranz von Wolken. Wie ein Adventskranz. Oder wie der Haarkranz eines Mannes, auf dessen Glatze Schweißperlen, die Sterne, funkeln.

Vom Mond her fällt ein Lichtkegel übers Wasser. In den winzigen Kräuselwellen wirkt es wie zerknautschtes Silberpapier, das jemand mühsam geglättet hat.

Es ist totenstill. Nur die weitauseinandergezogene Dünung atmet unaufhörlich. Sie hebt und senkt das Boot.

Hinter mir schnauft es. Das könnten Wale sein. Welche es sind, kann ich nicht ausmachen. Sie untertauchen das Boot. Ihre Körper reflektieren das Licht der Gestirne. Eine faszinierende und etwas unheimliche Welt. Ich hole die Mundharmonika und spiele leise Melodien. Bis die Wale das Spiel ums Schiff oder die Töne leid sind. Wind kommt auf. Es geht weiter.

*

Bei der ruhigen See heute sieht man wieder Unmengen der eigenartigen Quellen. Sie sehen genau wie Pommes frites aus. Quadratischer Querschnitt, 4-5 cm lang. Heute sind es besonders viele. Ich schätze, daß fünfzehn auf einen Quadratmeter kommen. In mancher Frittenbude wäre solche Üppigkeit das reinste Sonderangebot.

*

Heute umwerben mich vier Haie. Aber keiner über zwei Meter. Gern sähe ich einmal einen Walhai von 20 Metern! Sie scharwenzeln mal hinterher, mal nebenher. Regelrechte Faulpelze. Sie wirken geradezu gelangweilt. Also biete ich ihnen etwas. Ich plansche mit den Händen im Wasser. Wie elektrisiert kommt Spannung in ihre Körper. Welch ein Unterschied, ob man sie vom Boot aus betrachtet oder aus der Perspektive des Schwimmers!

Ein Knirps von 120 cm Länge schwimmt einen halben Meter neben meiner »Parkbank«. Ein eleganter hübscher Blauhai. Er wird begleitet von einem Schwarm kleiner Fische, denen er scheinbar keine

Beachtung schenkt. Die Gruppe erinnert mich lebhaft an einen Politiker, der auf Schritt und Tritt von Ratgebern und Speichelleckern umgeben wird.

Weil die Situation so günstig ist, speere ich mir einen Begleitfisch heraus. Er kann sich aber von der Harpune lösen, ehe ich ihn heraus habe. In derselben Sekunde kommt Leben ins Wasser. Eine schnelle Schwanzbewegung – und Charly Sharky hat meinen Fisch vernascht. Auch das wie beim einflußreichen Politiker: »Weg damit! Er nutzt nichts mehr.«

*

Ich schrecke hoch. Pechschwarze Nacht. Kein Mond. Kein Stern. Himmel wie ein aufgespannter, schwarzer Schirm zur Beerdigung. Das Meer entsprechend. Was sagt der Kompaß? Wieder mal falsche Richtung, sagt er. Und draußen schüttet es aus vollen Eimern.

Aber ich muß raus. Denn ich fahre zu schnell. Und jede Stunde Nord bei Starkwind bedeutet drei Stunden Süd bei Pipiwind. Oder ob es gleich aufhört zu regnen? Die Kabine ist ohnehin naß genug. Das Wasser kriecht durch alle Schlitze, die ich von Zeit zu Zeit öffnen muß. Meine 3 cbm Luft sind schnell verbraucht! Atembeklemmungen lassen mich dann jedesmal von selbst aufwachen. »Lieber nasser, als tot und blasser.« Guter Slogan. Ich sollte in die Werbung. Im Moment bin ich unentschlossen. Es schüttet weiter. Ich eile weiter gen Nord.

Mehr nolens als volens zwänge ich mich in den Friesennerz. Gut, daß ich ihn mitgenommen habe! Dauerregen und -wind machen den Äquator zum Nördlichen Wendekreis. Zeit, daß ich jetzt selbst einen Wendekreis beschreibe. Lukendeckel auf und raus! Das Wasser ergießt sich in mein molliges Bett. Schnell! Wo ist das Einklinkseil? Es flattert im Wind. Ich hab's, raste mich ein, schwinge mich raus. Trotz der Nässe: Sicherheit geht vor. Nichts überstürzen.

Alles ist naß, salzig, rutschig. Bloß nichts brechen oder aufschlagen. Das wäre schlimmer als ein nasses Bett. Geschafft! Deckel zuklappen und verriegeln. Wo das Steuer ist, weiß ich im Schlaf. Sehen kann ich es nicht. Das einzige optische Orientierungsmal ist der kometengleiche Glitzerstreif des funkelnden Planktons. Heute leuchtet es besonders schön. Sagenhaft, wie belebt das Wasser ist, wenn man's im rechten Licht sieht! Nur so können sich auch Monstertiere à la Wal und Walhai so dick- und sattfressen.

Um das Ruder in den Griff zu kriegen, muß ich die Taschenlampe anmachen und den Kompaß deutlich vor mir haben, Tagsüber komme ich mit der Anlage besser klar.

Der Regen peitscht. Die Pedale rasen. Sie sind mein Geschwindigkeitsindikator. Mein Log. 4 Knoten, schätze ich. Das bringt was! Dann nehme ich auch solches Wetter gern in Kauf. Einen Tag eher an Land. Die Gedanken rasen kreuz und quer.

Der Taschenlampenstrahl schneidet die Schwärze wie Laser. Unmittelbar neben mir reflektieren die Körper meiner 12 Dorados. Sofort suchen sie Schutz unterm Schiff. Wann schlafen die nur? Tagsüber sind sie ununterbrochen auf Jagd und nachts halten sie den Anschluß zu mir. Sicherlich ist das die Zeit ihrer Ruhe. So wie Pferde im Stehen schlafen.

Um wieder auf rechten Kurs zu kommen, muß ich treten und das zweite Steuer hinzunehmen. Sklavenjob! Aber endlich bläht sich das Segel von der richtigen Seite auf. Ich vertäue das Reservesteuer und stelle die Automatik ein.

In diesem Moment starren mich deutlich zwei Augen an. Ein Hai? Ich glaub', ich spinne! Ich leuchte. Faustgroß und rund. Wie eine Rieseneule. Da klappen sie zu und sind fort. Fehlte nur, daß mich eine Krake besucht und mir mit ihren Saugscheiben ein paar Knutschflecken verpaßt.

Zur bereits vorhandenen Gänsehaut durch Kälte gesellt sich eine zweite, durch Angst. Die größte Krake, die je gemessen wurde, betrug um die 22 Meter. Das bedeutet, ein Arm kann 11 m Länge erreichen. Dazu kommt, daß sie tatsächlich nachts an die Oberfläche steigen und die besten Augen der Tierwelt haben sollen.

Da kriegt mich ein Fangarm zu fassen. Ich umkralle den Lenker. Wenn die Krake jetzt zieht – ich hätte keine Hand frei, um mich zu wehren. Da löst sich der Griff. Es war nur das flatternde Seil, das ich um den Lenker geknüpft hatte.

Soll das Boot die paar Stunden treiben, wohin es will! Hier gehört die See ohnehin mir allein. Eine Kollision ist ausgeschlossen.

Wie ein alter Mensch ziehe ich mich in der Dunkelheit vorsichtig vom Lenker zum Kompaß, zur Treppenstufe, zum Lukenverschluß. Wegen des Seegangs und der weichen Knie. Noch mal kurz konzentrieren – und dann schnell rein in die gute Stube!

Prompt hakt das Sicherheitsseil. Ich taste mich daran entlang und löse es. Ich will den Karabiner öffnen. Und natürlich, der Schnappverschluß liegt genau auf der entgegengesetzten Seite. Wertvolle Sekunden! Denn währenddessen schüttet es in die Kabine. Schließlich bin ich frei, ducke mich und schließe den Deckel. Wie einen Helm überm Kopf.

Wärme umgibt mich. Sie entschädigt für die quietschende Nässe. Der Friesennerz trägt ebenfalls zur Überschwemmung bei. Das Wasser, das auf ihm haftete, läuft ab.

Es riecht nach Muff, nach Spak und Schimmel. Wenn nicht morgen die Sonne scheint, kann ich einiges abschreiben. Denn Spak kriegt auch die Reinigung nicht raus.

Mit dem Lichtstrahl versuche ich, mir Übersicht zu verschaffen, mit nassen Handtüchern mich abzutrocknen. Wenn man sie auswringt, erfüllen sie tatsächlich ihren Zweck. Alles eine Frage der Relationen. Der Lichtschein enthüllt aber auch die angerosteten Konservendosen. Mein Essen für morgen. Bei ihrem Anblick und dem Gedanken an das ätzende Salzwasser und unter Einwirkung des Modergeruchs kommen mir Brechreize.

Nur schnell hinlegen! Sonst heißt es: »An die Reling zum Reihern!« Ich bringe mich in die stabile Seitenlage und döse vor mich hin. Bis zum nächsten Mal. In einer Stunde.

*

Zum Mittagessen wurde eine Dose geknackt. Weil Maggy, meine Frau, sie alle seewasserfest beschriftet hat, weiß ich stets, was ich öffne. Ohne Beschriftung wäre es ebenso reizvoll. Wie eine Einladung zu Bekannten, wo man vorher auch nicht immer weiß, was es gibt. Bei mir gab es vier Königsberger Klopse. Dazu Rotkohl und Kartoffelpüree. Es war reichlich, und ich hatte zwei übrig. Um sie nutzvoll zu verwenden, packte ich sie in den Angelstrumpf. Zusammen mit den beiden schweren Haken. Diese Köderbombe wird zugebunden oberhalb der Haken und hinterhergeschleppt. Aber so, im Strumpf, würden sie ihren Fleischgeruch länger bewahren. Vielleicht beißt ein Dorado an?! Die Alarmanlage ist eingeschaltet. Aber nichts rührt sich. Fünf Stunden lang. Als ich zu »Bett« gehen wollte, holte ich das Gerät ein. Routine. Alles schien so, wie ich es reingeworfen hatte. Dennoch öffnete ich den Strumpf, um mich zu vergewissern, ob die Klopse überhaupt noch dufteten.

Zu meiner Überraschung entdeckte ich aber keine Fleischbälle mehr, sondern zwei runde Brötchen! Die geringe Fleischmenge war ausgespült worden und das Paniermehl nebst Mehl (für den Zusammenhalt) waren übriggeblieben.

Klar, daß da kein Dorado drauf abfuhr. Nur wir Menschen kaufen so was als Fleischklops. Ganz schön beklops, wa'?

(aus »Im Tretboot über den Atlantik«)

Seite 253: Yanomami: Jeder hilft beim Bau der Krankenstation
Seite 256/57: Yanomami-Schulkinder: Survival-Training mit Grips
Seiten 258/59: Ana mit Helferin
Seite 260: Ana: Medizinerin – und magische Erscheinung

Hei yahi hamɨ Yanomamɨ të penɨ
napë xo të pë mɨhɨ mɨ pache-
Yanomamɨ iha alemanha-teri xo
"Gesellschaft für bedrohte Völker"
xo kai të pë topeihe
Posto bicultural Yanomami-Brasileiro
Uma doação dos amigos dos Yanomami da
Alemanha e da
Gesellschaft für bedrohte Völker
Janeiro 1997

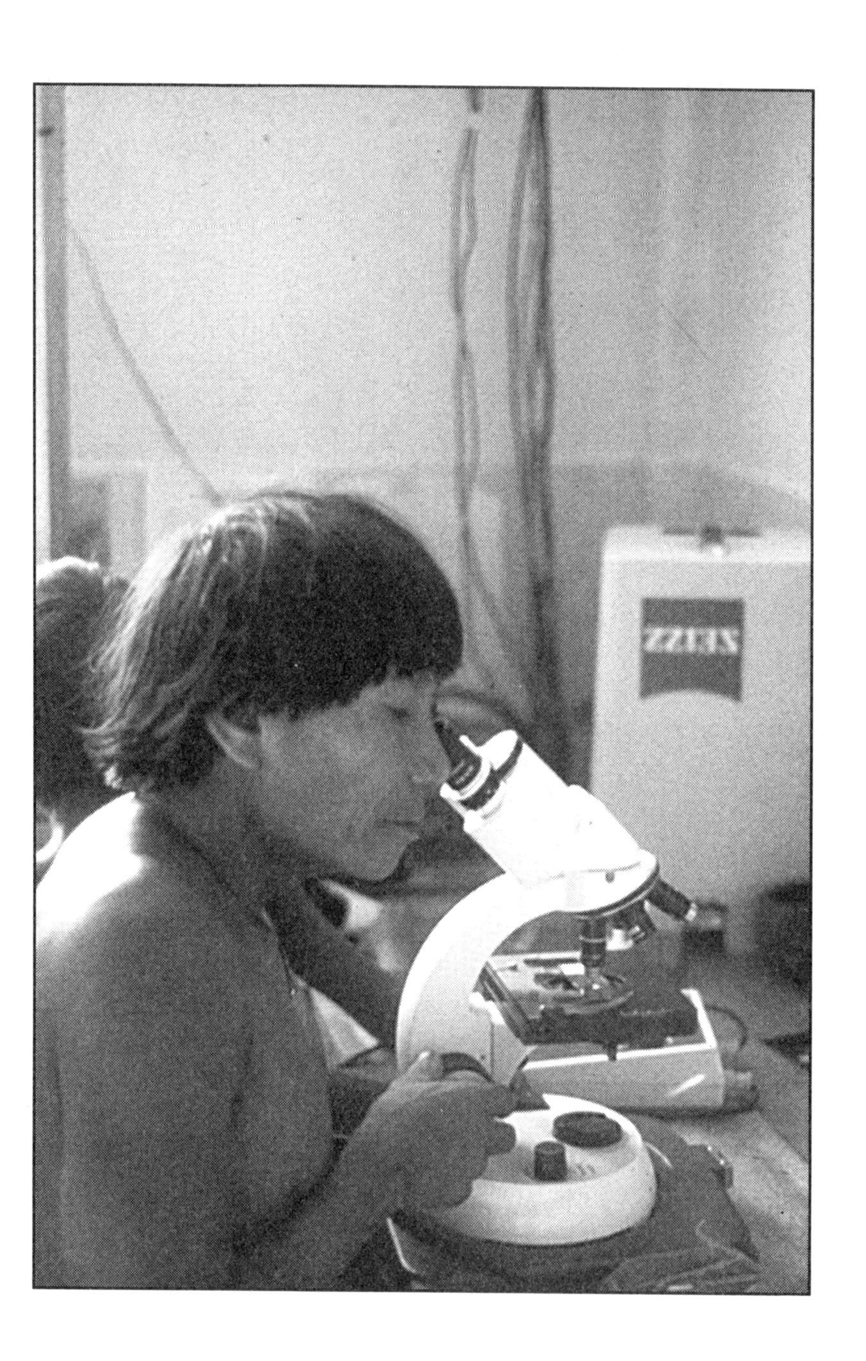

DREI FRAGEBÖGEN

Rüdiger Nehberg, was gefällt Ihnen an sich selbst?
Daß ich trotz allem, was ich in der Welt gesehen habe, Demokrat geblieben und nicht Anarchist geworden bin.

Welches war Ihre erste Mutprobe?
Kartoffeln aus dem Keller zu holen – und das allein, ohne Begleitung der jüngeren (!) Schwester.

Was würden Sie, hätten Sie die Macht, auch gegen den Willen einer Mehrheit durchsetzen?
Wirtschaftlichen Stillstand statt fragwürdigen Fortschritt. Das geht nur gegen die Mehrheit.

Welche Hoffnungen haben Sie aufgegeben?
Daß ich vielleicht doch wieder jünger werde.

Keine Revolution hat letztlich die Hoffnung derer erfüllt, die den Aufstand wagten. Leiten Sie davon ab, daß die ganz große Hoffnung lächerlich sei und nur der Hoffnungslose sich Enttäuschung erspart?
Ohne Hoffnung verkümmert man – zum Pessimisten. Und es passieren ja trotz aller Enttäuschungen immer wieder Wunder. Gorbatschow war für mich so eines. Lächerlich ist nur, wenn man meint, alle Hoffnungen, die man hat, müßten sich im eigenen kurzen Leben erfüllen.

Fürchten Sie sich vor den Armen dieser Welt?
Ich fürchte mich immer mehr vor denen, die andere zwingen, arm zu bleiben.

Womit rechtfertigen Sie, mehr Geld zu haben als andere?
Dafür gibt es keine Rechtfertigung. Auch mein Wohlstand basiert auf der Ausbeutung der Dritten Welt.

Teilnehmer welchen historischen Ereignisses wären Sie gern gewesen?
Bei der Erschaffung Evas aus einer Rippe.

Hat Heimat für Sie eine Flagge?
Nein. Meine Freunde sind meine Heimat.

Gibt es Landstriche, Bräuche, Städte, die Sie auf den Gedanken brächten, Sie seien für einen anderen Ort besser geeignet?
Nein, ich habe dieses Deutschland trotz allem als das kleinere Übel schätzen gelernt.

Was empfinden Sie angesichts der Gewißheit, daß es Sie in fünfzig Jahren nicht mehr gibt?
Es wird mich schon viel eher nicht mehr geben. Gut so! Die Erde braucht Platz für den Nachwuchs und mich als Kompost – um den Nachwuchs zu ernähren.

Hoffen Sie auf ein Jenseits?
Nein. Ich werde Nahrung sein für Bakterien und Gewürm. Alles andere würde mich sehr überraschen.

Was ertragen Sie nur mit Humor?
Niederlagen. Denn Humor spornt Kreativität an.

Wovor haben Sie Angst?
Vor Fragen wie dieser.

Haben Sie einen wiederkehrenden Alptraum?
Ja. Ich will vor irgendetwas fliehen, aber ich komme nicht von der Stelle. Und immer größer werdende Bälle oder Lawinen kommen auf mich zu.

Wofür sind Sie dankbar in Ihrem Leben?
Daß ich existiere, und zwar jetzt. Keiner meiner Vorfahren hat soviel Demokratie, Wohlstand und Frieden erlebt.

Was fehlt Ihnen zum vollkommenen Glück?
Daß die Yanomamis, das letzte Urvolk Amerikas, vor der Ausrottung bewahrt werden. Daß wir angeblich Zivilisierten begreifen, wie viel wir von der Weisheit der Naturvölker lernen können.

Welche natürliche Fähigkeit hätten Sie gern?
Ach, mir würde es schon reichen, ohne Hörgerät hören und ohne Brille sehen zu können.

Von welcher Erfindung hätten Sie gern, daß es die Ihre sei?
Vom Rad.

Was ist Ihnen im Leben am besten gelungen?
Dem Papst (»Gottes Stellvertreter«, »Bewahrer der Schöpfung« und Gegner des Kondoms), ein Versprechen für die Indianer abzulocken – das sich aber bezeichnenderweise als sehr leer entpuppte.

Wo erhielten bzw. gaben Sie Ihren ersten Kuß?
Silvester 1951, auf einer Bettkante.

Nennen Sie drei Dinge, die Sie für Geld nicht tun?
Für Camel & Co. Reklame machen, einer Religion beizutreten, mich zur Ruhe zu setzen.

An welche abergläubische Regel halten Sie sich?
An gar keine. Aberglaube ist Mangel an Selbstvertrauen.

Ihre gegenwärtige Geistesverfassung?
Lust auf Erlebnisse.

Drei Gewalttätige in der U-Bahn greifen jemanden an. Was tun Sie?
Mich einmischen. Wie in Sachen Yanomami!

(Januar 1994)

*

Für welchen höheren Sinn lebt der Mensch?
Sagen wir Hoffnung. Lächerlich ist nur, wenn man meint alle Hoffnungen, die man hat, müßten sich im eigenen kurzen Leben erfüllen. Lächerlich ist das, aber auch traurig.

Was finden Sie liebenswert an diesem Jahrhundert?
Trotz aller Probleme: Keiner meiner Vorfahren hat so viel Demokratie, Wohlstand und unmittelbaren Frieden erlebt.

Sie stehen einer Weltregierung vor. Was würden Sie sofort abschaffen?
Kolonisatoren, Rassisten.

Was ist links?
Das ist dort, wo das Herz schlägt.

Welches ist Ihr liebster Platz auf der Welt?
Das Unterwegssein ziehe ich einem bestimmten Ort vor.

Mit welchen drei Begriffen charakterisieren Sie Deutschland?
Ich bin wahrlich kein Patriot. Aber überall auf der Welt habe ich so viel Not gesehen, daß mir Deutschland oft als das kleinere Übel vorkam.

Was ist für Sie Heimat?
Meine Freunde. Und an die Bäume denke ich, auf denen ich mir die Hosen meiner Kindheit zerriß.

Welches ist das Ziel Ihrer Traumreise?
Raten Sie mal: Fängt mit Y an ...

Wovor haben Sie Angst?
Ich wiederhole: Ich halte es mit Karl Valentin, der sagte: »Ich kenne keine Furcht, es sei denn, ich bekäme Angst.« Aber im Ernst: Furcht habe ich vor der weltumspannenden Macht der Geldgierigen.

Wann haben Sie zuletzt geweint?
Ich erinnere mich öfter und lieber an fröhliche Momente, zumal in der Öffentlichkeit.

Was trauen Sie der Menschheit nicht mehr zu?
Daß wir angeblich Zivilisierten begreifen, wie viel wir von der Weisheit der Naturvölker lernen können.

Was empfinden Sie als Verrat?
Immer wieder den Politikersatz: »Wir müssen unverzüglich handeln.«

Welcher literarische Held steht Ihnen am nächsten? Und warum?
Robinson Crusoe. Das ist Erinnerung an produktive Einsamkeit.

Welches Kunstwerk haben Sie nie verstanden?
Muß das sein?

Wie beschreiben Sie Lebenskünstler?
Stil, der aus dem Bauch kommt und nicht aus dem Geldbeutel.

Welche Kunst würden Sie gern beherrschen?
Ach, mir würde inzwischen schon genügen, ohne Hörgerät hören und ohne Brille sehen zu können.

Worüber wundern Sie sich?
Daß ich so leben kann, wie ich möchte.

Was müßte unbedingt erfunden werden?
Mir fehlt nichts Wesentliches.

Was ist an Ihnen bewundernswert?
Das sollen andere beurteilen.

Apropos Wunder: Was ist ein wunder Punkt bei Ihnen?
Daß ich, als Beispiel für eine bestimmte Disziplin, an der Kreuzung bei Gelb stehenbleibe, obwohl weit und breit kein einziges Auto kommt.

Welchen Zeitgenossen würden Sie für Verdienste um die Menschheit auszeichnen?
Nelson Mandela, José Lutzenberger.

Finden Sie Marx überholt?
Nein.

Sind Sie für Geburtenkontrolle?
Ich bin für den Schutz des Lebens nach der Geburt.

Mit welcher Persönlichkeit der Geschichte würden Sie gern in Briefwechsel treten?
Vielleicht mit Columbus. Der soll mal genau zu erklären versuchen, wie das damals alles angefangen hat mit der Erbsünde der Moderne, mit dem Einbruch Europas ins unberührte Amerika.

(In »Neues Deutschland« vom 13. Mai 1995)

*

Was ist Ihre größte Hoffnung?
Das letzte frei lebende Indianervolk Amerikas die Yanomami, vor der Vernichtung zu bewahren.

Wer oder was ist Ihre heimliche Leidenschaft?
Sag ich nicht weil's sonst nicht mehr heimlich genug ist. »Die Woche« hat eine zu hohe Auflage.

Was ist Ihnen peinlich?
Einmal ein Versprechen zu vergessen.

Welche kulinarischen Genüsse schätzen Sie besonders?
Milch, Salat, Steak.

Was treibt Sie zur Verzweiflung?
Unzuverlässigkeit.

Wem werden Sie ewig dankbar sein?
Horst Schüler, Journalist vom »Hamburger Abendblatt«, für die Wegbereitung.

Was loben Ihre Freunde an Ihnen?
Daß ich zuverlässig bin und auf dem Teppich bleibe.

Wem möchten Sie auf keinen Fall in der Sauna begegnen?
Einer dicken und häßlichen Nymphomanin mit einem Brotmesser.

Was sagen Ihre Feinde Ihnen nach?
Daß ihre Siege über mich meine Kreativität beflügeln.

Wofür oder bei wem müssen Sie sich unbedingt noch entschuldigen?
Bei meiner Tochter, weil ich sie ungefragt in die Welt gesetzt habe.

Welche Ihrer Vorzüge werden verkannt?
Von Freunden keine. Von Feinden alle.

Was war, was ist Ihr größter Erfolg?
»Survival« und die »Yanomami-Indianer« zu festen Begriffen gemacht zu haben.

Was war Ihre dramatischste Fehlentscheidung?
Bei der Ermordung meines Freundes drei Sekunden zu spät die drohende Gefahr erkannt zu haben.

Was sind Ihre verborgenen Schwächen?
Hey, Ihr WöchnerInnen, ihr könnt ganz schön raffiniert sein. Das war schon Frage zwei.

Wie würden Sie einem Blinden Ihr Äußeres beschreiben?
»Mach dir selbst ein Bild: Taste mich ab.«

Was würden Sie zuerst durchsetzen, wenn Sie einen Tag lang Deutschland regieren könnten?
Eine neue, umweltverträgliche Ethik von mehr Bescheidenheit und Respekt gegenüber Mitmenschen und Natur.

Wer wird Deutschland in zehn Jahren regieren?
Die alte »Ethik« der Maßlosigkeit.

Welcher Politiker flößt Ihnen Vertrauen ein?
Der, der garantiert, daß er für Fehlentscheidungen haftet (ich bitte um Adressen).

Wer sind für Sie die drei klügsten Köpfe unserer Zeit?
Club of Rome, Greenpeace, Gesellschaft für bedrohte Völker.

Was ist Ihre Lebensphilosophie?
Niederlagen als Anregung für mehr Kreativität zu werten.

Welchen Traum wollen Sie sich unbedingt noch erfüllen?
Brasilien zu der Erkenntnis zu verhelfen, daß es mit seinen Yanomami einen welteinmaligen und unwiederbringlichen Schatz besitzt, den es der Erde zu erhalten gilt. Vielleicht als Geste zum gegenwärtigen UN-Jahrzehnt der indigenen Völker und zur Reanimation der Würde Brasiliens.

Wo möchten Sie beerdigt werden?
Ich werde vom Universitäts-Krankenhaus Eppendorf rest- und beerdigungslos recycelt. Nur Goldzähne und Hörgeräte könnten übrig bleiben.

Wer soll Ihre Grabrede halten?
Ergo niemand.

Welchen Satz erhoffen Sie sich darin?
Satz deshalb ebenfalls nicht möglich. Allenfalls der Gedanke: »Den beneide ich um sein pralles Leben.«

(erschienen in »Die Woche«, Dezember 1997)

Schon als Brötchen-Bote: Immer unterwegs

FRAGEBOGEN CHRISTINE HAVERKAMP

geboren am 6. September 1958 in Nordhorn (Niedersachsen)
Vater: Arbeiter in der Textilindustrie

1978 Abitur
1979 Lehramtsstudium in Kiel, für Mathematik und Sport
1980 während des Studiums ein Jahr Aufenthalt in Südamerika
1985 nach Beendigung des Studiums politisches Straßentheater (Pantomime) in Europa
1986 Zwei Jahre sozialpädagogische Arbeit mit drogenabhängigen Jugendlichen
1988 Segellehrerin, Kanu-Kajaktouren mit Jugendgruppen in Schleswig-Holstein
1989 Erste Atlantiküberquerung
1990 Dreimonatige Expedition zu den Yanomami-Indianern, gemeinsam mit Rüdiger Nehberg; Dia-Vorträge in Schulen, Universitäten und Gemeindehäusern
1991 Frauenhilfsexpedition; Unterstützung für den Aufbau einer Krankenstation im Yanomami-Gebiet
1992 Protestfahrt mit Rüdiger Nehberg mit selbstgebasteltem Bambusfloß über den Atlantik – bis zum Weißen Haus in Washington
1993 Vorträge in Rio de Janeiro an Schulen und Universitäten über »Menschenrecht und Regenwald«; Recherche vor Ort nach dem Massaker von brasilianischen Goldsuchern an Yanomami-Indianern.
Seit 1990 Aktionistin bei der Gesellschaft für bedrohte Völker.

Christine Haverkamp, was gefällt Ihnen an sich selbst?
Daß ich mir Ziele setze und sie hartnäckig angehe.

Welches war Ihre erste Mutprobe?
Gegen einen Uniprofessor, der mich nicht zur Prüfung zulassen wollte. Ich prozessierte – und gewann!

Was würden Sie, hätten Sie die Macht, auch gegen den Willen einer Mehrheit durchsetzen?
Gegen den Willen einer Mehrheit oder den eines einzelnen Menschen möchte ich eigentlich gar nichts durchsetzen. Meine Hoffnung ist immer, gewaltlos zu überzeugen.

Welche Hoffnungen haben Sie aufgegeben?
Keine.

Keine Revolution hat letztlich die Hoffnung derer erfüllt, die den Aufstand wagten. Leiten Sie davon ab, daß die ganz große Hoffnung lächerlich sei und nur der Hoffnungslose sich Enttäuschung erspart?
Ich glaube an diese große Hoffnung sozialer Gerechtigkeit. Dafür nähme ich auch auf mich, verlacht zu werden. Die Frage ist nur, wann diese Hoffnung weltumspannende Realität ist. Uns Jetzigen bleibt als Ziel ein kleines Stück Weg dorthin.

Fürchten Sie sich vor den Armen dieser Welt?
Nein, ich fürchte mich vor der Macht der Geldgierigen.

Womit rechtfertigen Sie, mehr Geld zu haben als andere?
Das ist nicht zu rechtfertigen. Ich bin Privilegierte in einem Industrieland, das andere Länder ausbeutet.

Teilnehmer welchen historischen Ereignisses wären Sie gern gewesen?
Der Landung auf dem Mond.

Hat Heimat für Sie eine Flagge?
Nein, Heimat sind mir noch immer die Bäume, auf denen ich mir die Hosen meiner Kindheit zerriß.

Gibt es Landstriche, Bräuche, Städte, die Sie auf den Gedanken brächten, Sie seien für einen Ort besser geeignet?
Nein. Ich fühle mich in Schleswig-Holstein sehr wohl.

Was empfinden Sie angesichts der Gewißheit, daß es Sie in fünfzig Jahren nicht mehr gibt?
Ich glaube ans Weiterleben in irgendeiner anderen Form. Ich hoffe nur, daß der Tod ohne große Schmerzen kommt.

Hoffen Sie auf ein Jenseits?
Ja.

Was ertragen Sie nur mit Humor?
Wenn ich etwas ertragen muß, dann ist das mit Schmerz und Trauer verbunden. Da hilft erfahrungsgemäß auch kein Humor.

Wovor haben Sie Angst?
Vor Krankheit und Hilflosigkeit im Alter.

Haben Sie einen wiederkehrenden Alptraum?
Ja. Daß mir die Zähne ausfallen

Wofür sind Sie dankbar in Ihrem Leben?
Daß sich so leben kann, wie ich es mir immer gewünscht habe.

Was fehlt Ihnen zum vollkommenen Glück?
Erreichte ich dies, würde ich mich wohl sofort langweilen.

Welche natürliche Fähigkeit hätten Sie gern?
Bücher schreiben.

Von welcher Erfindung hätten Sie gern, daß es die Ihre sei?
Von keiner. Vielleicht mache ich mal eine eigene, zum Beispiel im Bereich der Nutzung von Sonnenenergie.

Was ist Ihnen im Leben am besten gelungen?
Daß ich verhindern konnte, trotz Lehrerausbildung in den Schuldienst zu müssen.

Wo erhielten bzw. gaben Sie Ihren ersten Kuß?
Unter einer Birke am Nordhorn-Almelo-Kanal.

Nennen Sie drei Dinge, die Sie auch für viel Geld nicht tun?
Werbung für Mc Donald, Heirat eines ungeliebten Mannes, eine trostlose Arbeit verrichten.

An welche abergläubische Regel halten Sie sich?
An keine. Schon gar nicht vertraue ich Horoskopen.

Ihre gegenwärtige Geistesverfassung?
Könnte besser sein. Ich bin aber ein optimistischer Pessimist.

Drei Gewalttätige in der U-Bahn greifen jemanden an. Was tun Sie?
Zuerst fordere ich sie auf, aufzuhören. Wenn nicht, versuche ich, mit anderen dazwischen zu gehen.

RÜDIGER NEHBERGS BÜCHERLISTE

Drei Mann, ein Boot, der Blaue Nil (Piper):
Die Erstbefahrung des Blauen Nil in Äthiopien

Drei Mann, ein Boot, zum Rudolfsee (Piper):
Die Ermordung Michael Teichmanns und die Expedition auf dem Omo-Fluß in Äthiopien

Die Wüste Danakil (Piper):
Zu Fuß durch eine der heißesten Wüsten der Erde; Nehbergs ereignisreichste Reise

Yanomami (Ullstein):
Der erste Besuch bei den Yanomami, inklusive Vorbereitungstraining »Deutschlandmarsch ohne Ausrüstung«

Die Kunst zu überleben (Kabel)
Das Survival-Standardwerk

Let's fetz (Piper):
Survival-Tricks für Jugendliche in Deutschland

Survival-Faustregeln für Abenteuer mit Sinn
(nur bei Globetrotter-Ausrüstungen)

Im Tretboot über den Atlantik (Bastei-Lübbe):
Mit Seeüberlebenstraining

Medizin-Survival (Kabal):
Medizinische Survival-Tricks, für den Fall, daß kein Arzt da ist

Die letzte Jagd (Kabel):
Nehberg als Goldsucher vor Ort des Völkermordes an den Yanomami

Der selbstgemachte Häuptling (Knaur):
Die unglaubliche, aber wahre Kriminalgeschichte um vier Morde

Survival-Training (Knaur):
Ein Fünf-Tage-Kurs für Schüler und Lehrer, die in das Thema Survival einsteigen

CD »500 Years« (Peppermint):
Yanomami-Klagelied von Gerald Meyer, Gesang: Phil Edwards

CD-ROM »Survival« (Navigo)

Das Yanomami-Massaker (Reise Know How Verlag)

Abenteuer vor der Haustür (ZDF)
Video der TV-Jugendserie

Außerdem etwa fünfzehn Langmetrage-Filme über die Reisen und eine 20teilige Fernsehserie über Survival-Training »Abenteuer vor der Haustür«. Bisher etwa 2500 Vorträge in Deutschland, der Schweiz, Österreich und in Dänemark. 15 Kilogramm Zeitungsberichte, 200 Radio-Interviews, 50 Talkshows.

RÜDIGER NEHBERG: BIOGRAPHISCHES

1935 am 4. Mai in Bielefeld geboren
1940 Umzug der Familie nach Danzig
1945 Flucht, zwei Jahre Internierungslager in Dänemark
1947 Umzug nach Bielefeld
1949 Umzug nach Münster
1949 bis 1960 zahlreiche Radtouren durch Europa, Asien und Nordafrika
1951 Schulabschluß mit mittlerer Reife, Bäckerlehre
1954 Konditorlehre in Gelsenkirchen
1955 bis 1958 Wanderzeit als Konditor. Stationen: Düsseldorf, Schiffskonditor, Borkum, Boppard, wieder Düsseldorf
1958 Umzug nach Hamburg
1960 Ablegen der Meisterprüfung, Arbeit als Bäcker und Konditor
1965 bis 1989 selbständiger Bäcker und Konditor
1968 Erstes Survivaltraining
1970 Als Erster Reise entlang des Blauen Nils in Äthiopien
1972 Zweite Reise zum Blauen Nil
1975 Dritte Reise zum Blauen Nil (Ermordung des Freundes Michael Teichmann)
1976 Reise zum Omo-Fluß in Äthiopien
1977 Durchquerung der Danakil-Wüste in Äthiopien und Eritrea
1978 Reise nach Venezuela
1980 Erste Fahrt nach Brasilien; Kontakte zur Gesellschaft für bedrohte Völker (GfBV), seither ständige Zusammenarbeit mit der Gesellschaft
1981 Deutschland-Marsch von Hamburg bis Oberstdorf; 1000 Kilometer ohne Nahrung und Ausrüstung
1982 Erste Expedition zu den Yanomami-Indianern nach Brasilien, allein und drei Monate lang

1983 Marsch von Süddeutschland nach Rom zum Papst; Überreichen einer Bittschrift der Gesellschaft für bedrohte Völker zur Unterstützung der Yanomami; Eintritt in die GfbV; Unterstützung eines medizinischen Projekts der brasilianischen Kommission für die Einrichtung eines Yanomami-Parks (CCPY)

1984 Erkundungen in Venezuela

1985 Erneut Reise zu den Yanomami, fünf Monate lang, mit Ulrich Krafzik und Daniel Grolle

1986 Unterschriften-Sammlung an den brasilianischen Staatspräsidenten José Sarney; Elbe-Fahrt mit Kindern auf dem »Sperrmüll-Floß«

1987 Treetboot-Fahrt über den Atlantik zu den Yanomami; Ernennung als Beiratsmitglied der GfbV

1989 Verkauf der Hamburger Konditorei, Reise mit Christina Haverkamp und Wolfgang Brög zu den Yanomami, als Goldsucher im Krisengebiet; 1000 Videokopien des Films »Goldrausch in Amazonien« (Wolfgang Brög) in Portugiesisch für brasilianische Journalisten (finanziert von Greenpeace), mehrfache Ausstrahlung im brasilianischen Fernsehen, Vorführung bei der UNO in Genf

1990 Mit Christina Haverkamp als Malariahelferin erneut im Krisengebiet. Entdeckung von Sklavenarbeit an der illegal von Goldsuchern angelegten Flugpiste »Novo Brasil« in Amazonien an der Grenze zu Venezuela. Gespräch mit Staatssekretär José Lutzenberger; die Sklaven werden daraufhin befreit, die Piste wird gesprengt. Die Bundespolizei verweist Nehberg und Haverkamp des Landes wegen »unerlaubten Aufenthalts in Sperrgebieten«. Bundesministerium für wirtschaftliche Zusammenarbeit stellt fünf Billionen DM zur Rettung der Yanomami-Indianer in Aussicht; die deutschen Hilfsorganisationen Misereor, Deutsches Rotes Kreuz und Deutsche Welthungerhilfe sagen Unterstützung zu – die brasilianische Regierung ignoriert das Angebot; GfbV-Protestkundgebung vor der brasilianischen Botschaft in Bonn, offener Brief an Staatspräsident Fernando Collor de Mello

1991 Kurzbesuch in Boa Vista zur aktuellen Information 1991 bis 1992 (»500 Jahre Amerika«) einjährige Protestfahrt mit dem Bambusfloß nach Amerika, von Senegal über Brasilien zum Weißen Haus, mit Christina Haverkamp

1993 und 1994 Expeditionen zu den Yanomami, ebenfalls mit Christina Haverkamp; Nachwuchs ranzüchten: Nehberg und das ZDF drehen eine 20teilige Jugendserie über Survival-Tricks, die »Abenteuer vor der Haustür«

1995 erneute Reise zu den Yanomami. Versuch einer TV-Reportage über die aktuelle Situation

1996 Bau einer Krankenstation/Schule bei den Yanomami und »Wett«- Marsch (»Human Race«) durch Australien, mit einem Aborigine

1998 Dokumentation über brasilianische Goldsucher in Venezuela

*

Wenn viele Jugendliche meinen Survival-Stil mögen und anwenden, ehrt es mich zwar aber es hat für mich auch gegenteilige Auswirkungen gehabt. Die Zustimmung hat mich nämlich in die Zwangslage versetzt, auf diese gewisse Sympathiekundgebung Rücksicht zu nehmen, mich sozusagen anständig zu benehmen. Nicht ich habe meine Leser, sie haben mich erzogen. Das ist harter Streß. Ich kann längst nicht mehr hingehen, wohin es mir beliebt. Mein Inkognito ist aufgehoben. Und die Ausrede »Ich bin hier nur studienhalber«, wenn man mich mal in anrüchigen Gegenden treffen sollt, verfängt schon lange nicht mehr. Bleibt mir allenfalls die ständig wechselnde Verkleidung, mit der ich mir einen Rest an Eigenständigkeit erhalten kann.

Traut mir also weiterhin alles oder nichts zu!

Und: Vorsicht! Vielleicht bin ich gerade die tolle Blondine, die da draußen vorbeigeht oder die dicke Qualle da gegenüber, mit der Pfeife im Hals. Jedenfalls dürft ihr überall mit mir und auf mich rechnen!

Rüdiger Nehberg

HANS-DIETER SCHÜTT wurde 1948 im thüringischen Ohrdruf geboren. Er studierte Theaterwissenschaften in Leipzig und arbeitete von 1973 bis 1989 als Mitarbeiter der DDR-Tageszeitung »Junge Welt«, von 1984 bis zum Herbst 1989 war er Chefredakteur des FDJ-Blattes. Nach der Wende machte sich Schütt einen Namen als Interviewer.

Zu seinen zahlreichen Portraits per Frage und Antwort gehören »OhnMacht - DDR-Funktionäre sagen aus«, »Noch Fragen, Genossen! - Parteisekretäre im Protokoll« (beide mit Brigitte Zimmermann), »Protokolle der Besessenheit - 13 Versuche, glücklich zu sein«, »Mein Abenteuer bin ich - 24 Prominente im Gespräch«, »Kurt Böwe - der lange kurze Atem«, »Klaus Löwitsch - Asche auf der Seele« sowie Interviews mit Reinhold Messner, Frank Castorf, Alfred Hrdlicka, Gisela Oechelhaeuser, Sahra Wagenknecht, Anna Rosmus, Regine Hildebrandt, Peter-Michael Diestel und Uta Ranke-Heinemann.

Bücher von Hans-Dieter Schütt im Verlag Schwarzkopf & Schwarzkopf:

GUNDERMANN: ROCKPOET UND BAGGERFAHRER

Gespräche und Songtexte. Broschur, 300 S.,
mit zahlreichen Abbildungen. 24,80 DM.

»Die Gespräche und die geradlinigen Songtexte gestatten einen originellen Blick in eine Lebenswelt, die einem nach nicht einmal zehn Jahren immer unwirklicher und skurriler erscheint.« *Wolfgang Suckert, Thüringer Allgemeine*

»Das liest sich über weite Strecken recht flüssig, folgt manchmal jedoch dem kunterbunten Strickmuster eines Nachrichtenmagazins.«
Frank Quilitzsch, Thüringische Landeszeitung

»Von dem Klischee *Gundermann: Rockpoet und Baggerfahrer* will der wohl populärste Liedermacher der ausgehenden DDR nichts mehr wissen. Dennoch hat das neue Interviewwunder Ostdeutschlands, Hans-Dieter Schütt, auf das vertraute Bild für sein neues Buch gesetzt: Geschäftliches Kalkül oder origineller Aufhänger? *Uwe Kreißig, Sächsische Zeitung*

*

HEINER MÜLLER: BILDER EINES LEBENS

Bildband im Großformat 24 x 30 cm, Gebunden mit Schutzumschlag,
500 S, über 750 Farb- und SW-Abbildungen. 98 DM.
Gemeinsam herausgegeben mit Oliver Schwarzkopf

»Die Fotos führen den Betrachter in reizvolle und überraschende Bilderwelten, die von der ästhetischen Auffassung der jeweiligen Fotografen geprägt sind.«
-lp, Märkische Oderzeitung

Dieses Buch ist mehr als ein Watcher's Digest für die Zurückgebliebenen, es ist ein Buch der unverhohlenen Gier. *Petra Kohse, taz*

Es ist eine voluminöse Grabplatte aus Porträtserien, Probenfotos und Bilddokumentationen. Mit auftrumpfendem Superlativ versammelt es die *renommiertesten Fotografen Deutschlands.* *Lothar Müller, Frankfurter Allgemeine Zeitung*

*

GERT VOSS: »ICH WÜRD' GERN WISSEN, WIE MAN EIN GEHEIMNIS SPIELT«

Bildtextband im Großformat 24 x 22 cm, Gebunden mit Schutzumschlag, 200 S, mit vielen Abbildungen. 49,80 DM.

»Dieser Herr ist nicht festlegbar. Und das Buch, das ihm, dem Schauspieler Gert Voss, sich widmet, ist ganz offen geblieben, ist so heiter wie ernst, so stringent wie verspielt.« *C. Bernd Sucher, Süddeutsche Zeitung*

»Der Band zeichnet in nobler Schwarzweiß-Ästhetik eine beispiellose Karriere nach. Die Verfasser der Beiträge sind erlesen, die Lobpreisungen laut.«
Heinz Sichrovsky, news, Wien

»Thomas Bernhard nannte Voss einen *intelligenten Schauspieler.* Das Buch über ihn ist nicht weniger intelligent gemacht.«
Jürgen Werth, Sender Freies Berlin

*

KLAUS RENFT: ZWISCHEN LIEBE UND ZORN

Die Autobiographie, herausgegeben von Hans-Dieter Schütt
Broschur, 320 S., mit zahlreichen Abbildungen. 29,80 DM.

Hans-Dieter Schütt gießt die Biographie von Klaus Renft in eine Form, von der er viel versteht: das biographische Gespräch.
Sigurd Schwager, Thüringer Allgemeine

Entstanden ist ein ungemein spannendes Buch: Zeitgeschichte(n).
Peter Blochwitz, Lausitzer Rundschau

Die Zusammenarbeit des Ex-Demagogen Schütt und des Ex-Rockhelden Schütt erwies sich als fruchtbar. Der Reiz des Buches besteht darin, daß er auf der streng subjektiven Sicht von Renft basiert. *Thorsten Preuß, Berliner Zeitung*

SACHBUCH

KLAUS RENFT – ZWISCHEN LIEBE UND ZORN

DIE AUTOBIOGRAPHIE

Herausgegeben von Hans-Dieter Schütt
320 Seiten, Broschur 13,5 x 21 cm,
ISBN 3-89602-135-4. 29,80 DM

Klaus Renft war Rockmusiker in der DDR. Er gründet das »Klaus-Renft-Quintett« – es wird 1963 wegen »Verbreitung amerikanischer Unkultur« verboten. Er gründet »The Butlers« – die Gruppe wird im Oktober 1965 auf Lebenszeit verboten. Grund: »Das Auftreten Ihrer Kapelle steht im Widerspruch zu unseren moralischen und ethischen Prinzipien«. Er gründet die »Klaus Renft Combo« – diese wird im September 1975 verboten, wegen »Beleidigung der Arbeiterklasse und Diffamierung der Staats- und Schutzorgane«. Ein Jahr später verläßt Renft die DDR.

Klaus Renft ist Legende geworden und geblieben. Seine Gruppe schrieb deutsche Rockgeschichte, sie steht für ein ungebundenes Dasein, das sich weigert, zwischen Leben und Bühne zu unterscheiden. In diesem Buch, entstanden nach Gesprächen Klaus Renfts mit dem Journalisten Hans-Dieter Schütt, erzählt der leidenschaftliche Musiker von sich selbst: von seinen Träumen, Abgründen und Zweifeln, von Schwierigkeiten mit der Bürokratie des Ostens und der Kälte des Westens, aber auch von den Konflikten zwischen den Band-Mitgliedern.

Dieses Buch verfolgt nicht die Geschichte der Gruppe. Es zeichnet ein sehr subjektives biographisches Bild, aber natürlich bleibt Klaus Renft »Renft«: sensibel, anarchisch, ein kraftvolles Leben im Rausch des Rock.

Fotonachweis:
Alle Fotos stammen aus dem Archiv Rüdiger Nehberg.
Außer: Klaus Denart (4), David Grolle (1), Frank Stange (1).

Impressum:
Rüdiger Nehberg: Leben mit Risiko.
Gespräche mit Hans-Dieter Schütt
ISBN 3-89602-143-5.

Kastanienallee 32, 10435 Berlin
Umschlagbild: Roger Melis, Berlin
Satz: Morten Heise auf QuarkXPress, Select Set 5000
Papier: Munken 90g, holzfrei
Gesetzt aus der Garamond
Druck AIT Norwegen. Printed in Europe.